Schöningh

BLEU BLANC ROUGE

Le Grand 8

Ein Lese- und Arbeitsbuch
für die gymnasiale Oberstufe
Französisch

Herausgegeben von
Sophia Gierok und Margit Teufel

Erarbeitet von
Johannes Greiner, Sophia Gierok, Siegrid Heymann,
Sophie Holfelder und Margit Teufel

www.schoeningh-schulbuch.de
Schöningh Verlag, Jühenplatz 1–3, 33098 Paderborn

Druck 5 4 3 2 1 / Jahr 2013 12 11 10 09
Die letzte Zahl bezeichnet das Jahr dieses Druckes.

Umschlaggestaltung: Nora Eumann, Bielefeld
Druck und Bindung: westermann druck GmbH, Braunschweig

ISBN 978-3-14-045305-9

Table des matières

Chapitre 1: Les jeunes 7

Chapitre 2: La société en France 29

Chapitre 3: Citoyenneté – droits et devoirs 59

Chapitre 4: Aspects de la vie culturelle 91

Chapitre 5: Francophonie et immigration 114

Chapitre 6: Relations franco-allemandes et Europe 135

Chapitre 7: Littérature 157

Vorwort

„Citoyenneté" – zu Beginn der konzeptionellen Arbeit von unserer muttersprachlichen Mitautorin eingebracht, wurde dieser Begriff zur Leitidee des Lehrwerks. Wir hatten den Schüler / die Schülerin als mündigen und kritischen Menschen vor Augen, der bereit ist, sich auf die Komplexität der Welt einzulassen, Hintergründe und Zusammenhänge wahrzunehmen und sich den Herausforderungen zu stellen, die sich für den Einzelnen daraus ergeben.
Per se trägt dieser Leitgedanke und seine Umsetzung dem Prinzip der Schülerorientierung Rechnung und fördert und trainiert die für die Kursstufe angemessenen Kompetenzen.

Die Auswahl der Texte setzt landeskundliche, politische, soziokulturelle und literarische Schwerpunkte; dabei müssen die Texte nicht in der vorliegenden Reihenfolge behandelt werden. Der mehrgliedrige Aufgabenapparat berücksichtigt die sprachliche, interkulturelle und methodische Kompetenz der Schülerinnen und Schüler, und Impulse zur Selbstreflexion ermöglichen es, an die Portfolio-Arbeit der Mittelstufe anzuknüpfen.
Landeskundliche Inhalte lassen sich über Literatur aufgrund der Identifikationsmöglichkeit mit Figuren im Text nachhaltiger vermitteln als über reine Informationstexte. Deshalb liegt der Schwerpunkt wie in den Vorgänger-Lehrwerken von „Bleu Blanc Rouge – Le Grand 8" auf dem literarischen Text, die Sachtexte liefern ergänzende Informationen. Einige Materialien, die sich in der Unterrichtspraxis besonders bewährt haben, wurden wieder aufgenommen. Bilder und Grafiken sind inhaltlicher Bestandteil der Themenbereiche, ihrer Entschlüsselung und Interpretation wird ebenfalls große Bedeutung zugemessen.

Auf Tagesaktualität wurde bewusst verzichtet. Rechercheaufträge leiten die Schülerinnen und Schüler an, sich zum gegebenen Zeitpunkt die notwendigen Informationen selbstständig zu beschaffen.

Einen besonderen Raum nimmt das Medium Film ein. Filme sind im Schulalltag die realistischste und unmittelbarste Art, Landeskunde zu vermitteln. Die Arbeit mit Filmen setzt unmittelbar an der Schülerwirklichkeit und -motivation an, konfrontiert mit unterschiedlichen Sprachniveaus, schult Seh- und Hörverstehen und trägt zur Bildung eines Qualitätsbewusstseins in Bezug auf alltägliche Sehgewohnheiten bei.

Jedes Kapitel schließt mit einer Methodenseite ab. Dieser Methodenteil gibt Hinweise zu unverzichtbaren prüfungsrelevanten Fertigkeiten. Auf die in vielen Lehrwerken übliche Darstellung unterschiedlicher Arbeits- und Sozialformen oder besonderer unterrichtsorganisatorischer Hinweise wurde bewusst verzichtet.

Chapitre 1 Les jeunes

1 Koi29?

Au milieu du 18e siècle, Voltaire, le célèbre écrivain et philosophe français, passe trois ans à la cour du roi Frédéric II de Prusse. Un jour le roi lui envoie une «lettre»:

$$\frac{\text{P}}{\text{venez}} \quad \text{à} \quad \frac{6}{100}$$

Voltaire répond: G a

Aujourd'hui on correspond par SMS:
- Bjr, koi29? GspR ktu va bi1. Tu vi1 pr l'APro? Yaskifo!
- ChepEpa, chui KC et NRV. G tro boC. C l'enfR.
- Alor 2m1. On va o 6né? Tok?
- Yes, mé av on va o resto.
- Dak. A 6h o Kfé ki è 2van le liC. Ca va etr 5pa!
- Jt'M! Tle+bo. Biz. A+

(J. Greiner)

Compréhension

1. Ecrivez la lettre de Frédéric II et la réponse de Voltaire en français «normal».

2. Écrivez le dialogue SMS en français «normal».

Langue et style

A votre tour, trouvez une façon d'écrire les expressions suivantes dans un texto (SMS):
- Acheter du café et des cigarettes.
- T'es invité à la fête chez Vincent?
- Je ne suis pas énervé.
- Ce n'est pas très sympa.

Allons plus loin

1. Dans quelles situations écririez-vous
- un texto (SMS)
- un courriel (e-mail)
- une lettre?

2. Pour en savoir plus, consultez le «Dictionnaire insolite Français SMS» par Ulysse Veyrin-Forrer, Editeur: Cosmopole 2007, ISBN 978-2846300377

2 François Bégaudeau: Autoportrait

Avant de lire Prenez une feuille de papier et faites votre autoportrait en dix lignes. Donnez les renseignements qui vous paraissent nécessaires pour que quelqu'un puisse se faire une idée de vous.

Autoportrait

Prenez une feuille et séparez-la en deux.

Ils ont écrit leur nom, prénom, adresse, et autres informations parfaitement disponibles par ailleurs. Mohammed ne comprenait pas.

– M'sieur pourquoi vous demandez ça? On a déjà donné les fiches au CPE et tout.

– Oui mais ça c'est pour moi tout seul.

À seule fin de repousser encore le moment d'entrer dans le vif du sujet, j'ai demandé qu'ils fassent leur autoportrait en dix lignes. J'ai écrit le mot à la craie, hésitant pour le trait d'union. Amar a demandé s'il pouvait faire un autoportrait imaginaire.

– Si tu veux, mais j'aime autant ton vrai portrait.

– On peut commencer par je m'appelle Amar?

– Si tu veux.

Khoumba n'a pas levé le doigt pour parler.

– M'sieur moi j'vais pas mettre je m'appelle Amar, j'vais mettre je m'appelle Khoumba.

– Tu le fais exprès?

Elle a dissimulé un sourire en plongeant le nez dans sa feuille, elle avait une pince rouge plantée sur le crâne et on a frappé. Le principal est apparu dans l'encadrement, suivi de l'intendant et des deux conseillers principaux d'éducation. Comme les élèves ne l'avaient pas fait spontanément, il leur a demandé de se lever.

– C'est une façon de dire bonjour à l'adulte qui rentre, c'est tout. Il ne faut pas le prendre comme une humiliation.

[…]

– Donc voilà, vous faites votre autoportrait. Vous avez dix lignes et cinq minutes.

Un garçon crâne rasé a levé le doigt. Grâce à la feuille repliée en équilibre vertical à l'angle de la table, j'ai pu l'identifier comme Souleymane.

– Pourquoi on fait ça?

une fiche – feuille sur laquelle on écrit des renseignements, formulaire
un CPE (conseiller principal d'éducation) – *Beauftragter für Verwaltungs- und Disziplinarfragen an Schulen*
à seule fin de – *nur um zu*
repousser – *hinausschieben*
entrer dans le vif du sujet – *zum Thema kommen*

une pince – *hier: Haarklemme*
le crâne (pop.) – la tête
le principal – le directeur du collège
un encadrement – *Türrahmen*
un intendant – *Verwaltungsdirektor*

– Je le fais faire à toutes mes classes.
– Ça sert à rien.
– Ça sert à vous connaître.
Et à gagner du temps en début d'année.
– Mais vous on sait rien sur vous.

un carnet de correspondance – cahier dans lequel les professeurs notent des informations pour les parents et vice-versa

J'ai écrit mon nom au tableau. Ils l'ont copié sur leur carnet de correspondance. J'ai reculé de trois pas pour voir si c'était bien droit. [...]

Petite feuille grands carreaux. Je m'appelle Souleymane. Je suis plutôt calme et timide en classe et à l'école. Mais dehors je suis une autre personne: exité. Je ne sors pas beaucoup. Sauf pour aller à la boxe. Je voudrais réussir ma vie dans la clim plus tard et surtout je n'aime pas la conjugaison.

Petite feuille grands carreaux perforée. Khoumba c'est mon prénom mais je ne l'aime pas beaucoup. J'aime le français sauf si le professeur est nul. Les gens disent que j'ai un mauvais caractère, c'est vrai mais ça dépend comment on me respecte.

un cahier de brouillon – *Notiz-/Schmierheft*

Feuille de cahier de brouillon. Djibril c'est mon prénom. Je suis malien et je suis fièr car cet année le Mali va participer à la coupe d'Afrique. Ils tombent avec la Libi, l'Algérie et le Mozambic. J'aime bien mon collège car les profs laisse faire sauf quant on est tro agité. C'est dommage je le quitteré à la fin de l'année car je suis en troisième.

Grande feuille perforée petits carreaux. Je m'appelle Frida, j'ai 14 ans et ça fait aussi le même nombre d'années que je vis à Paris avec mon père et ma mère. Je n'ai ni frère ni sœur mais beaucoup d'amies. J'aime la musique, le cinéma, le théâtre et la danse classique que je pratique depuis dix ans. Plus tard je voudrais être avocate car je pense que c'est le meilleur métier du monde et que c'est génial de défendre les gens. Niveau caractère je suis très gentil et agréable à vivre, mais mes parents ils disent que je réfléchis trop. Par contre je suis parfois lunatique et je pense que c'est parce que je suis née sous le signe des Gémeaux.

lunatique – qui a l'humeur changeante, capricieux
le signe des Gémeaux – *Sternzeichen Zwilling*

Petite feuille grands carreaux arrachée d'un cahier. Je m'appelle Dico et j'ai rien à dire sur moi car personne me connaît sauf moi.

Feuille d'agenda arrachée, lignes horizontales sans carreaux. Je m'appelle Sandra et je suis un peu triste de revenir à l'école mais aussi contente car j'aime bien l'école, surtout le français et l'histoire, quant on apprend comment les humains ont construit le monde dont nous vivons aujourd'hui. J'aurai encore plein de choses à dire mais vous allez bientôt ramasser ma feuille car j'ai voulu trop bien faire et j'ai commencée à écrire que il y a deux minutes excusez moi pour les faute.

Feuille petits carreaux arrachée d'un cahier à spirale. Tony Parker est le meilleur basketeur. C'est pour sa il joue en amérique. Il est petit mais il court vite et il fait des magnifiques shoots à 3 pts. Mais en fait il est grand. Quant j'ai a coté du journaliste, s'est le journaliste qui ai petit. Signé: Mezut.

Petite feuille perforée grands carreaux. Je m'appelle Hinda, j'ai quatorze ans et je suis heureuse de vivre. Plus tard je voudrais être institutrice. J'aimerais être en maternelle, comme ça il y a moins de travail, une feuille et un feutre ça les occupe toute la journée. Non, je rigole, c'est juste que j'aime beaucoup les enfans et aussi les livres d'amour.

Petite feuille grands carreaux. Je m'appelle Ming. J'ai quinze ans, je suis un chinois. J'habite au 34, rue de nantes 75 019 avec mes parents et j'allais à l'école avec mes copains, je suis en Quatrième 2 et c'est un peu difficile pour moi comme je ne parlais pas très bien français. Mes bien points est je suis gentille et travailleur. Mes mauvaises points est je suis curieux.

Demi-feuille Canson. Je m'appelle Alyssa, j'ai treize ans et des problèmes au genou car j'ai grandi trop vite. Le français je ne sais pas encore ce que j'en pense. Des fois je l'aime, et des fois je trouve ça totalement inutile de se poser des questions qui n'ont pas de réponse. Je voudrais être médecin humanitaire car un jour un médecin humanitaire m'a parlé de son métier et j'ai su que c'était ça qu'il faut faire. J'en dis pas plus, je vous laisse juger par vousmême.

un genou – *Knie*

C'est réciproque

réciproque – *gegenseitig*

J'ai demandé à Khoumba de lire l'extrait, elle a dit qu'elle n'avait pas envie.

– Envie ou pas, tu lis.

– Vous allez pas me forcer à lire.

J'ai pris les vingt-quatre autres à témoin.

– Ça s'appelle comment ce que Khoumba vient de faire?

– Insolence.

– Bien, Kevin. C'est vrai qu'on a affaire à un spécialiste.

Khoumba s'est mise à avaler les syllabes comme à chaque fois qu'elle conteste, avec un rire en coin parce que les copines périphériques ricanaient. Faute d'idée sur le moment, je lui ai dit de rester à la fin du cours. […]

J'ai rédigé le libellé de la punition assorti d'un mot pour les parents. Raconter en cent lignes l'apprentissage du respect par une adolescente, à faire signer pour après-demain. […]

une insolence – manque de respect, impertinence

contester – mettre en doute, nier

périphérique – ici: autour d'elle

ricaner – ici: rire de façon stupide (*albern kichern, lachen*)

le libellé – hier: *Aufgabenstellung*

assorti de (pop.) – ici: avec

Khoumba s'est avancée depuis le fond de la classe, avec la feuille qu'elle a laissé tomber sur le bureau sans mot dire.

Un adolescent apprend peu à peu à respecter ses professeurs à cause des menaces de ceux-ci ou en ayant peur d'avoir des problèmes. Ce ne sont que des exemples. Et déjà moi je vous respecte, et le respect doit être mutuel. Comme par exemple je ne vous dis pas que vous êtes hystérique alors pourquoi vous me le dites? Moi je vous ai toujours respecter donc je ne comprends pas pourquoi vous me faites

une menace – *Drohung*

mutuel,le – réciproque

avoir une dent contre qn – *etw. gegen jemanden haben*

si vous me «cherchez» – ici: si vous me provoquez
causer – ici: provoquer

écrire tout ça!! De toute manière, je sais que vous avez une dent contre moi mais je ne sais pas ce que j'ai fait. Moi je ne viens pas à l'école pour que mon professeur me fasse des blagues pour je ne sais quelle raison! Moi je prends votre agenda? NON! Je suis votre élève et vous êtes mon professeur. Donc je ne vois pas pourquoi vous me faites des blagues. Vous devez enrichir nos connaissances en français. Ma résolution est de me mettre à tous les cours au fond comme ça il n'y aura plus de conflits «pour rien» à part si vous me «cherchez». J'avoue être PARFOIS insolente mais si on ne me cause pas je ne le suis pas. Bon, je reviens au sujet demandé. Quand je dis «à cause des menaces de ceux-ci» c'est par exemple vous avez écrit dans mon carnet «je serai obligé de prendre des mesures plus graves» eh bien ça c'est une menace (selon moi!). Et lorsque je dis «en ayant peur d'avoir des problèmes» c'est-à-dire que cette personne a peur d'aller dans le bureau du principal ou d'être renvoyé. Moi, en tout cas, je m'engage à vous respecter si c'est RÉCIPROQUE. De toute façon, je ne vous regarderai même pas pour ne pas que vous dites que je vous regarde avec insolence. Et normalement dans un cours de français, on doit parler du français et pas de sa grand-mère ou de sa sœur. C'est pour ça à partir de maintenant je ne vous parlerai plus.

(Extraits de: François Bégaudeau, *Entre les murs*, © Editions GALLIMARD, Paris 2006, pp. 15f., 18, 22–25, 58f., 69f.; texte abrégé)

Compréhension et analyse

1. Décrivez la situation (1–43).
2. En partant des différents autoportraits, présentez la classe.
3. Imaginez où le collège se trouve et quelle ambiance y règne.
4. Racontez le petit incident qui concerne Khoumba (104–118).
5. Khoumba devait raconter en cent lignes «l'apprentissage du respect par une adolescente» (119–147). Présentez les idées centrales de son texte.
6. Caractérisez Khoumba.

Commentaire

Commentez a) le sujet de la punition de Khoumba,
b) les réflexions de celle-ci.

Langue et style

Dans les autoportraits des élèves, il y a des fautes d'orthographe et de grammaire. Trouvez-en des exemples et corrigez-les.

Allons plus loin

«Un bon prof doit être sévère». Prenez position.

3 «Entre les murs» d'une salle de classe

Entre les murs – Le film de Laurent Cantet est une fiction nourrie d'expérience sur un professeur et ses élèves de quatrième

Avant de lire

1. Expliquez ou cherchez une explication dans un dictionnaire unilingue:
- une fiction nourrie d'expérience
- un scénario
- un coscénariste
- l'interprète principal d'un film
- une succession de séquences disjointes
- une composante essentielle

2. Quelles informations attendez-vous de la critique d'un film?

Les salles de classe sont des pièces mystérieuses. *Entre les murs* éclaire ce mystère en mettant les outils de l'expérience directe au service de la fiction: François Bégaudeau en est à la fois le sujet (il a été professeur), l'inspirateur (il a écrit un roman tiré de son expérience d'enseignant), le coscénariste (avec Laurent Cantet et Robin Campillo) et l'interprète principal.

Le scénario, à première vue fait d'une succession de séquences disjointes, révèle progressivement une construction dramatique intense. Comme son titre l'indique, *Entre les murs* ne sort jamais de l'enceinte d'un collège du 20e arrondissement de Paris. François Marin (Bégaudeau) y enseigne le français. Le parti pris est de ne montrer qu'une seule des classes de l'enseignant, une quatrième, de septembre à juin. L'essentiel du film est consacré à des cours qui prennent un tour comique, violent ou polémique (*Entre les murs* fait abstraction d'une des composantes essentielles de la vie scolaire: l'ennui). Ces heures de classe sont ponctuées de réunions (de conseils de classe, entre professeurs, entre enseignants et parents).

Dans ce film sans acteurs professionnels, tout le monde joue très appuyé. Monsieur Marin veut à la fois séduire et en imposer, et se sert d'une ironie parfois cruelle pour amuser et tenir à distance ses élèves. Ces derniers, en majorité issus de l'immigration, opposent le langage de la rue – les mots, les gestes, les vêtements. Le film couvre en deux heures le très long cours du fossé qui sépare François Marin de ses élèves.

Parmi eux, le scénario privilégie une poignée de premiers rôles. Ceux-ci correspondent à la typologie que tout usager des bancs de l'école connaît bien: la bonne élève, le peut-mieux-faire, le réfractaire. Au début du film, on voit d'ailleurs un professeur qui enseigne depuis longtemps dans le collège passer en revue l'effectif d'une

un outil – instrument, moyen

l'enceinte d'un collège – *Schulgelände*

un parti pris – *von vornherein getroffene Entscheidung*

consacrer – *widmen*

faire abstraction de – *außer Acht lassen, nicht berücksichtigen*

l'ennui (m) – *Langeweile*

ponctuer – ici: interrompre et souligner

appuyé – ici: avec beaucoup d'engagement

séduire – *hier: begeistern*

en imposer – *sich durchsetzen*

un fossé – *Graben*

une poignée – *eine Handvoll*

un usager – personne qui utilise (ou a utilisé) qc

un réfractaire – un rebelle, qui s'oppose à toute discipline

l'effectif d'une classe – le nombre d'élèves

une appréciation – jugement sur une personne
se méfier de – *misstrauen*
culminer – *seinen Höhepunkt erreichen*
déchirant – *erschütternd*
traduire en justice – *vor Gericht stellen*
amer, amère – *bitter*
achever – finir, terminer

classe, au profit d'un collègue nouvellement arrivé. A chaque nom correspond déjà une appréciation: gentil, pas gentil, s'en méfier … Progressivement, le film se cristallise autour d'une affaire qui oppose François Marin à sa classe. Ce conflit culmine en un conseil de discipline déchirant, pendant lequel une mère qui ne parle pas le français, à qui on ne traduit rien, voit son fils traduit en justice. Le goût amer que laisse cet épisode achève la construction d'*Entre les murs*. Cantet et Bégaudeau n'auraient pas pu mieux faire.

Entre les murs a reçu la Palme d'or au Festival de Cannes le 25 mai 2008.

(Thomas Sotinel, dans: *Le Monde*, dimanche 25 – lundi 26 mai 2008, p. 19)

Compréhension, analyse et commentaire

(Pour vos réponses, servez-vous des explications que vous avez trouvées dans «Avant de lire».)

1. Expliquez le rôle de François Bégaudeau dans ce film.
2. Dites ce que le film montre et ce qu'il ne montre pas.
3. Décrivez la classe de Monsieur Marin.
4. Expliquez pourquoi l'auteur de cette critique parle d'un goût amer.
5. *Entre les murs* est un film sans acteurs professionnels. Est-ce un avantage ou non? Pesez le pour et le contre.
6. Discutez: cette critique correspond-elle à vos attentes?

Langue et style

Trouvez d'autres substantifs qui sont identiques (ou presque) en français et en allemand, mais qui sont masculins en français et féminins en allemand, ou vice versa.

– un geste (22)
– un rôle (25)
– un épisode (36)

Allons plus loin

Regardez le film *Entre les murs* et discutez: la Palme d'or de Cannes vous semble-t-elle justifiée?

CD

4 Lynda Lemay: Le dernier choix

Avant de lire

1. Aimez-vous les sports d'équipe? Pourquoi (pas)?
2. Parlez des qualités qu'un bon membre d'une équipe sportive doit posséder.

un verdict – un jugement
géant,e – très grand
une sosie – une personne qui a une parfaite ressemblance avec une autre
un tas – ici: une bande
les espadrilles – chaussures de sport (français canadien)

Dans l'rang comme un soldat, un condamné à mort,
avec mes petits bras, avec mon petit corps,
avec mes culottes courtes d'éducation physique,
avec mes souliers d'course, j'attendais le verdict.
Y avait Marlène d'un bord, Marlène la géante,
une vraie bête de sport, une mauvaise perdante.
Et puis y avait Sonia, une sosie de Marlène,
construite comme un gars, elle aussi capitaine.
C'étaient ces deux filles-là, enfin ces deux gorilles
qui divisaient le tas d'porteuses d'espadrilles
par ordre de meilleure attrapeuse de ballon.
Moi, l'ballon m'faisait peur, je l'attrapais dans l'front.

vilain,e – mauvais, laid
le rejet – le refus
une humiliation – *Demütigung*
le plancher – *Fußboden*
un soupir – *Seufzer*

Dans l'rang y avait plus qu'moi et que Marie-Philippe,
les deux vilains petits rats au pied des deux équipes.
Les deux grandes finalistes de ce concours cruel,
et finalement la Miss Rejet c'était pas elle.
Quelle humiliation d'être le dernier choix!
Je cherchais la façon de rentrer dans l'plancher d'bois
alors que mon prénom provoquait ce soupir,
ce général «Ah non» qui me faisait mourir.
Bien sûr au grand malheur d'ma sympathique équipe
y a l'gentil professeur qui voulait qu'j'participe.
C'est là qu'Sonia disait: «OK Lynda vas-y».
Et c'est là que j'quittais mon petit banc chéri.

à peine – *kaum*
débarrasser (pop.) – *hier: das Feld räumen, abhauen*

A peine entrée dans l'jeu, quelqu'un disait «Attrape».
Et là j'fermais les yeux et j'attendais qu'ça frappe.
Et quand j'saignais du nez j'poussais comme un grand cri
de joie avant d'aller m'asseoir à l'infirmerie.
Tout ça au grand plaisir de mes copines de classe
qui étaient – pas b'soin d'vous l'dire – ravies que j'débarrasse
là c'était d'soulagement qu'elles soufflaient un soupir,
un général «Va-t'en» qui me faisait mourir.

Compréhension

1. Répondez en une ou deux phrases aux questions suivantes:
a) Où l'événement raconté dans la chanson se passe-t-il?
b) Qui sont les personnages principaux?
c) Comment imagine-t-on Lynda physiquement?
d) Et Marlène et Sonia?
e) Quelle est la fonction de celles-ci?
f) Comment la formation des deux équipes se fait-elle?
g) De quelle manière le professeur est-il impliqué?
h) De quel sport s'agit-il?
i) Qu'est-ce qui arrive quand Lynda est sur le terrain?
j) Quelle est la réaction de ses copines quand elle quitte le terrain?

2. Maintenant, résumez la chanson.

Analyse et commentaire

1. Décrivez les sentiments de Lynda au cours de la chanson.
2. Dites ce que vous pensez personnellement de son comportement.
3. Commentez cette manière de former deux équipes.

Travail d'écriture

1. Mettez-vous à la place d'une copine de classe et racontez la scène.
2. Lynda raconte l'épisode à son père. Celui-ci va voir le professeur de sport. Rédigez le dialogue.

Allons plus loin

«Dans le rang comme un soldat ...». – En quoi peut-on comparer le monde du sport au monde militaire?

5 Françoise Giroud: Une leçon inoubliable

Avant de lire

Que savez-vous sur la vie dans un internat?

Françoise Giroud raconte des épisodes importants de sa vie.

la pension – ici: un internat
administrer qc à qn (pop.) – *jdm. etwas verpassen*
la prestance – apparence imposante
achever – terminer

une péronnelle (pop.) – femme stupide et bavarde
qui était censé ... – qui devait ...
le bachot (pop.) – le baccalauréat (le bac)
un boute-en-train – *Zugpferd*
une ardeur – énergie, élan

une lentille – Linse

J'avais treize ans peut-être lorsqu'une directrice de pension m'administra une leçon inoubliable. Mme M., œil vert, ongles laqués, de la prestance, dirigeait une institution essentiellement fréquentée par des étrangères qui venaient achever leur éducation par une année de français et quelques leçons de musique ou d'histoire de l'art.
Au milieu de ces péronnelles, quelques adolescentes françaises recevaient l'enseignement régulier qui était censé les conduire au bachot. Qu'est-ce que je faisais là? J'étais le boute-en-train, comme on le dit des chevaux, destiné à donner l'exemple aux petites Françaises pour stimuler leur ardeur au travail. Moyennant quoi, ma mère ne payait pour moi que demi-pension.
Après un séjour dans un internat de lycée non chauffé où les len-

l'ordinaire – ici: le repas de tous les jours
un délice – un grand plaisir

s'aviser de faire qc – oser, avoir le courage de faire
faire le mur – s'évader
déluré,e – insolent (*frech*)
hebdomadaire – une fois par semaine
alerté,e – alarmé
crotté,e – très sale

bruire de rumeurs (f) – *voll von Gerüchten sein*
aviser – informer (annoncer)
clandestin,e – en secret (sans permission)

le capiton – *Polster*
un effluve – une odeur
une griffe – *Kralle*

un magnat – un industriel très riche

passer l'éponge – ignorer (une éponge – *Schwamm*)

sans retentissement (m) – ici: sans conséquences
devoir – *hier: schulden*
supplier – prier qn très fort, implorer

feindre de – faire semblant de

altier,-ière – arrogant
les manigances (f) – *Machenschaften*
céder – ici: finir par accepter
une inconduite – mauvaise conduite (*Fehlverhalten*)
un châlet – petite maison en bois
réintégrer – ici: regagner; retourner à

le chantage – *Erpressung*
prendre mesure de – *das Ausmaß erkennen*
la figure – le visage

tilles composaient l'ordinaire, cette institution pour jeunes filles de luxe était un lieu de délices. [...]

Je travaillais comme un ange lorsqu'un soir, une des pensionnaires étrangères, Margaret, s'avisa de faire le mur. C'était une fille de seize ans, délurée, qui avait réussi, au cours de la sortie hebdomadaire, à nouer relation avec un jeune homme. Le gardien de la propriété l'avait aperçue sans la reconnaître au moment où elle rentrait. Alertée aussitôt, Mme M. fit la tournée des chambres avec sa torche électrique. Une paire de chaussures crottées trahit Margaret, mais, sur le moment, rien ne fut dit.

Le lendemain, toute la maison bruissait de rumeurs et de chuchotements. Au petit déjeuner, Mme M. nous avisa simplement que l'une d'entre nous avait commis un acte grave en sortant clandestinement de la pension la nuit, et qu'elle serait sanctionnée.

Dans la matinée, elle me fit appeler dans son bureau. J'arrivai, intimidée par le décor de velours et de capiton, les effluves d'un parfum sucré, les ongles de Mme M., très longs et recourbés en griffes.

Elle me décrivit en quatre points la situation:

Un: Margaret était la coupable.

Deux: si son père, un magnat de Pittsburgh, apprenait l'incident, la réputation de l'institution était perdue aux Etats-Unis.

Trois: impossible de passer l'éponge. Le gardien avait parlé. Tout le monde était au courant.

Quatre: Il fallait donc trouver une fausse coupable dont la mauvaise conduite serait sans retentissement sur l'institution.

D'abord, je n'ai pas compris. Puis, quand elle a dit: «Ta mère me doit bien ça ...», l'angoisse m'a saisie. J'ai supplié:

– Pas moi, s'il vous plaît, pas moi ...

– Soit, a dit Mme M. Ta pension n'est pas payée depuis trois mois. Si tu refuses de me rendre le service que je te demande, tu seras renvoyée. Assieds-toi. Tu as cinq minutes pour réfléchir.

Elle a feint de se plonger dans ses papiers. Et j'ai connu un moment de désespoir absolu. Le premier de ma vie consciente. Un moment de haine pure, aussi, envers cette femme altière et ses manigances.

J'ai cédé, naturellement. Que faire d'autre? Mon inconduite a été officiellement stigmatisée et sanctionnée par un séjour solitaire d'un mois dans un châlet du jardin où l'on m'apportait devoirs et repas. Margaret a été informée qu'on l'avait à l'œil.

Après un mois, quand j'ai réintégré ma chambre et ma classe, un bout de mon cœur était devenu comme du vieux cuir. Il l'est resté. J'avais découvert le chantage. Surtout, j'avais pris mesure de ma faiblesse et de celle de ma mère. En face du magnat de Pittsburgh et de Mme M., nous ne pesions rien. On pouvait nous marcher sur la figure.

Je ne savais pas ce qu'était un rapport de forces, mais j'ai appris, en cette occasion particulière, et pour la vie, que les faibles se font toujours écraser.

Ne jamais écraser: ce pourrait être une devise.
Ne jamais se laisser écraser: une résolution.

la résolution – décision ferme de faire qc

(Dans: Françoise Giroud, *Leçons particulières*, © Librairie Arthème Fayard, Paris 1990, pp. 28–32; texte abrégé)

Compréhension

1. Décrivez la pension et les pensionnaires.
2. «Elle me décrivit en quatre points *la situation*:» (30)
Récapitulez ‹*la situation*› en quatre à cinq phrases.

Analyse et commentaire

1. Caractérisez la directrice.
2. En vous référant à la fin du texte (51–61), décrivez l'état d'âme de Françoise Giroud et montrez en quoi cette expérience a changé sa vision du monde.

Travail d'écriture

Le soir du premier jour de son emprisonnement dans le châlet du jardin, Françoise se retrouve seule. Elle est déçue et choquée. Alors, elle se confie à son journal intime.
Rédigez sa page de journal.

Langue et style

Relevez sept formes du passé simple dans le texte et mettez-les au passé composé. Que savez-vous sur l'emploi du passé simple?

6 Faïza Guène: Il faut bien vivre

une agence d'intérim – *Agentur für Zeitarbeit*
s'y faire – s'y habituer
saisir – ici: comprendre
ultra-moulax (pop.) – très serré
les écarts (m) – *hier: Unterbrechungen*
un régime – *Diät*
une femme adultère – une femme qui trompe son mari
peiner à – avoir du mal à
desserrer – *hier: wieder beweglich machen*
un marteau-piqueur – *Presslufthammer*
gratter – *hier: kritzeln*
cocher – *ankreuzen*
vexant – *hier: beleidigend*
le permis B – permis de conduire pour véhicule de moins de 3,5 tonnes et de 10 places
la Cotorep (Commission Technique d'Orientation et de Reclassement Professionnel) – *Staatliche Institution für die Belange körperlich und geistig Behinderter*

[…] Mon rendez-vous à l'agence d'intérim est à 10 h 40. Pas 45. Pas 30. C'est précis, en France, chaque minute compte et je n'arrive pas à m'y faire. Je suis née de l'autre côté de la mer et la minute africaine contient bien plus que soixante secondes. […]
Johanna, l'employée de bureau d'Intérim Plus, a l'air d'avoir seize ans, elle a la voix qui tremble et articule douloureusement. Je saisis qu'elle me demande de remplir un questionnaire, elle me donne un stylo portant le logo ridicule de leur boîte et m'invite à la suivre. La demoiselle porte un jean ultra-moulax qui laisse apparaître tous les écarts de son régime Weight Watchers et lui donne des allures de femme adultère. Elle m'indique un siège près d'une petite table où je peux m'installer. J'ai du mal à écrire, mes doigts sont gelés, je peine à les desserrer. Ça me rappelle quand Papa – le Patron, comme on l'appelle – rentrait du travail. Il avait toujours besoin d'un peu de temps pour ouvrir ses mains. «C'est à cause du marteau-piqueur», il disait.
Je gratte, je remplis leurs cases, je coche, je signe. Tout est minuscule sur leur formulaire et leurs questions sont presque vexantes. Non, je ne suis pas mariée, je n'ai pas d'enfants, je ne suis pas titulaire du permis B, je n'ai pas fait d'études supérieures, je ne suis pas reconnue invalide par la Cotorep, je ne suis pas française. A la rigueur, où se

trouve la case «Ma vie est un échec»? Comme ça, je coche directement oui, et on n'en parle plus.

Leroy Merlin – chaîne de magasins de bricolage près des grandes villes

Johanna [...] me propose un inventaire à Leroy Merlin vendredi prochain dans la soirée. Je dis oui sans la moindre hésitation, j'ai tellement besoin de travailler que je pourrais accepter presque n'importe quoi.

Je sors de là, très satisfaite, preuve qu'il m'en faut peu. [...]

Je suis arrivée au Leroy Merlin très en avance – je fais toujours comme ça pour être sûre. [...]

Sur place, il fallait s'adresser à une certaine Sonia, une femme maigre et sèche d'une trentaine d'années.

un équipier – un membre d'une équipe

Lorsque tous les équipiers furent enfin au point de rendez-vous, elle s'est chargée de nous expliquer le déroulement de notre folle soirée.

Une pause pipi ou cigarette d'une durée maximum de dix minutes, donc impossible de fumer *et* de pisser, fallait choisir, sauf à faire les deux en même temps. Ensuite, interdiction formelle de sortir du magasin avec son sac ou sa veste pendant l'inventaire. De quoi ils avaient peur? Que quelqu'un subtilise discrètement un lavabo?

subtiliser – voler
un lavabo – *Waschbecken*

Bref, tous les gens avaient pour la plupart la vingtaine, la majorité étaient étudiants et c'était un groupe composé surtout de garçons.

Sonia nous a placés par binômes dans chacun des rayons.

la veine – la chance
un rayon outillage – *Werzeugabteilung*

Avec la veine que j'ai, je suis tombée sur un rayon outillage avec un petit type qui s'appelle Raphaël Vignon et qui n'a pas décroché un mot de toute la soirée. Génial! [...]

un escabeau – *Trittleiter; Schemel*
vilain,e – *übel, schlimm*
une rémunération – un salaire

J'ai mal au dos et aux jambes, en plus. À force d'être restée collée à l'escabeau, j'ai de vilaines traces sur chacun des genoux, et tout ça pour une rémunération de soixante-cinq euros. Avec cette fortune, je fais seulement deux fois le marché.

Je crois avoir tapé dans tous les petits boulots les plus stupides qu'on puisse imaginer. A part peut-être père Noël devant les Galeries Lafayette.

un lacet – *Schnürsenkel*
un caprice – *Laune*
des clopinettes (pop.) – peu d'argent

J'ai été animatrice pour jeunes enfants en camps de vacances. Les pipis culotte, les lacets défaits, les crottes de nez, les caprices et les crises de larmes, je connais. Payée des clopinettes bien sûr.

Thiais – ville au sud de Paris (département Val-de-Marne)

se faire plaquer – être abandonné par son partenaire amoureux

J'ai distribué des ballons en forme de cœur le jour de la Saint-Valentin au centre commercial de Thiais. J'ai croisé les couples les plus amoureux du Val-de-Marne ce jour-là, et je me souviens, ça m'a marquée parce que je m'étais faite plaquer la veille.

Ensuite, il y eut la vague de petits boulots dans la restauration, McDo, Quick, Paul, KFC. Je me rappelle avoir pris au moins cinq kilos, que j'ai aussitôt reperdus lorsque j'étais serveuse à La Foire des fous, le bar qui rend fou.

craquer (pop.) – ici: abandonner
glauque – *hier: schräg, abgedreht*

J'ai même fait de la téléphonie rose. Ça payait bien, je portais le charmant pseudonyme de Samantha. J'ai craqué assez vite parce que c'était trop glauque. J'ai dit stop le soir où un type, qui appelait très régulièrement, m'a suppliée de lui imiter la poule.

un forfait téléphonique – *Telefonpauschale, Flatrate*

J'ai aussi vendu au porte-à-porte des forfaits téléphoniques. Je ne compte plus les fois où on m'a claqué la porte au nez en criant «Je ne crois pas en Dieu, ça m'intéresse pas!» [...]
Mon dernier job en date a été un remplacement chez Pizza Hut. Encore aujourd'hui, cette phrase résonne dans ma tête comme un écho machiavélique: «Merci d'avoir choisi Pizza Hut, au revoir et à bientôt.» Évidemment que j'aspire à mieux, mais il faut bien vivre. Les gens qui remplissent leur frigidaire en faisant ce qu'ils aiment ont bien de la chance. Si c'était mon cas, je rendrais grâce au bon Dieu bien plus de cinq fois par jour, ça mériterait au moins ça.

(Extraits de: Faïza Guène, *Le froid de la grande ville*, dans: F. G., *Du rêve pour les oufs*, © Hachette Littératures, 2006, pp. 7–12, 44–49)

Compréhension

1. Décrivez ce que la jeune femme – elle s'appelle Ahlème – doit faire pour avoir un petit boulot.
2. Résumez le déroulement de la soirée de l'inventaire.
3. Présentez brièvement les différents petits boulots qu'Ahlème a déjà exercés et parlez de leurs inconvénients.
4. Trouvez dans le texte des indications sur l'identité d'Ahlème, sa situation de vie et son caractère.

Analyse et commentaire

1. Dans le premier paragraphe, Ahlème compare les mentalités française et africaine. Expliquez ce qu'elle veut dire par «... la minute africaine comprend bien plus que soixante secondes».
2. Analysez l'attitude d'Ahlème à l'égard de ses petits boulots et dites ce que vous en pensez.

Allons plus loin

1. Si vous étiez à la recherche d'un petit boulot et qu'on vous proposait ceux qu'Ahlème a faits – lequel préféreriez-vous? Lequel refuseriez-vous?
2. «Evidemment que j'aspire à mieux». Imaginez le petit boulot idéal pour Ahlème.

Langue

Exprimez les parties soulignées d'une autre manière:
41: Sonia nous a placés <u>par binômes</u> dans chacun des rayons.
43/44: Il n'a pas <u>décroché un mot</u> de toute la soirée.
74/75: Les gens qui <u>remplissent leur frigidaire</u> en faisant ce qu'ils aiment.

CD

7 Renan Luce: La lettre

une maladresse – ici: une erreur

J'ai reçu une lettre
Il y a un mois peut-être
Arrivée par erreur
Maladresse de facteur
Aspergée de parfum
Rouge à lèvres carmin
J'aurais dû cette lettre
Ne pas l'ouvrir peut-être

un enjeu – *wörtl.: Einsatz (Wette, Spiel), hier: Nervenkitzel, Abenteuer*

Mais moi je suis un homme
Qui aime bien ce genre d'enjeu
Je veux bien qu'elle me nomme
Alphonse ou Fred c'est comme elle veut
C'est comme elle veut

une courbe – *Bogen*
une abbaye – *Abtei*
une dyslexie – *Legasthenie*
en guise de – comme
un paraphe – une signature

Des jolies marguerites
Sur le haut de ses «i»
Des courbes manuscrites
Comme dans les abbayes
Quelques fautes d'orthographe
Une légère dyslexie
Et en guise de paraphe
La petite blonde sexy

une nonne – ici: contraire de «fille facile»

Et moi je suis un homme
Qui aime bien ce genre d'enjeu
Je n'aime pas les nonnes
Et j'en suis tombé amoureux
Amoureux

une falaise – *Klippe*
les hanches (f) – *Hüften*
assumer ses ébats – ici: accepter la responsabilité de ce qu'on a fait
un impact – *hier: Aufschlagstelle*

Elle écrit que dimanche
Elle sera sur la falaise
Où je l'ai prise par les hanches
Et que dans l'hypothèse
Où je n'aurais pas le tact
D'assumer mes ébats
Elle choisira l'impact
30 mètres plus bas

s'assommer – ici: se tuer

Et moi je suis un homme
Qui aime bien ce genre d'enjeu
Je ne veux pas qu'elle s'assomme
Car j'en suis tombé amoureux
Amoureux

le cachet de la poste – *Poststempel*
être à l'avant-poste – *zur Stelle sein*
suicidaire – qui a l'intention de se suicider

Grâce au cachet de la poste
D'une ville sur la Manche
J'étais à l'avant-poste
Au matin du dimanche
L'endroit était désert
Il faudra être patient
Des blondes suicidaires
Il n'y en a pas 100

Et moi je suis un homme
Qui aime bien ce genre d'enjeu
Je veux battre Newton
Car j'en suis tombé amoureux
Amoureux

surplomber – *hier: auf einem Felsvorsprung stehen*

une personne ingénue – *treuherziger, naiver, unschuldiger Mensch*

le nombril – *Bauchnabel*

Elle surplombait la Manche
Quand je l'ai reconnue
J'ai saisi par la manche
Ma petite ingénue
Qui ne l'était pas tant
Au regard du profil
Qu'un petit habitant
Lui f'sait sous le nombril

Et moi je suis un homme
Qui aime bien ce genre d'enjeu
Je veux bien qu'il me nomme
(Papa) … S'il le veut.

Compréhension et analyse

1. Lisez les deux premières strophes de la chanson. En partant des indices donnés, imaginez la personne qui a écrit la lettre.
2. Présentez le contenu de sa lettre (3e strophe) et dites ce qu'on apprend en lisant entre les lignes.
3. Racontez la suite.
4. Caractérisez le chanteur.

Travail d'écriture

1. Mettez-vous à la place de la jeune fille et écrivez la lettre.
2. Le chanteur s'approche de la fille et lui parle. Imaginez leur dialogue.

Allons plus loin

Imaginez la suite de la rencontre.

CD

8 Julien Clerc: Double enfance

Avant de lire

1. Plongez-vous dans les souvenirs de votre enfance et racontez un épisode qui a marqué cette période de votre vie (agréable ou douloureux). Racontez-le à votre voisin(e) de classe.
2. Etablissez un filet à mots autour du terme ENFANCE selon les catégories suivantes:
   activités (verbes)
   émotions (+) et (–)
   personnes importantes
   jeux / jouets
   d'autres aspects

(*Refrain*) Elle n'est pas donnée à tout le monde
La chance de s'aimer pour la vie
10 ans 10 mois 10 secondes
Et nous voici
A plonger dans les eaux troubles
De mes souvenirs lointains
Si quelquefois je vois double
C'est que l'enfance me revient

trouble – pas clair

Double vie double silence
Double sens et double jeu
Silencieux le cœur balance
Pourquoi les parents sont-ils deux
On voit du pays on voyage
Chaque semaine et chaque été
Des souvenirs qui déménagent
Et qu'on ne peut pas raconter ...

Refrain

Deux maisons, deux quartiers
Deux gâteaux d'anniversaire
Multiplier les pères et mères
N'a pas que des mauvais côtés
Avant les autres j'aurais su
Que le seul sentiment qui dure
C'est le chagrin d'une rupture
Où je n'aurais jamais rompu

un chagrin – *Kummer*
la rupture – la séparation (*der Bruch*)
rompre – verbe de «rupture»

Refrain

10 ans 10 mois 10 secondes
Le temps n'est plus un souci
Elle n'est pas donnée à tout le monde
La chance de s'aimer pour la vie ...

Compréhension et analyse

1. Lisez les paroles de la chanson en silence.
2. a) Exprimez les trois premières lignes du refrain avec vos propres mots.
b) Quel est le thème de la chanson?
3. Double enfance: Qu'est-ce que cela implique selon les souvenirs de J. Clerc?
4. Relisez la deuxième strophe et relevez les sentiments qu'éprouve l'enfant concernant la rupture de ses parents.
5. Pour terminer, formulez le double message de la chanson.

Allons plus loin

1. Faites une recherche sur Internet pour en apprendre un peu plus sur Julien Clerc ainsi que sur les conditions dans lesquelles la chanson a été écrite. Cherchez également des réactions à cette chanson sur Internet. Par ex.: www.linternaute.com/video/3402/julien-clerc-double-enfance/...
2. ‹Tout enfant du divorce mène une double vie.› A deux, discutez cette affirmation.

9 Jean-Marie Gustave Le Clézio: La ronde

Avant de lire Quelquefois, des jeunes sont prêts à se soumettre à des épreuves imposées par d'autres jeunes. Quelles pourraient être leurs raisons?

Les deux jeunes filles ont décidé de se rencontrer là, où la rue de la Liberté s'élargit pour former une petite place. Elles ont décidé de se rencontrer à une heure, parce que l'école commence à deux heures et que ça leur laissait tout le temps nécessaire. Et puis, même si elles arrivaient en retard? Et quand bien même elles seraient renvoyées de l'école, qu'est-ce que ça peut faire? C'est ce qu'a dit Titi, la plus âgée, et Martine a haussé les épaules.

hausser les épaules – *mit den Schultern zucken*

En tout cas ce n'est pas Martine qui a eu l'idée. Ce n'est peut-être pas Titi non plus, mais c'est elle qui en a parlé la première. Martine n'a pas eu l'air bien surprise. Elle a seulement haussé les épaules, et c'est comme cela que les deux jeunes filles se sont mises d'accord.

Pendant tout le temps du déjeuner avec sa mère, Martine n'a presque pas pensé au rendez-vous. Quand elle y pensait, ça l'étonnait de s'apercevoir que ça lui était égal. Ce n'était sûrement pas pareil pour Titi. Elle, ça faisait des jours et des jours qu'elle ruminait toute cette histoire, elle en avait sûrement parlé pendant qu'elle mangeait son sandwich sur un banc, à côté de son petit ami. D'ailleurs c'est lui qui a parlé la première fois de prêter son vélomoteur à Martine, parce qu'elle n'en avait pas.

ruminer – ici: y penser sans arrêt

mou, mol, molle – *weich*

atteindre – ici: toucher

se dégonfler (pop.) – perdre courage

démarrer – lancer le moteur, mettre en mouvement

donner des coups d'accélérateur – *Gas geben*

se faufiler – *hier: sich durchschlängeln*

une selle – *Sattel*

un blouson d'aviateur – *Bomberjacke*

Pourtant, quand elle est arrivée dans la rue de la Liberté, près de la place, Martine a senti son cœur tout d'un coup qui paniquait. C'est drôle, un cœur qui a peur, ça fait «boum boum boum», très fort au centre du corps, et on a tout de suite les jambes molles, comme si on allait tomber. Pourquoi a-t-elle peur? Elle ne sait pas très bien. Titi et son ami sont là, sur les vélomoteurs. Martine n'aime pas l'ami de Titi. Titi, ce n'est pas pareil. Martine et elle sont vraiment amies, surtout depuis un an, et pour Martine, tout a changé, surtout depuis qu'elle a une amie. Maintenant elle a moins peur des garçons, et elle a l'impression que plus rien ne peut l'atteindre, puisqu'elle a une amie.
Peut-être que c'est le petit ami de Titi qui a eu l'idée d'abord.
Ça fait longtemps qu'ils ont tous plus ou moins envie d'essayer, mais les garçons parlent toujours beaucoup et ils ne font pas grand chose. Alors c'est Titi qui a dit qu'on allait leur montrer, qu'on ne se dégonflerait pas.
C'est la raison pour laquelle Martine sent son cœur battre très fort, parce que c'est un examen, une épreuve. Elle n'y avait pas pensé jusqu'à maintenant, mais tout d'un coup, en voyant Titi et le garçon assis sur les vélomoteurs, au soleil, en train de fumer, elle comprend que le monde attend quelque chose, qu'il doit se passer quelque chose. Pourtant, la rue de la Liberté est calme, il n'y a pas grand monde qui passe.
«Bon. Alors, on y va? On y va maintenant?»
Le garçon descend de son vélomoteur. Il embrasse Titi sur la bouche, puis il s'approche de Martine qui le repousse avec violence.
«Allez, laisse-la.» Titi fait démarrer brutalement son vélomoteur et vient se placer à côté de Martine. Puis elles démarrent au même moment, en donnant des coups d'accélérateur. Elles roulent un instant sur le trottoir, puis elles descendent ensemble sur la chaussée, et elles restent côte à côte dans le couloir réservé aux bus. Martine aime bien rouler en vélomoteur, surtout quand il y a beaucoup de soleil et que l'air n'est pas froid, comme aujourd'hui. Elle aime se faufiler entre les autos et aller vite! Titi a eu de la chance, c'est son frère qui lui a donné son vélomoteur.
Les deux jeunes filles roulent le long du trottoir, vers l'ouest. Le soleil est au zénith, il brûle. Titi roule devant, à présent, bien droite sur la selle de son vélomoteur. Ses cheveux rouges flottent au vent, et son blouson d'aviateur se gonfle dans le dos. Martine roule derrière elle, dans la même ligne, et quand elles

passent devant les vitrines des garages, elle aperçoit du coin de l'œil leurs silhouettes qui glissent, comme les silhouettes des cavaliers dans les films de cow-boys.

Puis, tout d'un coup, à nouveau, la peur revient à l'intérieur de Martine, et sa gorge devient sèche. Elle vient d'apercevoir que la rue n'est pas vraiment vide, que tout cela est comme réglé d'avance, et qu'elles s'approchent de ce qui va arriver sans pouvoir se détourner. L'angoisse est si forte que tout se met à bouger devant les yeux de Martine. Son vélomoteur ralentit, zigzague un peu sur la chaussée. Devant elle, au loin, Titi continue sans se retourner, bien droite sur la selle de son vélomoteur.

sans pouvoir se détourner – *hier: unaufhaltsam*
l'angoisse (f) – la peur

Ce qui est terrible surtout, c'est que les gens attendent. Martine ne sait pas où ils sont, ni qui ils sont, mais elle sait qu'ils sont là, partout, le long de la rue, et leurs yeux suivent la cavalcade des deux vélomoteurs le long du trottoir. Qu'est-ce qu'ils attendent, donc? Qu'est-ce qu'ils veulent?

une cavalcade – une course

Peut-être qu'ils sont très loin, à l'intérieur d'une auto arrêtée, et qu'ils guettent avec des jumelles? Martine voit cela, l'espace de quelques secondes, tandis que sa machine ralentit en zigzaguant sur la chaussée près du carrefour. Mais dans un instant, Titi va regarder derrière elle, elle va rebrousser chemin, elle va dire «Eh bien? Eh bien? Qu'est-ce que tu as? Pourquoi tu t'arrêtes?»

guetter – ici: observer
des jumelles (f) – *Fernglas*
rebrousser chemin – faire demi-tour

Martine ferme les yeux. Quand elle regarde à nouveau, la rue est encore plus déserte et plus blanche. Martine serre bien fort les lèvres pour ne pas laisser échapper sa peur.

Quand elle repart, elle voit Titi arrêtée avant le carrefour suivant, à l'arrêt du bus. Titi est à demi tournée sur la selle de son vélomoteur. Elle est très pâle, elle aussi, car la peur trouble l'intérieur de son corps et fait un nœud dans sa gorge.

pâle – *bleich*
faire un nœud – *hier: zuschnüren*

Martine arrête son vélomoteur à côté de Titi, et elles restent toutes les deux immobiles. Elles ne se parlent pas, elles ne se regardent pas, mais elles savent que la ronde va commencer, maintenant, et leur cœur bat très fort, non plus d'inquiétude, mais d'impatience.

La rue de la Liberté est vide et blanche, les trottoirs déserts, les immeubles aux fenêtres pareilles à des yeux éteints, les autos qui glissent silencieusement. Comment tout peut-il être si calme, si lointain?

éteint,e – *hier: matt, trübe*
lointain,e – qui est loin

Tout cela est à cause d'elle, d'elle seule: la dame en tailleur bleu attend l'autobus, sans regarder les jeunes filles. Elle a un visage rouge parce qu'elle a marché au soleil, et sous la veste de son tailleur bleu, son chemisier blanc colle

un tailleur – *Damenkostüm*

à sa peau. Martine ne peut pas rencontrer son regard. Pourquoi chercher à saisir son regard?

bondir – *hier: lospreschen*

avec fracas – avec beaucoup de bruit

Tout d'un coup, Martine donne un coup d'accélérateur, et le vélomoteur bondit sur la chaussée. Elle roule vite, suivie de Titi.

Les deux vélomoteurs avancent avec fracas sur la chaussée déserte, s'éloignent. La dame en bleu les suit un instant du regard, elle voit les vélomoteurs tourner deux rues plus loin, à droite.

un pâté de maisons – *Häuserblock*

le déménagement – *Umzug*

encombré – *verstopft*

plisser – *hier: zusammenkneifen*

foncer (pop.) – aller à grande vitesse

À quelques pâtés de maisons, pas très loin de la gare, le camion bleu de déménagement démarre lentement, chargé de meubles et de cartons. C'est un camion ancien, peint en bleu. Devant le camion bleu, la rue étroite est encombrée de voitures arrêtées. En passant près des bars, le chauffeur se penche. Il sent la fatigue et la faim. Il plisse les yeux, il grimace. Le camion bleu va vite le long de la rue étroite. Le vieux camion fonce droit devant lui, un peu semblable à un animal en colère.

Il traverse une rue, une autre rue, presque sans ralentir. Là-bas, au bord du trottoir, la dame en tailleur bleu attend toujours. Elle vient de consulter sa montre pour la troisième fois. À quoi pense-t-elle? Elle ressemble à une statue de plâtre, immobile au bord du trottoir. Peut-être qu'elle ne pense à rien, pas même à l'autobus numéro sept qui doit bien venir, qui roule le long des trottoirs vides, qui s'arrête pour ramasser deux enfants qui vont au lycée, puis, plus loin, un vieil homme.

racler – ici: toucher

Martine roule devant Titi, elle fonce à travers les rues vides, elle penche tellement son vélomoteur dans les virages que le pédalier racle le sol. La ronde les emmène loin à travers la ville, puis les ramène lentement, rue par rue, vers l'arrêt d'autobus où attend la dame au sac noir.

Alors la ronde des vélomoteurs se referme, ici, sur la grande rue de la Liberté. Maintenant les vélomoteurs vont tout droit, en jetant vite en arrière tous ces immeubles, ces arbres, ces squares, ces carrefours.

moite – humide

La dame en tailleur bleu est seule, au bord du trottoir, comme si elle dormait. Les vélomoteurs roulent tout près du trottoir. Le cœur ne bat plus. Il est calme, au contraire, et les jambes ne sont plus faibles, les mains ne sont plus moites. Les vélomoteurs roulent au même rythme, l'un à côté de l'autre.

Presque sans ralentir, le premier vélomoteur est monté sur le trottoir, il s'approche de la dame en bleu. Quand cela se passe, et juste avant de tomber, la dame regarde Martine qui roule devant elle, elle la regarde enfin, ses yeux grands ouverts. Mais cela ne dure qu'un centième de seconde, et ensuite il y a ce cri qui résonne dans la rue vide, ce cri de souffrance et de surprise, tandis que les deux vélomoteurs s'enfuient vers le carrefour.

Il y a à nouveau le vent chaud qui souffle, le cœur qui bondit et dans la main de Martine serrée sur le sac à main noir, il y a la sueur. Le vide, surtout, au fond d'elle, car la ronde est finie, l'ivresse ne peut plus venir. Loin devant, Titi s'échappe. Son vélomoteur est plus rapide, et elle passe le carrefour, elle s'en va. Mais à l'instant où le deuxième vélomoteur franchit le carrefour, le camion de déménagement bleu sort de la rue, tout à fait semblable à un animal, et son capot happe le vélomoteur et l'écrase contre le sol avec un bruit terrible de métal et de verre. Les pneus freinent en hurlant.

Le silence revient dans la rue, au centre du carrefour. Sur la chaussée, derrière le camion bleu, le corps de Martine est étendu, tourné sur lui-même comme un linge. Il n'y pas de douleur, pas encore, tandis qu'elle regarde vers le ciel, les yeux grands ouverts, la bouche tremblant un peu. Mais un vide intense.

Pas très loin de son bras, sur la chaussée, il y a le sac de cuir noir, comme s'il avait été bêtement oublié par terre.

la sueur – *Schweiß*
l'ivresse – *Rausch*
s'échapper – ici: disparaître
franchir – traverser
un capot – *Motorhaube*
happer – *erfassen*
un linge – *Wäschestück*

(Jean Marie G. Le Clézio: *La ronde*, dans: *La ronde et autres faits divers*, © Editions GALLIMARD, Paris 1982; texte abrégé)

Compréhension et analyse

Première partie (1 – 44)

1. Présentez Martine et Titi. Cherchez des informations sur leur caractère et leur relation.
2. a) Relevez dans le texte toutes les informations sur «l'idée» (8) dont parlent les jeunes filles.
   b) Regardez ensuite les images aux pages 27 et 28. Quelle pourrait être la nature de cet «examen» (36)?

Deuxième partie (45 – 101)

Analysez les sentiments de Martine à travers la scène et comparez-les avec ceux de Titi.

Troisième partie (102 – 178)

1. Tracez l'itinéraire que suivent Martine et Titi depuis leur départ en vélomoteur. Expliquez ensuite le titre de la nouvelle.
2. Résumez les points culminants de la «ronde».
3. Etudiez la manière dont l'auteur crée du suspens.

Travail d'écriture

Rédigez la conversation entre la dame et un policier juste après l'accident.

Allons plus loin

Montez plusieurs «tableaux vivants». Travaillez en groupe. Chaque groupe choisit dans le texte un passage qui lui semble intéressant et présentable sous la forme d'un tableau vivant. Les acteurs d'un tableau peuvent ensuite demander au public de quel passage il s'agit.

Un peu de méthode

Résumer un texte

Un résumé est la forme condensée d'un texte.

Suivez les conseils suivants:

1. Lisez le texte une première fois.
   Cherchez-en l'idée principale ou la situation centrale. Le titre peut vous donner des indices.
2. Lisez le texte une deuxième fois.
   Dégagez l'essentiel et notez les mots-clefs.
   Concentrez-vous sur l'idée principale, en laissant de côté les points secondaires.
3. Rédigez enfin le résumé, en employant vos propres mots.
   Ecrivez au présent. Utilisez la troisième personne.
   N'employez pas le discours direct.
   Limitez la longueur du résumé au tiers de celle du texte original.

Bien exprimer ses idées

Pour exprimer des idées qui se suivent:

pour commencer, (tout) d'abord, premièrement

puis, alors, après cela, deuxièmement, troisièmement, …, de plus, en outre, par ailleurs, à part cela

enfin, pour terminer, pour conclure

Pour établir un rapport entre les arguments:
comme, car, parce que, puisque, c'est pour cette raison que, par conséquent, c'est pourquoi, voilà pourquoi, pour que (+ subjonctif) …

Pour opposer des arguments:
mais, bien que (+ subjonctif), quoique (+ subjonctif), alors que, tandis que, malgré cela, malgré que (+ subjonctif), quand même, contrairement à, à l'opposé de, comparé à, en comparaison avec, d'une part – d'autre part, d'un côté – de l'autre côté …

Chapitre 2 La société en France

1 Le fiancé

vignette 1: **un fiancé** – futur mari; **prévenir qn** – informer et avertir (*warnen*)

Compréhension et analyse

Vignette 1

1. Dites pourquoi la jeune fille rend visite à sa mère.

2. Cherchez dans la vignette des indices indiquant la nationalité de sa mère.

Vignettes 2, 3 et 4

1. Commentez les réactions de la vieille dame.

2. Expliquez le comique de ces scènes.

Vignettes 5 et 6

1. Commentez le choix de nationalité qu'a fait le dessinateur.

2. Caractérisez la vieille dame.

Langue

1. a) Il / elle est *végétarien,ne.*
Trouvez trois autres mots qui se terminent en *-ien,ne.*

b) Il / elle est *raciste.*
Trouvez trois autres mots qui se terminent en *-iste.*

c) Il / elle est *chômeur.*
Trouvez trois autres mots qui se terminent en *-eur,se.*

2. Traduisez: Er ist:
Araber; Europäer; Amerikaner; Jude; Asiate; Schwarzer; Australier; Inder; Eskimo; Afrikaner; Indianer; Chinese

Allons plus loin

1. Décrivez votre fiancé(e) idéal(e), puis la personne que vos parents rêveraient de vous voir épouser.

2. «Je ne suis pas raciste, mais ...» Continuez en inventant un petit texte qui exprime un racisme latent (caché).

2 Tahar Ben Jelloun: Le compatriote

Avant de lire

Que feriez-vous

a) si, dans la rue, une personne inconnue s'adressait à vous pour faire votre connaissance?

b) pour faire la connaissance d'une personne que vous croisez dans la rue et qui vous plaît?

apprivoiser – rendre moins sauvage, plus doux
insolent – impertinent (*frech*)
pudique – chaste, sage (*schamhaft*)
militer – lutter pour une cause
aborder qn – s'adresser à qn pour faire connaissance
dissiper – faire disparaître, chasser

Khadija est belle. Elle a du Maghreb la couleur de la terre l'été et le bleu des nuages. Le rire de ses yeux apprivoise l'oiseau insolent. Mais dans le regard une prairie de tendresse. Le geste simple. Pudique.
A Paris depuis quelques années, elle termine sa médecine. Ses compatriotes travailleurs, expatriés par le temps, elle les connaît bien. Elle milite à leur côté. L'autre dimanche, descendant du métro, elle a été abordée par un travailleur immigré qui essayait de dissiper sa solitude.

«Tu es belle, ma sœur ...»

Khadija sourit.

«Dis, ma sœur, tu es Arabe, n'est-ce pas?»

Khadija acquiesça avec un petit rire.

«Dis, ma sœur, gazelle sous la lune, tu prends un café avec ton frère du Maghreb ... le dimanche c'est long, c'est triste ... Et puis les autres ne parlent pas ... Allez, viens, on va parler du pays ...»

Dans l'esprit de Khadija, des mots et des images se bousculèrent: l'émigration ... la solitude ... la nostalgie ... la culpabilité ... la drague ... l'exil ... la mélancolie ... la violence ... le racisme ordinaire ... Se parler, pourquoi pas?

«D'accord, merci pour ton invitation.»

Au café, ils échangèrent quelques impressions sur le travail, l'exil, les vacances ... puis il y eut des silences longs et quelque gêne.

L'homme sortit de sa poche un billet de dix francs et le mit entre les seins de Khadija. A la surprise succéda le grand fou rire. L'homme, gêné, s'excusa. Khadija le rassura, lui fit une bise et s'en alla ...

(Extrait de: Tahar Ben Jelloun: *Le premier amour est toujours le dernier*, © Editions du Seuil, Paris 1995, p. 163/164)

acquiescer – consentir, dire oui
se bousculer – ici: passer rapidement et en désordre
une culpabilité – fait d'être coupable
la drague (pop.) – *Anmache*
les seins (m) – poitrine (*Busen*)
succéder à – suivre
rassurer – *hier: beruhigen*

Compréhension et analyse

1. Décrivez Khadija.
2. Racontez ce qui lui arrive un dimanche.
3. 17–19: Expliquez pourquoi ces mots et ces images lui viennent à l'esprit.
4. Relevez les points communs entre Khadija et l'inconnu, ainsi que les aspects qui les séparent.
5. 24/25: ‹L'homme, gêné, s'excusa.› Expliquez le geste de l'homme à la fin du texte.

Travail d'écriture

Le soir, Khadija retrouve son amie Aïcha. Elle lui raconte sa petite aventure. Rédigez la conversation entre les deux jeunes femmes.

Langue et style

1. Relevez les moyens stylistiques que l'auteur emploie dans la description de Khadija.
2. Caractérisez le langage du travailleur immigré.

3 La banlieue – une poudrière!

Avant de lire

Décrivez le dessin et interprétez-le. Dans un groupe de trois ou quatre élèves comparez vos interprétations.

le couvercle – *Deckel*
la vapeur – *Dampf*
la pression – *Druck*

Clichy-sous-Bois – banlieue au nord-est de Paris
électrocuté – *durch einen tödlichen Stromstoß*

le jeûne – *Fasten*
avertir – *warnen*
attiser – rendre plus vif

l'instauration (f) **de l'état** (m) **d'urgence** (f) – *Verhängung des Ausnahmezustandes*
un déploiement – *hier: Aufgebot*
une interpellation – *vorläufige Festnahme*
une émeute – soulèvement populaire, agitation
défier – refuser de se soumettre à
l'austérité (f) **néolibérale** – sévérité, dureté du gouvernement plutôt conservateur
une ségrégation – le fait de séparer
l'urbanisme (m) – *Städtebau*
à l'encontre de – contre
le mépris – *Verachtung*

délaisser – abandonner

Il est 18 h 12, le 27 octobre 2005, à Clichy-sous-Bois, lorsque Bouna Traoré (15 ans) et Zyed Benna (17 ans) meurent électrocutés dans un transformateur – Muhittin Altun (17 ans) survivra à ses brûlures. Tous trois revenaient d'un tournoi de football quand ils virent arriver une voiture de police. Pas question de se faire prendre: leurs parents les attendaient pour l'iftar, la rupture du jeûne du ramadan. C'est pourquoi ils coururent se cacher. Averties du danger, les autorités policières n'ont rien fait ... D'où la colère, attisée, trois jours plus tard, par le tir d'une grenade à l'entrée de la mosquée Bilal.
Ainsi commence la plus grande révolte qu'aient connue les banlieues françaises: elle durera trois semaines, gagnera 200 villes, détruira 10 000 véhicules et nombre d'infrastructures pour une valeur de 250 millions d'euros. Et le «retour à la normale» nécessitera l'instauration de l'état d'urgence, le déploiement de 11 000 policiers et l'interpellation de 5 000 personnes, dont 600 seront bientôt condamnées à des peines de prison ...
Pourquoi cette explosion? Aucune explication monocausale ne suffirait à répondre. L'émeute défie à la fois l'austérité néolibérale, la ségrégation par l'urbanisme, les discriminations à l'encontre des enfants de la colonisation, le mépris pour la jeunesse et les violences policières, le désert politique de quartiers délaissés par la gauche, etc.

(Ignacio Ramonet: *Un an après* [texte abrégé], dans: Le Monde diplomatique, Manière de voir 89: *Banlieues*, bimestriel octobre-novembre 2006, p. 5)

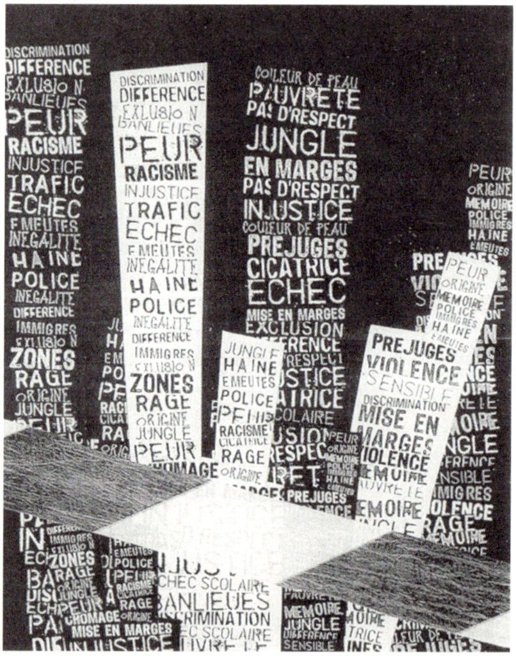

Compréhension et analyse

1. Racontez ce qui s'est passé le soir du 27 octobre 2005 à Clichy-sous-Bois et ce qui a suivi.

2. ‹Aucune explication monocausale ne suffirait à répondre.› (17/18)
a) Expliquez la phrase.
b) Ensuite, nommez les explications données dans le texte en transformant les mots-clés en phrases complètes.

3. a) Etudiez le dessin – des tours formées de mots-clés.
b) Dégagez les 29 mots (avec l'article indéfini) dont les tours sont constituées. Après, organisez-les autour du terme central ‹banlieue›.
c) Après avoir fait l'exercice linguistique, expliquez le dessin en tenant compte du slogan ‹On a une chance énorme d'avoir autant de gens et autant de cultures.›

4 Azouz Begag / Christian Delorme: Mon quartier

Avant de lire Choisissez un quartier / une rue de la ville où vous habitez et décrivez-le / la.

un quartier patchaque – *bewegtes Stadtviertel, in dem viel los ist*
égarer – ici: perdre
dérapage – de déraper; glisser sur le sol en faisant crisser les roues
fulgurant – très rapide
à fond la caisse (pop.) – *was das Zeug hält*
foncer sur qc – se diriger vers qc à grande vitesse
dégradé – ici: cassé, détruit
dégager une odeur – *einen Geruch verströmen*
un porche – construction en saillie qui abrite la porte d'entrée d'un édifice
les rideaux (m) – *Vorhänge*
les «chmites» (pop.) – *die «Bullen» (Polizei)*
en piteux état – en mauvais état
la ferraille – *Schrott*

Mon quartier est le plus «patchaque» de tous les quartiers que j'ai habités auparavant. Il est à moitié cassé de partout, il est peut-être sale, il est peut-être trop petit pour tout le monde qui y habite, mais jamais on peut s'ennuyer. Pourquoi? Je vais vous raconter pourquoi.

Un jour, c'était un vendredi du mois de juillet, ma télé était en réparation, j'étais dehors pour jouer avec mes amis, où on a égaré (si je puis dire) mon petit cousin âgé de 1 an et demi. Beaucoup plus tard, nous l'avons retrouvé sans que ma tante ne le sache. Puis je suis montée chez moi en pensant que j'allais regarder la télé jusqu'à environ minuit, mais il n'y avait pas de télé, pendant un quart d'heure je me suis ennuyée à mourir, puis j'ouvris la porte pour rafraîchir la maison, lorsque j'entendis un énorme crissement de pneu, je regardai dehors et que d'émotion, il y avait une voiture «volée» qui était en train de rouler, de tourner, de faire des dérapages fulgurants, de sauter les quatre roues en l'air et retomber sur les pare-chocs, puis encore rouler, mais elle allait à fond la caisse et la voiture a foncé sur la seule poubelle qui n'était pas dégradée et qui ne dégageait pas une odeur aussi «forte». La voiture a cassé la poubelle à plusieurs reprises, puis la voiture est passée sous un porche et ça a réveillé tout le quartier (puisque dans le porche ça résonne). Puis toute la Faourette s'est allumée, toutes les lumières étaient allumées, puis tout le monde a vu la voiture rouler à fond la caisse et tout le monde a vite éteint la lumière, et on pouvait voir la silhouette de la tête cachée derrière les rideaux sauf une lumière, celle des seuls Français qui habitent la Faourette, on les appelle les «Bière», ils ont téléphoné aux «chmites» qui sont venus quatre heures après (j'exagère un peu), ils ont trouvé la voiture en piteux état, les portes cassées, le moteur noyé, les pare-chocs défoncés, bref il ne reste que de la ferraille. C'est-à-dire que l'on s'amuse en regardant par la fenêtre, on ne s'ennuie jamais à la Faourette, il y a un cinéma de «Poursuite» derrière la fenêtre ...

(Extrait de: Azouz Begag / Christian Delorme: *Quartiers sensibles*, © Editions du Seuil, Paris 1994, pp. 71–72)

Compréhension et analyse

1. Décrivez l'état du quartier où habite la jeune fille.
2. Résumez en quelques mots ce qu'elle a vu par la fenêtre.
3. Expliquez pourquoi
   a) tout à coup, toutes les familles sauf une ont éteint la lumière,
   b) la police est arrivée si tard sur les lieux.
4. ‹La fenêtre ouverte remplace la télévision.› Expliquez.

Allons plus loin

1. Quel rôle la télévision joue-t-elle dans votre vie personnelle?
2. La violence est parmi nous. Commentez et donnez des exemples.

Au Feu

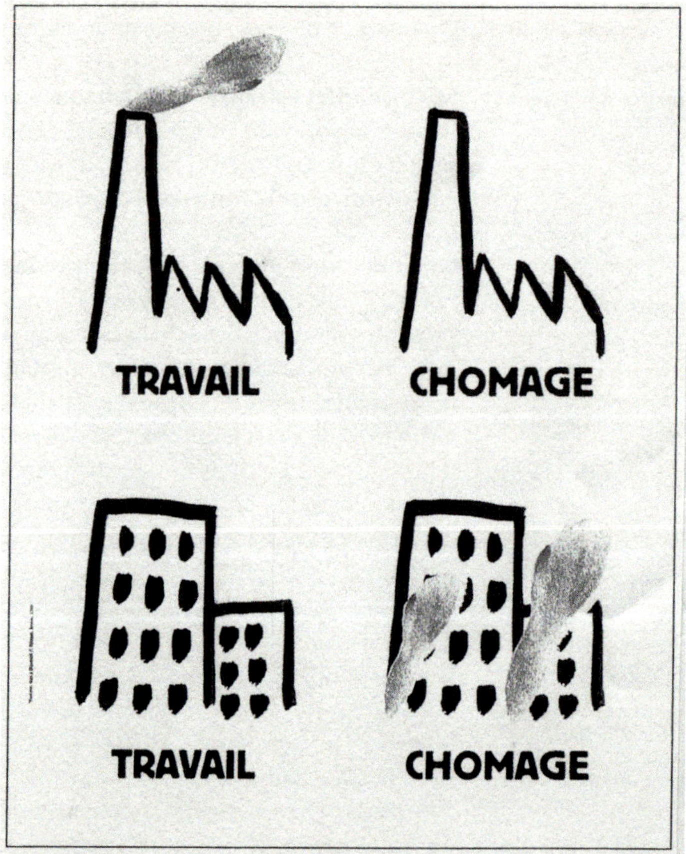

Compréhension et analyse

1. Décrivez le dessin et analysez-en le message.
2. Dans ce dessin, les idées de ‹feu et fumée› et de ‹tranquillité› revêtent un sens tout à fait différent selon les circonstances. Trouvez pour chaque idée une connotation positive et une connotation négative qui correspondent aux circonstances.

5 Marie-Ange Guillaume: La lettre à Élise

Avant de lire

1. Nommez les bruits qui vous entourent tout au long d'une journée.
2. En général: quels genres de bruit trouvez-vous plutôt agréables ou plutôt désagréables?

déborder – ici: dépasser les murs du cimetière, aller au-delà de ces murs
le hibou – *Uhu*
pétarader – *knattern*
les heures de pointe – *Hauptverkehrszeit*
puer – sentir mauvais
s'éclater (pop.) – s'amuser
l'accélération (f) – *Beschleunigung*
le frein – *Bremse*
le connard (vulg.) – idiot
une insomnie – *Schlaflosigkeit*
à l'aube (f) – tôt le matin
la livraison – *Lieferung*
la bagnole (pop.) – la voiture
les braillements conjugaux – disputes entre mari et femme
le bricoleur – *Bastler, Heimwerker*
pour peu que … – *wenn … nur / womöglich*
se planter (pop.) – ici: se tromper
le citadin – habitant d'une grande ville
cerné – *hier: umzingelt*
être à l'abri de – *in Sicherheit sein vor*

Brom-brom … vlan … boum … driiiiing … tûûût …
Attendez, je ferme la fenêtre, on ne s'entend plus penser. J'habite au bord du cimetière Montparnasse et tout le monde me dit finement: «Ça doit être calme.» Les gens du cimetière sont en effet discrets, et pas un bruit ne déborde, en dehors des corbeaux qui croassent et des hiboux qui hululent. Malheureusement, entre le cimetière et moi passe une artère essentielle au bon fonctionnement de la circulation parisienne. Entendez par là que tous les citoyens qui veulent traverser la ville viennent pétarader sous mes fenêtres. Aux heures de pointe, ils sont collés par paquets de trente et font seulement vvvrrrr … tût … (Et ils puent, mais c'est une autre histoire.) En revanche, en nocturne, ils s'éclatent et j'ai fréquemment: vroumvrrrououm (accélération), rhhhiiiiiiiii (freins), BRAOUM (choc). Après, j'ai: «Va donc, eh! connard!» Ensuite, j'ai pin-pon pin-pon et une insomnie. À l'aube, enfin rendormie, j'ai la livraison de viande du restaurant, avec le système de refroidissement du camion qui fait BRRROOOO pendant vingt minutes. […]
Bref, j'aime beaucoup les camions, les motos, les bagnoles, et plus particulièrement le gentleman qui, à quatre heures du matin, toutes vitres ouvertes et l'autoradio à fond la caisse, vient stagner au feu rouge. […]
À première vue, habiter côté cour semble moins stressant. Mais ça se discute, l'absence de bruits motorisés permettant de profiter de la vie quotidienne des voisins, avec les braillements conjugaux, le bricoleur du dimanche (de sept heures à neuf heures moins vingt, après il se recouche). […]
Et puis, bien sûr, il y a le musicien. L'apprenti violoniste vous arrache les nerfs, c'est connu. Mais l'apprenti pianiste y arrive aussi, pour peu qu'il se plante rituellement à la neuvième note de la *Lettre à Élise* … Tatatatata-tatatacouac. […]
Sinon, au hit-parade des plaintes de voisinage, nous avons le chien qui aboie, la musique qui hurle et la télé qui piaille.
Quand le citadin sort de chez lui, il est également cerné. Dès qu'il est à l'abri des bagnoles, on lui met de la musique d'ascenseur dans les restaurants, les halls d'entrée, les magasins et parfois même les ascenseurs. Au cinéma, on lui monte le son à 7800 décibels, ce qui, malgré tout, n'arrive pas à couvrir les croutch-croutch des pop-corn. Dans le métro, les baladeurs crachouillent (gnniignagnagnuuu), et partout les portables sonnent. Titititi-ta-tût-tati-ta. Là, j'ai deux mots

à dire aux fabricants: mon portable me propose quarante sonneries, et elles sont toutes exaspérantes, avec une mention spéciale pour «Mexican Hat» et «Walkyrie». Ils le font sûrement exprès, mais dans quel but? Sinon, j'aime bien les portables parce qu'on apprend des choses. (On est obligé d'apprendre des choses: le porteur de portable hurle car il entend mal.) Généralement, on apprend que le porteur de portable est dans le bus 38 – on le savait déjà – ou au rayon crémerie en train d'hésiter entre deux marques de camembert. Mais, parfois, c'est plus intéressant. On apprend par exemple que Thérèse doit absolument demander 600 000 balles et pas 400 – ça intrigue, on se demande ce qu'a bien pu faire Thérèse pour ce prix-là – ou que Jean-Jules avait un pantalon bouffant ridicule, hier soir. On essaie de visualiser Jean-Jules en pantalon bouffant, ça occupe. Mais le plus amusant, c'est que le porteur de portable a tendance à oublier le contexte: en plein TGV, il se croit seul dans sa salle de bains. Il se lâche, il peut même devenir grossier. Comme l'autre jour, cette jeune fille d'aspect convenable qui s'est mise à hurler: «Mais je m'en bats les couilles, de cet enfoiré!» Avec un peu de chance, on peut également s'offrir le flagrant délit d'adultère, avec le monsieur qui passe un premier coup de fil pour dire qu'il est coincé à Düsseldorf sous une avalanche, et un deuxième coup de fil pour dire qu'il arrive – à une créature qu'il appelle «chaton». Le porteur de portable est sympa, il divertit gratuitement un wagon entier.

(Dans: Marie-Ange Guillaume, *L'odeur de l'homme*, Editions du Panama, Paris 2005, pp. 61–65; texte abrégé)

exaspérant – très énervant
faire qc exprès – *etw. mit Absicht tun*

10 balles – *10 Euros*
intriguer – *neugierig machen, beschäftigen*
un pantalon bouffant – *Pluderhose*

se lâcher – ici: se laisser aller
grossier – vulgaire
«Mais je … enfoiré» (très vulg.) – *entspricht ungefähr: er geht mir tierisch auf den Sack, dieser Wichser*
le flagrant délit – *«frische Tat»* (prendre qn en flagrant délit – *jdn auf frischer Tat ertappen*)
être coincé – *feststecken*
une avalanche – *Lawine*
divertir – amuser

Compréhension

1. Relevez les différentes sources de bruit dont souffre l'auteur.
2. Qu'est-ce qu'elle reproche particulièrement aux conducteurs de véhicules?
3. Décrivez son attitude à l'égard des portables.

Commentaire

1. Que pensez-vous personnellement du fait qu'on entend de la musique dans les restaurants, les halls d'entrée, les magasins et les ascenseurs?
2. Croyez-vous que, sans les bruits citadins, la vie soit plus agréable à la campagne? Justifiez votre opinion.

Travail d'écriture

1. Imaginez quelqu'un qui se sent gêné par les bruits à la campagne. Ecrivez un petit texte en imitant le style de l'auteur.
2. Choisissez une des conversations téléphoniques mentionnées dans les lignes 45–61 et imaginez le dialogue entier.

Langue et style

1. Relevez dans le texte tous les verbes et les substantifs qui expriment un genre de bruit.
2. Traduisez: le feu crépite – le sable crisse – la marche d'escalier grince – le haut-parleur grésille – le micro crache – le bonbon craque sous les dents – faire craquer ses doigts – grincer des dents – on entend un froissement de papier
3. Pratiquer l'ironie, c'est dire le contraire de ce qu'on pense. Trouvez des exemples dans le texte.

6 Anna Gavalda: Une Parisienne qui se respecte

le côté pair – *Straßenseite mit geraden Hausnummern*
le pan – *Mantelschoß*
prendre de l'aisance – ici: flotter
ça n'a pas loupé (pop.) – c'est arrivé
décocher – ici: lancer
mutin – insolent
la flèche de Cupidon – *Amors Pfeil*
la candeur – innocence
une omoplate – *Schulterblatt*
gâcher – détruire
guetter – observer
Paule Ka – magasin de mode
viril,e – propre à l'homme
une proie – *Beute*
répondre du tac au tac – répondre spontanément

[…] Ce matin, j'ai croisé un homme sur le boulevard Saint-Germain.

Je remontais le boulevard et lui le descendait. Nous étions du côté pair, le plus élégant.

Je l'ai vu arriver de loin. Je ne sais pas, sa démarche peut-être, un peu nonchalante ou les pans de son manteau qui prenaient de l'aisance devant lui … Bref, j'étais à vingt mètres de lui et je savais déjà que je ne le raterai pas.

Ça n'a pas loupé, arrivé à ma hauteur, je le vois me regarder. Je lui décoche un sourire mutin, genre flèche de Cupidon mais en plus réservé.

Il me sourit aussi.

En passant mon chemin, je continue de sourire. […]

Et pendant ce temps-là, divine candeur, je sens le regard de mon saint Sébastien (rapport à la flèche, eh! il faut suivre hein!?) toujours dans mon dos. Ça me chauffe délicieusement les omoplates mais plutôt crever que de me retourner, ça gâcherait le poème.

J'étais arrêtée au bord du trottoir à guetter le flot des voitures pour traverser à la hauteur de la rue des Saints-Pères.

Précision: une Parisienne qui se respecte sur le boulevard Saint-Germain ne traverse jamais sur les lignes blanches quand le feu est rouge. Une Parisienne qui se respecte guette le flot des voitures et s'élance tout en sachant qu'elle prend un risque.

Mourir pour la vitrine de chez Paule Ka. C'est délicieux.

Je m'élance enfin quand une voix me retient. Je ne vais pas vous dire «une voix chaude et virile» pour vous faire plaisir, car ce n'était pas le cas. Juste une voix.

– Pardon …

Je me retourne. Oh, mais qui est là? … ma jolie proie de tout à l'heure. […]

– Je me demandais si vous accepteriez de dîner avec moi ce soir …

Dans ma tête, je pense «Comme c'est romantique …» mais je réponds:

– C'est un peu rapide, non?

Le voilà qui me répond du tac au tac et je vous promets que c'est vrai:

– Je vous l'accorde, c'est rapide. Mais en vous regardant vous éloigner, je me suis dit: c'est trop bête, voilà une femme que je croise

frôler – toucher légèrement en passant

dans la rue, je lui souris, elle me sourit, nous nous frôlons et nous allons nous perdre … C'est trop bête, non vraiment, c'est même absurde.

– Qu'est-ce que vous en pensez? Ça vous paraît complètement idiot ce que je vous dis là?

– Non, non, pas du tout.

Je commençais à me sentir un peu mal, moi …

– Alors? … Qu'en dites-vous? Ici, là, ce soir, tout à l'heure, à neuf heures, à cet endroit exactement? […]

– Donnez-moi une seule raison d'accepter votre invitation.

– Une seule raison … mon Dieu … que c'est difficile …

Je le regarde, amusée.

Et puis sans prévenir, il me prend la main:

– Je crois que j'ai trouvé une raison à peu près convenable …

Il passe ma main sur sa joue pas rasée.

– Une seule raison. La voilà: dites oui, que j'aie l'occasion de me raser … Sincèrement, je crois que je suis beaucoup mieux quand je suis rasé.

Et il me rend mon bras.

– Oui, dis-je.

à la bonne heure – voilà qui est bon / bien

– À la bonne heure! Traversons ensemble, je vous prie, je ne voudrais pas vous perdre maintenant.

un gars (pop.) – un homme

drôlement (pop.) – très

Cette fois c'est moi qui le regarde partir dans l'autre sens, il doit se frotter les joues comme un gars qui aurait conclu une bonne affaire …

Je suis sûre qu'il est drôlement content de lui. Il a raison.

au seuil de – juste avant (au début de) (le seuil – *Schwelle*)

lisse – ici: bien rasé

la nocturne de Vincennes – course de chevaux ayant lieu entre 19 et 23 h sur l'hippodrome de Vincennes

Fin d'après-midi un petit peu nerveuse, il faut l'avouer. […]

Un peu nerveuse comme au seuil d'une histoire d'amour. […]

Il est là, à l'angle de la rue des Saint-Pères, il m'attend, il me voit, il vient vers moi.

– J'ai eu peur. J'ai cru que vous ne viendriez pas. J'ai vu mon reflet dans une vitrine, j'ai admiré mes joues toutes lisses et j'ai eu peur.

– Je suis désolée. J'attendais le résultat de la nocturne de Vincennes et j'ai laissé passer l'heure.

– Qui a gagné?

– Vous jouez?

– Non.

– C'est *Beautiful Day* qui a gagné.

se douter de – *ahnen*

– Évidemment, j'aurais dû m'en douter, sourit-il en prenant mon bras.

à la dérobée – en cachette et rapidement

un collant – *Strumpfhose*

des bas (m) – *Strümpfe mit Strumpfhaltern*

Nous avons marché silencieusement jusqu'à la rue Saint-Jacques. De temps en temps, il me jetait un regard à la dérobée, examinait mon profil mais je sais qu'à ce moment-là, il se demandait plutôt si je portais un collant ou des bas.

Patience mon bonhomme, patience ...
– Je vais vous emmener dans un endroit que j'aime bien. [...]

Il m'a laissée passer devant en tenant la porte d'un petit bistrot à vins et un serveur désabusé nous a juste demandé si nous fumions. C'est tout.

Il a accroché nos affaires au portemanteau et à sa demi-seconde de désœuvrement quand il a aperçu la douceur de mon décolleté, j'ai su qu'il ne regrettait pas la petite entaille qu'il s'était faite sous le menton en se rasant tout à l'heure alors que ses mains le trahissaient.

Nous avons bu du vin extraordinaire dans de gros verres ballon.

Nous avons mangé des choses assez délicates, précisément conçues pour ne pas gâter l'arôme de nos nectars. [...]

L'homme qui est assis en face de moi boit en plissant les yeux.

Je le connais mieux maintenant.

Il porte un col roulé gris en cachemire. Un vieux col roulé. Il a des pièces aux coudes et un petit accroc près du poignet droit. Le cadeau de ses vingt ans peut-être ... [...]

Une veste très discrète qui n'a l'air de rien d'autre qu'une veste en tweed mais, comme c'est moi et mes yeux de lynx, je sais bien que c'est une veste coupée sur mesure. Chez Old England, les étiquettes sont plus larges quand la marchandise sort directement des ateliers des Capucines et j'ai vu l'étiquette quand il s'est penché pour ramasser sa serviette.

Sa serviette qu'il avait laissé tomber exprès pour en avoir le cœur net avec cette histoire de bas, j'imagine. Il me parle de beaucoup de choses mais jamais de lui. Il a toujours un peu de mal à retrouver le fil de son histoire quand je laisse traîner ma main sur mon cou. Il me dit: «Et vous?» et je ne lui parle jamais de moi non plus.

En attendant le dessert, mon pied touche sa cheville.

Il pose sa main sur la mienne et la retire soudain parce que les sorbets arrivent.

Il dit quelque chose mais ses mots ne font pas de bruit et je n'entends rien.

Nous sommes émus.

C'est horrible. Son téléphone portable vient de sonner.

Comme un seul homme tous les regards du restaurant sont braqués sur lui qui l'éteint prestement. [...]

Ces maudits engins, il en faut toujours un, n'importe où, n'importe quand. [...]

– Je suis désolé ... Il me sourit encore mais c'est moins belliqueux on dirait.

Je lui dis:

désabusé – ici: arrogant, blasé
le désœuvrement – ici: le fait d'hésiter
une entaille – *Schnittwunde*
gâter – *verderben*
un col roulé – un pullover à col roulé
un accroc – déchirure (trou dans le tissu)
le poignet – *Handgelenk*
un lynx – *Luchs*
Old England – ici: magasin de mode sur le Boulevard des Capucines
avoir le cœur net – être sûr
une cheville – *Knöchel*
ému – touché
braquer sur – diriger sur
prestement – rapidement (aussitôt)
maudit,e – *verflucht*
un engin – un appareil
belliqueux,se – agressif

– Ce n'est pas grave. On n'est pas au cinéma. Un jour je tuerai quelqu'un. Un homme ou une femme qui aura répondu au téléphone au cinéma pendant la séance. Et quand vous lirez ce fait-divers, vous saurez que c'est moi …

– Je le saurai.

– Vous lisez les faits-divers?

– Non. Mais je vais m'y mettre puisque j'ai une chance de vous y trouver.

Les sorbets furent, comment dire … délicieux.

revigorer – redonner des forces

Revigoré, mon prince charmant est venu s'asseoir près de moi au moment du café.

Si près que c'est maintenant une certitude. Je porte bien des bas. Il a senti la petite agrafe en haut de mes cuisses.

une agrafe – *Haken*
une cuisse – *Schenkel*

Je sais qu'à cet instant-là, il ne sait plus où il habite.

la nuque – *Nacken*

Il soulève mes cheveux et il embrasse ma nuque, dans le petit creux derrière.

Il me chuchote à l'oreille qu'il adore le boulevard Saint-Germain, qu'il adore le bourgogne et les sorbets au cassis.

le bourgogne – vin rouge de Bourgogne

J'embrasse sa petite entaille. Depuis le temps que j'attendais ce moment, je m'applique.

s'appliquer – faire un effort

Les cafés, l'addition, le pourboire, nos manteaux, tout cela n'est plus que détails, détails, détails. Détails qui nous empêtrent.

Nos cages thoraciques s'affolent.

empêtrer – *hier: im Weg sein, aufhalten*
la cage thoracique – *Brustkorb*
s'affoler – ici: être en grande excitation
chapeau bas! – du respect!

Il me tend mon manteau noir et là …

J'admire le travail de l'artiste, chapeau bas, c'est très discret, c'est à peine visible, c'est vraiment bien calculé et c'est drôlement bien exécuté: en le déposant sur mes épaules nues, offertes et douces comme de la soie, il trouve la demi-seconde nécessaire et l'inclinaison parfaite vers la poche intérieure de sa veste pour jeter un coup d'œil à la messagerie de son portable.

une inclinaison – ici: mouvement de la tête
la messagerie – *Posteingang*

Je retrouve tous mes esprits. D'un coup.

Le traître.

L'ingrat.

un ingrat – personne qui ne montre aucune reconnaissance

Qu'as-tu donc fait là malheureux!!!

De quoi te préoccupais-tu donc quand mes épaules étaient si rondes, si tièdes et ta main si proche!?

Quelle affaire t'a semblé plus importante que mes seins qui s'offraient à ta vue?

importuner – distraire

Par quoi te laisses-tu importuner alors que j'attendais ton souffle sur mon dos?

tripoter (pop.) – jouer avec
un bidule (pop.) – un machin

Ne pouvais-tu donc pas tripoter ton maudit bidule après, seulement après m'avoir fait l'amour?

Je boutonne mon manteau jusqu'en haut.

avoir mal au cœur – avoir un malaise / envie de vomir
une borne de taxi – station de taxis

Dans la rue, j'ai froid, je suis fatiguée et j'ai mal au cœur.
Je lui demande de m'accompagner jusqu'à la première borne de taxis.
Il est affolé.
Appelle S. O. S. mon gars, t'as ce qu'il faut.
Mais non. Il reste stoïque.

deviser sur – bavarder

Comme si de rien n'était. Genre je raccompagne une bonne copine à son taxi, je frotte ses manches pour la réchauffer et je devise sur la nuit à Paris.

la classe – ici: avoir de la classe, connaître les règles de la politesse

La classe presque jusqu'au bout, ça je le reconnais.

immatriculer – *(Auto) zulassen*

Avant que je ne monte dans un taxi Mercedes noir immatriculé dans le Val-de-Marne, il me dit:
– Mais ... on va se revoir, n'est-ce pas? Je ne sais même pas où vous habitez ... Laissez-moi quelque chose, une adresse, un numéro de téléphone ...

griffonner – écrire très vite

Il arrache un bout de papier de son agenda et griffonne des chiffres.
– Tenez. Le premier numéro, c'est chez moi, le deuxième, c'est mon portable où vous pouvez me joindre n'importe quand ...
Ça, j'avais compris.

– Surtout n'hésitez pas, n'importe quand, d'accord? ... Je vous attends.

Je demande au chauffeur de me déposer en haut du boulevard, j'ai besoin de marcher.

un orgueil – sentiment de fierté (*Hochmut, Stolz*)

Je donne des coups de pied dans des boîtes de conserve imaginaires.
Je hais les téléphones portables. [...]
Je hais mon orgueil.

(Extraits de: Anna Gavalda: *Petites pratiques germanopratines*, dans: A. G.: *Je voudrais que quelqu'un m'attende quelque part*, Le Dilettante, Paris, 1999)

Compréhension et analyse

1. Lisez la première partie de l'histoire jusqu'à la ligne 34 et faites un résumé sommaire de la situation: Qui? Où? Quand? Quoi?
2. Puis spéculez sur le déroulement de la soirée et la suite.
3. Après avoir lu le texte entièrement, étudiez-le de près pour montrer que la narratrice a envie d'une aventure érotique.
4. Dégagez quelques moments qui font partie du jeu de séduction de l'homme et de la femme.
5. Expliquez la réaction de la narratrice à la fin de l'histoire.

Travail d'écriture

1. Le lendemain, la narratrice téléphone à sa meilleure amie ‹Laure›. Elle lui raconte comment la soirée s'est passée. Laure ne comprend pas la réaction de son amie; elle la trouve exagérée, mais la narratrice ‹Anna› se défend. Rédigez cette conversation au téléphone.

2. Le lendemain, l'homme raconte l'histoire de l'aventure ratée à un ami qui se moque de lui. Rédigez cette conversation. Elle peut avoir lieu au bureau, au café ou au téléphone.

Langue et style

Formez des phrases à partir des éléments suivants:

1. Si j'étais moins fière, orgueilleuse, susceptible, difficile, capricieuse, romantique …

2. Si cet imbécile n'avait pas regardé sa messagerie, …

3. Si cette femme n'avait pas été si hystérique, sotte, hypersensible, gonflée …

4. Si elle n'était pas si belle et attirante, …

7 La moindre des politesses

Compréhension et analyse

1. Décrivez
   a) la situation
   b) les quatre personnages selon les critères suivants:
      - âge
      - tenue (vêtements)
      - occupation
      - expression du visage

2. Que pensez-vous de cette scène de la vie quotidienne?

Allons plus loin

La politesse – à quoi ça sert?

La politesse n'a plus sa place dans le monde moderne parce qu'elle limite la liberté individuelle et pousse même à l'hypocrisie.

a) Cherchez des arguments soutenant ou contredisant cette thèse.

ou

b) Discutez du sujet comme si vous participiez à un débat télévisé, animé par un présentateur.
   Sur le plateau, il y a par exemple:
   - un chef d'entreprise (44 ans)
   - une vendeuse (19 ans)
   - un zonard (15 ans)
   - un étudiant (22 ans)
   - une jeune mère (31 ans)
   - une dame âgée (66 ans)
   - une hôtesse de l'air (24 ans)
   - un monsieur qui travaille dans une agence de publicité (35 ans)

   Vous pouvez, bien sûr, choisir d'autres personnages.

c) Quelles formes de politesse vous semblent nécessaires à notre époque? Présentez et justifiez votre choix.
   Liste:
   - saluer les personnes qu'on connaît
   - dire bonjour quand on entre dans un magasin, un bureau etc. et dire au revoir en partant
   - enlever son chapeau ou sa casquette dans une église, à l'école etc.
   - dire s'il vous plaît et merci
   - ne pas parler la bouche pleine
   - ne pas mâcher du chewing-gum pendant qu'on parle
   - tenir la porte à une personne plus âgée que soi
   - faire la queue et attendre son tour
   - céder sa place à une femme enceinte, à des personnes âgées ou handicapées dans le bus, le train etc.
   - aider à porter un sac lourd ou encombrant, aider une mère de famille à monter une poussette dans un escalier
   - laisser passer devant vous une personne âgée ou handicapée, une mère et ses enfants, une femme
   - s'excuser avant de s'adresser à une personne qu'on ne connaît pas
   - s'excuser quand on a bousculé quelqu'un

- ramasser un objet qu'une personne a perdu ou a laissé tomber par mégarde
- ne pas déranger autrui, p. ex. en faisant du bruit
- ne pas déranger autrui en téléphonant bruyamment
- s'adresser à quelqu'un en choisissant un niveau de langue adapté à la personne à laquelle on parle
- savoir se taire et se contenir
- ne pas cracher dans la rue
- ne pas se comporter dans un lieu public (restaurant, théâtre, école etc.) comme chez soi
- connaître et appliquer les règles fondamentales de bonne conduite, p. ex. manger d'une façon civilisée et s'habiller correctement selon l'occasion

8 Le Tour de France

Avant de lire Vous avez certainement déjà vu des retransmissions (*Übertragungen*) du Tour de France à la télévision. Notez en deux minutes toutes les images qui vous viennent à l'esprit quand vous y pensez (quelques mots pour vous aider: le peloton – *Hauptfeld*, les échappés – *Ausreißer*, le maillot – *Trikot*, le casque – *Helm*, une chute – *Sturz*, doubler qn – *jdn. überholen*).

Le Tour a été créé en 1903 par les journalistes Desgranges et Lefèvre pour assurer le succès d'une nouvelle revue sportive baptisée L'Auto! Retransmise à la radio, puis à la télévision dès 1950, la «Grande Boucle» devient vite la course la plus prestigieuse au monde. Aujourd'hui, le Tour se court en 22 jours et autant d'étapes, en juillet. 180 coureurs répartis en 20 équipes y participent. La distance totale à parcourir est de 3800 km. Miguel Indurain, en 1992, a établi la vitesse moyenne record à 39,504 km/h.

Incroyable!
Le Tour de France, c'est aussi des organisateurs, des accompagnateurs, des journalistes, des techniciens, des agents de la force publique ... Quel déménagement!

Départ du premier Tour de France en 1903. C'est, après la Coupe du monde de football et les jeux Olympiques, la 3e compétition sportive du monde.

Comment gagner le Tour?

Au cyclisme, il y a 3 types de coureurs. Le rouleur, un athlète puissant, peut rouler sur de longues distances sans se fatiguer. Le grimpeur, plus léger, gravit les cols les plus épuisants. Le sprinter, enfin, brille dans les contre-la-montre. Le Tour de France combine ces 3 types d'épreuves. Pour le gagner, il faut donc être un coureur complet, capable d'exploits sur tous les terrains.

gravir – monter avec effort
briller dans – *glänzen in*
le contre-la-montre – *Zeitfahren*
une épreuve – *hier: Wettkampfdisziplin*
un exploit – action remarquable, exceptionnelle

Comment les premiers Tours de France se déroulaient-ils?

C'était épique. Le Tour durait environ 19 jours, avec juste 6 étapes. Les coureurs roulaient jusqu'à 20 heures d'affilée, de jour comme de nuit, sur des routes de terre cabossées. Les cyclistes devaient parfois s'arrêter pour ressouder leur vélo cassé au milieu du chemin. Le premier vainqueur du Tour fut Maurice Garin, un ancien ramoneur, de petite taille (1,65 m pour 61 kg), mais très obstiné!

épique – *hier: legendär*
d'affilée – ininterrompu
cabossé,e – déformé
ressouder – *wieder zusammenschweißen*
un ramoneur – *Schornsteinfeger*
obstiné,e – *hartnäckig*

Comment se souvenir des plus grands héros du Tour?

C'est facile, il y en a 5, et ils ont tous gagné 5 fois le maillot jaune: Jacques Anquetil, tout fluet car il faisait toujours un régime; le Belge Eddy Merckx, surnommé «le cannibale» car il attaquait chaque étape avec férocité; Bernard Hinault, qu'on appelait «le blaireau» pour son côté têtu et culotté; l'Espagnol Miguel Indurain dont le cœur bat à 28 pulsa-tions / min au repos (au lieu de 70!); enfin, l'Américain Lance Armstrong s'est hissé sept fois sur le podium depuis 1999.

fluet,te – très mince et frêle
un régime – *Diät*
la férocité – *Härte, Schonungslosigkeit*
un blaireau – *Dachs*
têtu,e – obstiné
culotté,e (pop.) – effronté, audacieux

Pourquoi, dans le Tour est-ce le maillot qui fait le moine?

La couleur du maillot indique le rang du cycliste. Le maillot jaune va, depuis 1919, année de sa création, au vainqueur. Le maillot vert, lui, est porté par le meilleur sprinter. Le maillot blanc à pois rouges revient au meilleur grimpeur, le maillot blanc sans pois au meilleur jeune cycliste.

«... le maillot qui fait le moine?» – allusion au proverbe «L'habit ne fait pas le moine»
à pois rouges – *mit roten Punkten*

Comment les coureurs font-ils pour ne pas mourir de faim?

Pendant l'épreuve, ils ne peuvent pas s'arrêter pour manger. Ils se lèvent donc très tôt, 3 ou 4 heures avant le départ, pour avoir le temps d'avaler un énorme petit déjeuner et surtout de le digérer (sinon, ils seraient trop lourds pour pédaler). Ils portent une musette en bandoulière et, quand ils ont un creux, ils grignotent sur leur vélo.

avaler – manger très vite
digérer – *verdauen*
une musette en bandoulière – *umgehängter Beutel*
avoir un creux – *Hunger haben*
grignoter – manger des petites quantités

(© **Groupe Fleurus, 2004**; *«Les Sports»* coll. *«L'Imagerie pourquoi – comment»* [p. 74/75], E. Beaumont et E. Paroissien)

Compréhension et analyse

1. Lisez le texte une fois et vérifiez si vous avez bien retenu:

a) Dans quelles disciplines faut-il exceller pour avoir une chance de gagner le Tour de France?

b) Qui porte
- le maillot jaune
- le maillot vert
- le maillot blanc aux pois rouges
- le maillot blanc?

2. Comparez les premières courses avec le Tour de France d'aujourd'hui. Référez-vous au texte et aux photos.

Allons plus loin

1. Lisez le texte suivant. De quel genre de texte s'agit-il?

Ci-gît

Le cyclisme

(1790–2007)

Activité humaine née aux environs de 1800 et censée être un moyen de locomotion pratique au quotidien et respectueux de l'environnement, un loisir populaire et un sport enthousiasmant, le cyclisme fut un moyen d'émancipation des femmes au tournant du XXe siècle. Il permit aux travailleurs d'améliorer leur condition de pendulaires des banlieues. Et fournit aujourd'hui encore aux populations des pays en voie de développement un type de locomotion essentiel.

Devenu peu à peu une discipline sportive brassant des millions de francs et mobilisant les médias du monde entier, notamment au travers du mythique Tour de France, le cyclisme s'est éteint peu à peu, gangrené par la tricherie et le dopage.

Le cyclisme et ses excès chimiques ont tué de nombreux athlètes, du Britannique Tom Stampson à l'Italien Marco Pantani, en passant par d'autres, restés anonymes, mais victimes des séquelles de leur consommation de produits dangereux.

censé,e – *angesehen als*
un moyen de locomotion – un moyen pour se déplacer
un pendulaire – *Pendler*
fournir – livrer
brassant des millions ... – *wo es um Millionen geht*
s'éteindre – *hier: «entschlafen»*
gangrené,e – *hier: verseucht, zerfressen*
la tricherie – *Betrug*
les séquelles (f) – les conséquences

(http://77.87.105.98/0/43/21/15/dopage_avis_mortuaire.jpg)

2. Résumez cette inscription.

3. Décrivez-en l'effet.

4. Commentez-la: êtes vous du même avis que l'auteur?

Compréhension et analyse

1. Décrivez la photo.
2. Expliquez l'humour que la photo dégage.

CD

9 Sanseverino: 10 jours avant Paris

Avant de lire

1. Qu'est-ce qui rend le Tour de France particulièrement célèbre?

Ou:

2. Quels sont les difficultés et les défis d'une course cycliste comme le Tour de France?

une chute – le fait de tomber
un orteil – *Zeh*
un pansement – *Pflaster, Verband*
s'alimenter – manger (se nourrir)
rincé,e – *hier: ausgelaugt*

La chute de la veille
Me brûle des épaules aux orteils
J'ai glissé tout seul sur des bandes blanches à Marseille
Je ne suis qu'un pansement pédalant
Derrière les autres et grimaçant
Loin du peloton, loin au classement.

Plus que 10 jours avant Paris
Encore 10 nuits et c'est les Champs.

Respirer me fait souffrir
S'alimenter vivre et courir
Fantôme vide et rincé j'attends le pire.
Je n'ai gagné que des douleurs
Au classement du meilleur grimpeur
Je vais mourir avant 5 heures.

Plus que 10 jours avant Paris
Encore 10 nuits et c'est Les Champs.

la cadence – le rythme régulier
ressasser – répéter sans cesse
bordel (vulg., interjection) – exprime la colère

Il faut monter, garder la cadence
Ressasser une vieille romance qui fait toum / tchac.
Il fait chaud puis il refait froid,
On m'arrose, j'ai les jambes en bois
Finir, bordel, dans le noir d'un tunnel

Plus que 10 jours avant Paris
Encore 10 nuits et c'est Les Champs

un imper (un imperméable) – *Regenjacke*
Eddy Merckx – Belge, grand héros du Tour de France
les boyaux (m, pop.) – ici: être épuisé (un boyau – *wörtl.: Fahrradschlauch*)
une voiture balai – la voiture qui suit directement le dernier coureur du tour

Il pleut des cordes, j'ai perdu mon imper,
Je vois Eddy Merckx et ma mère.
Je pleure et pose un pied à terre, puis deux.
Mon vélo pèse 1200 kilos,
Je perds mes moyens et mes boyaux.
J'ai la voiture balai dans le dos.

Cette année pas de Paris
Et puis tant pis pour les Champs.

un mec (pop.) – un homme
filer qc à qn (pop.) – donner
consoler – *trösten*
une poussette – *hier: verbotenes Anschieben durch einen Zuschauer*

Un mec assis sous un parasol
Me file du sucre et me console.
Sa femme sourit, elle est jolie.
Il me dit: «Remonte! T'arrête pas là! ...»
Pas d'commissaires, pas d'caméras.
Une longue poussette et puis voilà.

Un p'tit effort et c'est Paris
Encore 10 nuits et c'est les Champs.

(Sanseverino: *Dix jours avant Paris*, de l'album *Exactement*, © 2006 Sony BMG Music)

Compréhension et analyse

1. Résumez la situation du coureur cycliste dans la chanson en quatre phrases.
2. Relevez toutes les douleurs dont le coureur souffre.
3. Relevez les phrases / expressions qui expriment l'état d'âme du coureur.

Travail d'écriture

Le coureur n'a pas gagné le Tour, mais il est quand-même arrivé à Paris et a remonté les Champs-Elysées. Un journaliste lui demande de commenter sa course en quelques phrases pour le journal ‹L'Equipe›.

Langue et style

1. Expliquez les expressions suivantes dans le contexte du Tour de France: le peloton / le classement / le meilleur grimpeur / le maillot jaune
2. Trouvez un autre titre pour la chanson.

10 Deux pages publicitaires

A Industrielles

Avant de lire

1. Vocabulaire de la publicité: cherchez dans un dictionnaire bilingue les expressions françaises équivalentes et classez-les dans un filet de mots:
- Werbung machen (für ein Produkt) / Werbeagentur / Werbeseite (Printmedien) / Werbespot (Rundfunk und Fernsehen) / Plakatwerbung / Kinowerbung
- ein Produkt auf den Markt bringen / Werbeslogan / Zielgruppe
- Text und Bild (Grafik) / Absicht / Botschaft / Wirkung einer Werbung
- die Werbung spielt mit …

2. Donnez un exemple d'une publicité qui, à votre avis, est réussie. Décrivez-la brièvement et dites pourquoi elle vous plaît.

Compréhension et analyse

1. Décrivez l'image (quelques mots pour vous aider: *Ring* – une bague; *Ehering* – une alliance; *Schraubenmutter* – un écrou).
2. En tenant compte du slogan publicitaire et de l'image, définissez le produit et la cible.
3. Expliquez la symbolique sur laquelle la publicité repose et analysez son effet.

Langue et style

aéronautique (adj. et n.f.) – relatif à l'aviation (*Luftfahrt*)
des composites (m) – *Verbundmaterial*
être en phase avec – être en accord avec
un défi – *Herausforderung*

1. Lisez le petit texte suivant qui se trouvait sur la première version du visuel: «Passionnées, curieuses, sensibles, quand les filles disent oui à l'industrie et aux technologies, c'est tout un monde professionnel qui change de look. Aéronautique, automobile, électronique, mécanique et composites … vous pouvez, vous aussi, y exprimer vos idées. Découvrez des milliers d'entreprises et des centaines de métiers en phase avec vos envies et prenez part aux défis de demain. Renseignez-vous sur www.industrielle.com»
Montrez qu'il vise une cible féminine.
2. Montrez que le choix des mots suggère qu'il s'agit d'une orientation professionnelle qui offre un grand nombre de chances et de possibilités de carrières.

Allons plus loin

1. Vous devez vanter un produit qui a des connotations négatives. Créez une publicité. Travaillez en groupe.
2. Il y a des carrières typiquement féminines, d'autres typiquement masculines. Pourquoi? Discutez.

B Toast Attitude

Avant de lire

1. Dans un dictionnaire bilingue, cherchez les expressions françaises pour:
   - Sonnenschirm, Sonnenbrille, Sonnenöl, Sonnencreme, Sonnenschutzmittel, Sonnenhut, Sonnenstrahlen, Sonnenbad, Sonnenbrand, Sonnenstich
   - Badetuch, am Strand / im Sand liegen, Schaufel, Eimer, Formen (für Sandkuchen), im Sand spielen
   - sich bräunen, braun gebrannt, sonnengebräunt, verbrennen, versengen
2. Expliquez pourquoi tant de gens sont amoureux du soleil.

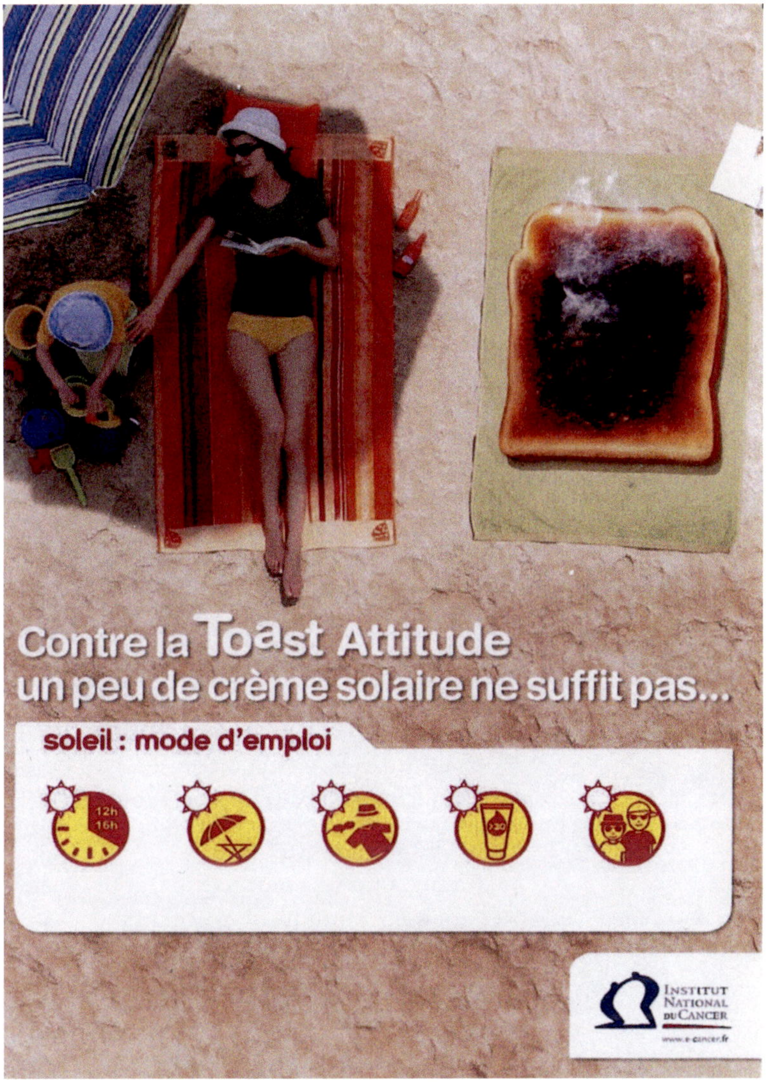

Une campagne de l'Institut National du Cancer – le programme de prévention du mélanome de l'été 2007

Compréhension et analyse

1. Décrivez l'image. Parlez aussi de l'ambiance.
2. Expliquez ce qu'est la ‹Toast Attitude›.
3. Dites de quelle sorte de publicité il s'agit en précisant à qui elle s'adresse et dans quel but.
4. Relevez les éléments qui rendent la publicité facilement compréhensible.

Langue et style

Etudiez les pictogrammes et formulez les cinq conseils.

Allons plus loin

Créez une publicité lancée par le ministère de la santé publique pour informer et avertir contre d'autres risques pour la santé comme par exemple: le tabagisme; la consommation excessive d'alcool chez les jeunes; le manque d'exercice; etc.

CD

11 La MAIF – publicités radiophoniques

Avant de lire

Ecoutez les spots publicitaires et répondez aux questions suivantes:
a) De quel produit est-il question?
b) Qui est l'annonceur?
c) Qui sont les destinataires?

un assureur – *Versicherer*
un gamin (pop.) – enfant
leur progéniture – leurs enfants
t'auras beau dire – *du kannst noch so oft sagen …*
couvrir – *hier: abdecken, absichern*
un square – petit jardin public
un parasol – *Sonnenschirm*
économique – *preiswert*
ailleurs – *anderswo*

Assurance scolaire

voix jeune homme:
C'est quoi être assureur militant?

voix jeune femme (slamant):
Tiens j'ai un exemple qui me vient.
Tous les gamins sont curieux de nature,
les parents inquiets pour leur progéniture.
T'auras beau dire «fais pas ci ou touche pas ça»,
des cracs, des boums, c'est sûr qu'il y en aura.
À la MAIF, les assurances pour la maison
couvrent aussi les enfants là où ils vont.
Au square avec toi, au musée avec l'école,
imagine au-dessus d'eux comme un grand parasol.

voix off:
Dans tous les contrats habitation de la MAIF, même le plus économique, vos enfants sont couverts partout.
Avec ou sans vous. À l'école ou ailleurs.
MAIF Assureur militant.

les intempéries – mauvais temps
une rage – *hier: Unwetter*
un poing – main fermée

Intempéries

voix jeune femme:
C'est quoi être assureur militant?

voix jeune homme (slamant):
Imagine-toi, t'es à la fenêtre un soir d'orage,
dehors c'est pas de la pluie qui tombe, c'est de la rage.
Des boules de glace, grosses comme le poing,
frappent les voitures d'un geste assassin.
La faute à qui? La faute à pas de chance,
fallait juste prendre la bonne assurance
de ceux qui pensent que ta voiture,
elle ne peut rien contre Dame Nature.

voix off:
À la MAIF, tous nos contrats automobile, même les plus économiques couvrent les dommages causés par les événements climatiques.
MAIF Assureur militant.

(http://www.maif.fr/portal/maif/tous/html_libre?reset=oui&itemDesc=contenu&contentid=30000028&rubriqueContentid030000028&rubriqueid=303000118)

Compréhension et analyse

1. Enumérez les situations pour lesquelles la MAIF propose une assurance.
2. Analysez les moyens que la MAIF utilise pour convaincre les assurés. Etudiez
   - les situations présentées dans les spots,
   - le terme «assureur militant»,
   - les personnes qui parlent,
   - la forme du texte publicitaire,
   - la façon de parler en «slamant».

Travail d'écriture

Ecrivez une annonce radiophonique pour un produit de votre choix et enregistrez-la. Présentez-la ensuite à vos camarades de classe et laissez-les deviner de quel produit il est question.

12 Les cigarettes – «Arrêter la clope» (Renaud)

la clope (pop.) – la cigarette

Avant de lire

1. «Depuis 2007 il est interdit de fumer dans les lieux publics [en France]: au lycée, à la fac etc.; mais aussi dans les restaurants, les bars et les boîtes de nuit sauf s'ils sont équipés d'un fumoir ‹clos et hermétique doté d'extracteurs d'air› ne dépassant pas 20 % de leur surface. Les clopeurs cloîtrés?» Qu'en pensez-vous? Discutez en classe.
2. Expliquez pourquoi la cigarette séduit beaucoup de jeunes. Parlez de vos propres expériences.

Interdiction de fumer dans les lieux publics à partir du 1er février 2007

Compréhension et analyse

1. Décrivez la caricature.
2. Expliquez comment le dessinateur imagine l'avenir de la cigarette.
3. Pensez-vous que la situation présentée puisse devenir réalité? Justifiez.

Langue et style

Cherchez des expressions liées aux dangers de la cigarette.

Avant d'écouter la chanson

Examinez le diagramme circulaire ci-dessous. Identifiez d'abord le sujet. Puis, analysez les données:

1. Interprétez le diagramme.
2. Qu'est-ce qu'un fumeur qui veut arrêter de fumer peut en déduire?

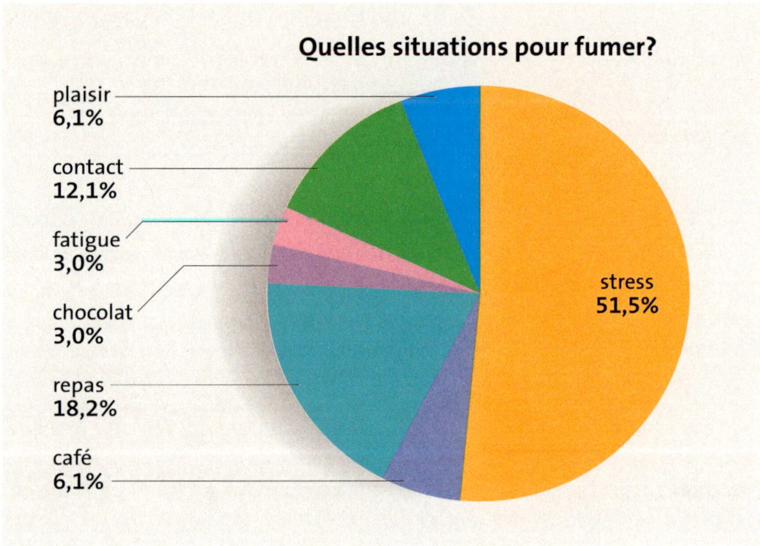

Vocabulaire pour l'analyse d'un diagramme

un diagramme par secteurs / un camembert – *Kreisdiagramm*
une donnée statistique – *statistische Angabe*
un pourcentage sur – *prozentualer Anteil an*
une majorité – *Mehrheit*
une minorité – *Minderheit*
une moitié / un tiers / un quart – *Hälfte / Drittel / Viertel*

CD

Renaud: *Arrêter la clope*

C'est pas si fastoche d'arrêter
Cette putain de came en vente libre
Y faut une sacrée volonté
Une détermination terrible

Chaque fois qu'j'arrête, c'est pas sérieux
Les douze fumeurs que je vais taxer,
M'offrent douze cibiches et même du feu
Z'ont vraiment aucune volonté

Soixante cigarettes dans la tronche
Chaque jour et ce depuis 40 ans
A côté de la couleur d'mes bronches
Un béret basque paraîtrait blanc

fastoche – facile
putain de (vulg.) – *verflucht*
la came (pop.) – drogue
sacrée (pop.) – *verdammt*
une détermination – *Entschlossenheit*
taxer (pop.) – demander à qn de lui donner qc
une cibiche (pop.) – cigarette
une tronche (pop.) – tête
une bronche – *Bronchie*

la thune (pop.) – l'argent
un enfoiré (vulg.) – imbécile
la carotte (de tabac) – enseigne rouge des bureaux de tabac
faire marcher qn – *an der Nase herumführen*

Et j'vous dis pas la thune non plus
Qu'j'ai laissée à ces enfoirés
Ces dealers au coin de la rue
Avec leurs carottes pour m'faire marcher

un pote (pop.) – ami

(Refrain)
Arrêter la clope
Avant qu'elle n'arrête ma vie
Trop belle avec toi et mes potes
Trop jolie

un môme (pop.) – enfant
fumer comme un pompier – fumer beaucoup
galérer (pop.) – ici: avoir du mal

Quand j'vois des mômes de 12–13 ans
Qui fument déjà comme des pompiers
J'les imagine dans 25 ans
A galérer pour arrêter

chlinguer (pop.) – sentir mauvais
une gerbe (pop.) – *Erbrochenes*

J'trouve héroïque et admirable
Ceux qui ont jamais eu besoin d'cette merde
Qui ont rejeté cette fumée du diable
Qui chlingue comme une vieille gerbe

trafiquer (pop.) – *dealen*
supplier – *hier: betteln*
filer (pop.) – *herausrücken*
une pièce – *Geldstück*
(Léon) Schwarzenberg – cancérologue et ministre français délégué à la santé, mort en 2003

Etat criminel, trafiquant
Qui s'enrichit sur mon cancer
Et qui me supplie dans le même temps
D'filer ma pièce à Schwarzenberg

un trust – *Konzern*
toxico (abr. de toxicomane) – *drogenabhängig*

Super-trusts Américains
Qui rendent la planète toxico
Puis qui t'expliquent que c'est pas bien
Qu'faut pas fumer dans les bistrots

Refrain

con (vulg.) – bête
un deuil – douleur qu'on éprouve quand quelqu'un est mort

Et puis, surtout, j'veux pas mourir
Et surtout pas d'un truc si con
Pas t'laisser seule et puis me dire
Qu'après 30 ans d'un deuil profond

se maquer (pop.) – *s. zusammentun*

Tu pourrais r'garder un autre mec
P't'être même un fumeur de cigares
Et pourquoi pas t'maquer avec
L'éternité d'viendrait cauchemar

un poison – *Gift*

A chacun sa motivation
Moi c'est juste par jalousie
Que j'veux me libérer d'ce poison
Qu'est un putain de plaisir aussi

une rive – bord d'une rivière

se remettre à qc – recommencer

J'veux bien m'retrouver sur l'autre rive
Du moment que tu meurs avec moi
J'ai une idée pour que ça arrive
Tu veux pas t'remettre au tabac?

priver qn de qc – *jdn. einer Sache berauben*
se passer de qn – vivre sans qn

Arrêter la clope
Avant qu'elle me prive de toi
J'pourrais presque me passer d'mes potes, mais pas de toi
J'pourrais presque me passer d'mes clopes, mais pas de toi

(De l'album: *Arrêter la clope,* Renaud Séchan / Mickael Ohayon, (P) 2006 Ceci-Cela licence exclusive Virgin Music, une division de EMI Music France)

Compréhension et analyse

1. a) Résumez les raisons pour lesquelles l'interprète veut «arrêter la clope».
b) Expliquez pourquoi, d'après l'interprète, cela est si difficile.
c) Analysez le rôle que la chanson attribue à l'Etat et aux trusts américains (2ᵉ couplet).

2. Etudiez la musique. En quoi correspond-elle aux paroles de la chanson?

Travail d'écriture

Ci-dessous, vous trouvez 14 conseils pour arrêter de fumer. Terminez les phrases!

prévenir qn – ici: informer
un briquet – outil qui sert à allumer une cigarette
une consultation – *Sprechstunde, Beratung*
mâcher – *kauen*
se défouler – *s. abreagieren, austoben*
mordiller – *an etw. knabbern*

14 conseils pour décrocher:

1. Arrêtez …
2. Retardez chaque jour un peu plus le moment où vous …
3. Vous fumez en prenant votre café? …
4. Economisez votre budget tabac. Un mois plus tard …
5. Prévenez vos amis pour …
6. Jetez cigarettes, feuilles, tabac, briquet. Et …
7. Faites-vous aider. Les consultations de tabacologie …

Et quand l'envie de fumer est trop forte …

8. Buvez …
9. Brossez-vous …
10. Respirez …
11. Mâchez …
12. Mangez …
13. Défoulez-vous …
14. Mordillez …

(Dans: *Phosphore,* février 2007, © Bayard Jeunesse, pp. 86f.)

Langue et style

Dans la chanson de Renaud, on trouve beaucoup d'expressions provenant du français populaire ou même vulgaire.

1. Identifiez-en au moins cinq et remplacez-les par des expressions du français standard.

2. Expliquez ensuite la différence entre le français standard et le français populaire ou vulgaire.

Allons plus loin

Au choix:
- Ecrivez un scénario pour un vidéo-clip de la chanson et – si possible – réalisez-le.
- Ecrivez un scénario pour un spot qui sensibilise aux dangers des cigarettes et réalisez-le.

13 Les mystères du Net

95 E – (très grande) taille de soutien-gorge (*sehr große BH-Größe*)
la carte bleue – *Kreditkarte*

je suis blonde, je fais du 95 E, et je te raconterai ma journée si tu m'envoies ton numéro de carte bleue ...

Vocabulaire utile:
un internaute – *Anwender*
un écran – *Bildschirm*
un clavier – *Tastatur*
une touche – *Taste*
se brancher sur Internet – *online gehen*
clavarder – *chatten*
le clavardoir / le bavardoir – *Chatroom*

Compréhension et analyse

1. Décrivez le dessin.

2. a) En partant de votre description, parlez de la vie que mène cet individu.
b) Pourquoi, selon vous, envoie-t-il ce message?

3. a) Quels dangers de l'utilisation du Net la caricature dénonce-t-elle?
b) Cherchez d'autres inconvénients de l'Internet, puis trouvez-en les avantages.

Langue

Associez un avantage à un désavantage en employant les mots et expressions suivants: d'un côté – de l'autre, d'une part – d'autre part, malgré cela, pourtant, cependant, néanmoins, bien que + *subjonctif*, quoique + *subjonctif.*

Un peu de **méthode**

Etudier des images, photos, caricatures, dessins, publicités etc.

1. De quel type d'image s'agit-il? Qu'est-ce qu'elle représente?

la photo	représente …
le dessin	montre …
l'image	met en scène …
le tableau	

la caricature / la gravure / le document / la publicité

Le thème / la thématique / l'enjeu au cœur / au centre du document est …

2. Que voit-on? Où le voit-on?

Au premier plan	il y a …
au second plan	se trouve …
à l'arrière-plan	on voit / découvre / reconnaît / distingue …
au centre	
en haut / en bas	

sur la gauche / sur la droite

devant / derrière / à côté de / près de … / entre … et …

3. Quel effet l'image a-t-elle sur le spectateur?

Ce qui surprend / choque / frappe / me plaît / me déplaît / saute aux yeux / est intéressant / est étonnant / est curieux, c'est que …

4. Dans quel but l'image a-t-elle été créée?

L'image illustre / critique / vise sur / a pour cible …

L'artiste veut émouvoir / critiquer / convaincre / pousser à acheter / faire réfléchir

Le dessinateur	exprime	par cette image que …
	critique	

L'artiste veut probablement / certainement / sans aucun doute dénoncer / mettre en garde contre / signaler / faire ressortir / suggérer …

On peut se demander si / il est incontestable que …

5. Eventuellement: Donnez votre avis personnel ou vos impressions personnelles.

Je trouve le dessin (très) réussi + justification

A mon avis, le dessinateur exagère (+ gérondif)

tape dans le mille (*trifft ins Schwarze*)

n'atteint pas son but

En regardant cette image, on pense que …

Pour moi, il se dégage de cette photo une atmosphère de …

Le dessin me plaît beaucoup parce que …

Chapitre 3 Citoyenneté – droits et devoirs

1 Quiz: La France

1. **A cause de ses contours la France est souvent appelée …**
a) le Pentagone
b) l'Hexagone
c) l'Heptagone
d) l'Octogone

2. **La France est divisée en 22 régions qui portent souvent les noms d'anciennes provinces. Laquelle de ces propositions n'est pas une région, mais un département?**
a) l'Alsace
b) la Lorraine
c) la Bretagne
d) la Savoie

3. **Laquelle de ces montagnes ne forme pas une frontière naturelle avec un pays voisin?**
a) les Vosges
b) le Jura
c) les Alpes
d) les Pyrénées

4. **Lequel de ces fleuves n'est pas entièrement en France?**
a) la Garonne
b) la Loire
c) le Rhône
d) la Seine

5. **Quelle est la date de la fête nationale?**
a) le 1er mai
b) le 8 mai
c) le 14 juillet
d) le 11 novembre

6. **Quel événement de la Révolution est célébré le jour de la fête nationale?**
a) la convocation des états généraux
b) la prise de la Bastille
c) la Déclaration des Droits de l'Homme et du Citoyen
d) l'exécution du roi Louis XVI

7. **Comment s'appelle l'hymne national français?**
a) La Bordelaise
b) La Lyonnaise
c) La Marseillaise
d) La Strasbourgeoise

8. **Quels sont les premiers mots de l'hymne national?**
a) Allons, enfants de la patrie!
b) Aux armes, citoyens!
c) Allez, les Bleus!
d) Marchons, marchons!

9. **Quel est l'emblème héraldique de la France?**
a) un aigle
b) un coq
c) un lion
d) un taureau

10. **Quelle est la devise de la République française?**

a) égalité, liberté, solidarité
b) liberté, égalité, fraternité
c) liberté, sécurité, égalité
d) sécurité, solidarité, liberté

11. **Quel est le symbole de la République française représentée par un buste de femme?**

a) Angélique
b) Béatrice
c) Marianne
d) Françoise

12. **Laquelle de ces affirmations n'est pas correcte?**

a) Selon le principe de la séparation des pouvoirs formulé par Montesquieu au 18e siècle, la puissance politique est divisée entre trois pouvoirs (législatif, exécutif, judiciaire).
b) Les députés du parlement et le Président de la République sont élus par tous les Français âgés de plus de 18 ans.
c) Le Président de la République et le gouvernement ont le pouvoir exécutif.
d) L'Assemblée nationale et le Conseil d'Etat ont le pouvoir législatif.

(J. Greiner)

CD 2 La révolution française (rock-opéra)

Avant de lire

1. a) Pour vous remémorer les informations les plus importantes sur la crise de la monarchie au 18e siècle, lisez le texte suivant:

«Pendant le règne de Louis XVI, le déficit chronique du budget de l'Etat est aggravé par le coût de l'intervention française dans la guerre d'indépendance américaine. Tous les projets réformateurs en matière d'impôts se heurtent à l'opposition des privilégiés qui provoquent le renvoi du ministre qui en est l'auteur. Cet égoïsme des privilégiés est d'autant plus grave que le pays est secoué par une crise économique. La récolte de 1788 est mauvaise. Le chômage industriel suscite des troubles dans les villes. Pour résoudre la crise financière et trouver de nouveaux impôts, le roi convoque pour mai 1789 les états généraux. Ils n'ont pas été réunis depuis 1614. Le 17 juin 1789, le tiers état, se disant les «96/100» de la nation se proclame Assemblée nationale. La Révolution commence.»

(Extrait de: Gérard Labrune / Philippe Toutain, L'histoire de France, Nathan, Paris 1986, p. 64)

b) Pour voir si vous avez compris le texte, faites le test: Vrai ou faux?

- Pendant le règne de Louis XVI, il n'y a pas assez d'argent dans les caisses de l'Etat.
- Mais la guerre d'indépendance américaine permet de remplir les caisses.
- Le ministre veut réformer le système des impôts.
- Les privilégiés l'en félicitent.
- Ils se font du souci pour le pays.

- Dans les villes, il y a beaucoup de chômage, mais à la campagne, les gens ont de quoi vivre.
- Les états généraux sont convoqués pour régler les troubles dans les villes.
- Depuis 1614, ils ont été convoqués régulièrement.
- La convocation des états généraux marque le début de la Révolution française.

2. a) En vous servant de ces informations, décrivez et expliquez cette illustration d'un tract du 18e siècle.

Quelques mots pour vous aider: une épée – *Schwert*; un fusil – *Gewehr*; un poignard – *Dolch*; une arme – *Waffe*; rompre / briser ses chaînes – *seine Ketten sprengen*; être par terre – *am Boden liegen*; être effrayé par – *erschrecken vor.*

b) Donnez un titre à l'image.

Les États Généraux

Le roi

Moi, Louis XVI, Roi de France
Par la grâce de Dieu le Très-Haut,
je déclare ouverte la séance
des états généraux.
J'espère en votre sagesse
pour mener à bien ces travaux.

la grâce – *Gnade*
une séance – *Sitzung*
la sagesse – *Umsicht, Weitsicht*
mener à bien – *zu einem guten Ende bringen*

La noblesse

Oui, Sire, bien sûr, nous ferons notre devoir,
Toujours soucieux de ne pas vous décevoir.
Oui, Sire, bien sûr, vous pouvez faire confiance
A la loyauté de la noblesse de France.
Chassons le spectre de ces changements
dont rêvent encore les ennemis du bien public
qui veulent nuire à la rénovation
dont Votre Majesté a déjà fait sa politique.
Oui, Sire, bien sûr, vous pouvez faire confiance
A la loyauté de la noblesse de France.

être soucieux de – *hier: darauf bedacht sein*
décevoir qn – *jdn enttäuschen*
un spectre – *Gespenst*
le bien public – *öffentliches Wohl*
nuire à qc – *einer Sache schaden*

Le clergé

Sire, nous avons fait
Le vœu sacré en notre cœur
d'être sur terre
les serviteurs
de Dieu et de Votre Majesté.
Ainsi soit-il!
Sire, nous sommes prêts
à vous aider de nos lumières
à vous aider de nos prières
afin de préparer l'avenir.
Ainsi soit-il!

un vœu – *Gelübde*
ainsi soit-il – *so sei es (= Amen)*
les lumières (f) – ici: l'intelligence
une prière – *Gebet*

Le tiers état

Députés au nom du tiers état,
nous ferons respecter le peuple dans l'Assemblée.
Nous sommes là par sa volonté.
Nous voulons, oui, nous voulons enfin
toutes les réformes dont le royaume a besoin.
Faisons-les sans tarder.
Français! Français!
Serrons les rangs,
Mettons nos forces en commun!
Français! Français!
Notre destin, nous le ferons de nos mains!
Serrons les rangs, l'espoir nous appartient!

sans tarder – sans hésiter, immédiatement
appartenir à qn – *jdm gehören*

«LA REVOLUTION FRANÇAISE»
M + T: Boublil, Alain Albert/Rivière, Jean-Max/Schonberg, Claude Michel/Jeannot, Raymond Elie

Compréhension et analyse

1. Résumez cet extrait du rock-opéra en deux ou trois phrases.
2. a) Dites comment les différents groupes réagissent aux paroles du roi. Expliquez leur réaction.
   b) Caractérisez brièvement le roi et les différents groupes.
3. Ecoutez la musique. Montrez comment elle met en valeur les traits caractéristiques de ces groupes. Référez-vous au rythme, à la mélodie, aux voix et aux instruments.
4. Regardez ensuite la BD. Décrivez-la et dites de quelle façon le dessinateur souligne ces traits caractéristiques.

3 La politique, à quoi ça sert?

Avant de lire Décrivez et expliquez les illustrations.

un député – membre d'un parlement
un conseiller municipal – membre du conseil municipal (le «parlement» de la ville)

Il n'y a pas que les députés, les ministres ou les conseillers municipaux qui font de la politique. Dans la rue, dans les magasins, au travail ou à la maison, tout le monde en parle, et tout le monde s'en sert.

prêter – *leihen*
gratuit – qui ne coûte rien
un manuel scolaire – un livre qu'on utilise en classe
aménager – installer

Je suis content!

La route est refaite, le TGV va passer dans une gare près de chez moi. Dans mon école, il y a des ordinateurs tout neufs, et au collège, on ouvre une section sport-étude. On me prête gratuitement les manuels scolaires à l'école et au collège. La mairie a aménagé une superbe piste de skate … Ce sont des élus qui ont pris ces décisions: c'est donc de la politique et je vois à quoi ça sert!

l'essence (f) – *Benzin*
augmenter – ici: devenir plus cher
un mouton – *Schaf*
une infirmière – une femme qui soigne les malades à l'hôpital
les impôts (m) – de l'argent payé à l'Etat

Là, je ne suis plus content du tout!

On proteste parce que l'essence augmente. Parce que le mouton de Nouvelle-Zélande fait concurrence au mouton français. Parce qu'il y a trop d'élèves dans les classes et pas assez d'infirmières dans les hôpitaux. Parce que certains pensent qu'eux paient trop d'impôts, et les autres pas assez … Quand quelque chose ne va pas pour nous …, c'est la faute de la politique.

L'échelle du temps

La France a essayé tous les régimes politiques

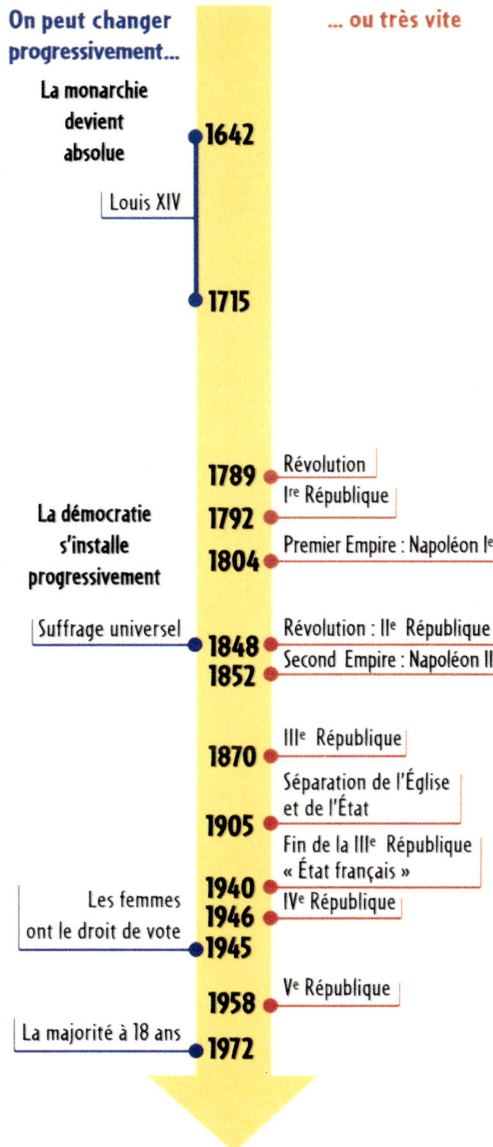

Le pouvoir de l'électeur

Ne pas aller voter, c'est accepter à l'avance tout ce qui sera décidé à la mairie ou par le nouveau gouvernement. Plus le droit de se plaindre! Pendant longtemps, des hommes et des femmes se sont battus pour avoir le droit de vote. Toi, il te suffit d'avoir 18 ans pour avoir ta carte d'électeur et t'en servir.

(Madeleine Michaux: *La politique, à quoi ça sert?*, © 2001 Éditions Milan, Toulouse, pp. I, 12–13)

Compréhension, analyse et commentaire

La politique, à quoi ça sert?

1. Faites la liste des décisions politiques évoquées par le texte dont les effets sont positifs. Ajoutez-y des exemples de décisions politiques qui vous plaisent tout particulièrement.
2. Faites la liste des décisions politiques impopulaires évoquées par le texte. Ajoutez-y les décisions qui vous déplaisent particulièrement.

Le pouvoir de l'électeur

1. Quel conseil l'auteur donne-t-il aux jeunes de 18 ans? Quelles sont ses raisons?
2. Qu'en pensez-vous?

L'échelle du temps

1. Expliquez comment le droit de vote s'est progressivement installé en France de 1848 à 1972.
2. Pourquoi y a-t-il eu des changements en 1870, 1940 et 1946?

Langue

Ajoutez les négations:
Il n'y a ... des députés qui fassent de la politique. (nicht nur)
Avant 1945, les femmes n'avaient ... le droit de vote. (noch nicht)
Maintenant, il n'y a ... les moins de 18 ans qui ne peuvent pas voter. (nur noch)
Beaucoup de gens ne sont ... contents. (überhaupt nicht mehr)
Certains disent qu'ils ne vont ... aller voter. (nie mehr)
Mais ceux-là n'ont ... le droit de se plaindre. (auch nicht)

Allons plus loin

Dans chaque école il existe une participation des élèves à la gestion de l'école (Schülermitverwaltung):

1. Quels droits les élèves ont-ils dans votre lycée?
2. Que peut-on améliorer?

4 Pouvoir voter est une chance

Avant de lire

Souvenez-vous: A quelle(s) occasion(s) avez-vous déjà voté?

Avez-vous déjà pris le temps de réfléchir à ce que signifie vraiment le fait de voter? Cette possibilité qui s'ouvre à vous de prendre une décision démocratiquement dans un groupe ... Pouvoir voter est une chance. Surtout lorsque l'on a pu, auparavant, s'informer, critiquer, peser le pour et le contre. C'est une chance quand on comprend à quoi ça sert et que l'on s'efforce de faire son choix en toute conscience, en essayant de ne pas se laisser influencer. En classe, dans vos clubs, autour de vous dans les associations auxquelles vous appartenez, ne négligez pas cette manière importante de faire entendre votre

auparavant – d'abord
peser – *wiegen; hier: abwägen*
en toute conscience – *nach bestem Wissen und Gewissen*
une association – *Verein*

voix. Aujourd'hui, dans le monde, trop de gens encore n'ont pas la possibilité d'exprimer leurs choix de cette manière-là. Et c'est bien malheureux, car la démocratie passe par là. Alors profitez-en!

(*Planète Jeunes* N° 38, avril – mai 1999, © Bayard Jeunesse, Paris, p. 3)

Compréhension, analyse et commentaire

1. Que faudrait-il faire avant de voter et que faudrait-il éviter de faire?

2. Ce texte est un éditorial de «Planète Jeunes», un magazine qui s'adresse surtout aux jeunes Africains. Pourquoi est-il important de faire comprendre à ces jeunes que pouvoir voter est une chance?

Langue

Etablissez le champ sémantique «démocratie».

Allons plus loin

Actuellement, il faut avoir 18 ans pour pouvoir voter. Pesez le pour et le contre de cette règle.

5 Pour qu'une démocratie existe

le suffrage universel – le droit de voter pour tout le monde

Tout le monde doit avoir le droit de voter. Seules conditions imposées: l'âge et la nationalité. En France, le suffrage universel est, pour les hommes, une réalité depuis 1848, pour les femmes depuis 1945.

un bulletin de vote – un papier à l'aide duquel on exprime son vote
un isoloir – une cabine où l'électeur prépare son bulletin de vote

Le vote doit être secret. En France, les bulletins de vote doivent obligatoirement être imprimés sur du papier blanc et mis sous enveloppe, par chaque électeur, dans le secret de l'isoloir. Il y a un isoloir pour 300 inscrits.

Plusieurs partis doivent pouvoir exposer librement leurs conceptions et leurs programmes. Pour permettre au citoyen de choisir, ces partis doivent avoir accès à tous les moyens de communication: presse, radio, télévision, Internet …

une assemblée – *Versammlung*
disposer de – *verfügen über*
la majorité – ici: les partis qui soutiennent le gouvernement

L'opposition doit pouvoir s'organiser, par exemple dans des assemblées. Elle doit pouvoir disposer des mêmes moyens d'information que la majorité.

(Les institutions de la France, Editions Nathan, Paris 1998, pp. 7, 31)

Les principaux partis politiques français

GAUCHE	DROITE
Parti socialiste (PS) Adhérents: 218 000 http://www.parti-socialiste.fr	**Union pour un mouvement populaire (UMP)** Adhérents: 294 000 http://www.u-m-p.org
Parti communiste français (PCF) Adhérents: 134 000 http://www.pcf.fr	**Mouvement démocrate (MODEM)** Adhérents: 33 000 http://www.mouvementdemocrate.fr
Parti radical de gauche (PRG) Adhérents: 10 000 http://www.planeteradicale.org	
Les verts Adhérents: 9 000 http://lesverts.fr	**EXTRÊME DROITE** **Front national (FN)** Adhérents: entre 50 000 et 75 000 http://www.frontnational.com

(www.diplomatie.gouv.fr; panorama des partis politiques)

Compréhension et analyse

1. Qui a le droit de voter en France?
2. Pourquoi les isoloirs sont-ils nécessaires?
3. Quel rôle les médias jouent-ils?
4. Quels sont les droits de l'opposition?

Langue Remplacez le verbe «devoir» par «Il faut que ...» (lignes 1, 8, 12, 16, 18).

Allons plus loin Informez-vous sur les modalités des élections législatives et sur la composition actuelle de l'Assemblée nationale.

6 Françoise Giroud: La comédie du pouvoir

Portrait: Françoise Giroud, 1916–2003, journaliste, écrivain, femme politique et cofondatrice de l'hebdomadaire *l'Express*, a été secrétaire d'Etat pendant trois ans, puis, à l'âge de soixante ans, elle a été nommée Ministre des Affaires culturelles dans le gouvernement de Valéry Giscard d'Estaing (1976/77).
Entre autres, elle a publié les biographies de Marie Curie, d'Alma Mahler-Werfel et de Clemenceau (1995). Dans ce texte, Françoise Giroud parle de son expérience en tant que ministre des Affaires culturelles.

Texte A

Ce métier rend idiot. Vivre sous l'œil du public, c'est abdiquer toute liberté. Du vêtement dont il faut se soucier pour rester dans la neutralité, à l'humeur, qui doit être constamment contrôlée – pas d'éclat, pas d'humour intempestif, pas d'impatience, pas de fatigue avouée fût-ce après deux heures de station debout, pas de sentiments manifestes de sympathie ou d'antipathie, une attention constante aux interlocuteurs qui se succèdent, de demi-heure en demi-heure, seuls ou le plus souvent en délégations, un intérêt soutenu pour l'exposition, la foire, le bâtiment, l'usine, où l'on déambule cerné d'officiels qui empêchent tout contact véritable avec ceux qui vous regardent, tel l'ours blanc au zoo, le déjeuner à la Préfecture, le dîner à l'hôtel de Ville, les repas trop copieux, les vins trop lourds, le champagne tiède qu'il faut accepter, les déplacements en province, strictement minutés, les dossiers qu'il faut assimiler avant d'arriver à Lille, à Rennes, à Montpellier, à Besançon, à Nantes; chaque ville, chaque région attendant légitimement que le ministre connaisse ses problèmes propres, son histoire, ses particularismes, et toujours cette cellophane qui vous entoure, cette impression d'être en vitrine, implacablement isolé de la réalité des choses et des êtres par un cordon de notables empressés, de motards, de véhicules officiels ...

(La comédie du pouvoir de Françoise Giroud, © Librairie Arthème Fayard, Paris 1977, pp. 117–118)

abdiquer – renoncer à
une humeur – *Stimmung, Laune*
un éclat – ici: scandale
intempestif – gênant, déplacé
avouer – *zugeben, eingestehen*
fût-ce – même (pas)
un interlocuteur – personne qui parle avec une autre
soutenu – constant, régulier
une foire – exposition commerciale, salon (*Messe*)
déambuler – marcher sans but précis, flâner
cerné – entouré
tel – comme
un repas trop copieux – où il y a trop à manger
tiède – ni chaud ni froid
minuté,e – organisé selon un horaire précis
un dossier – un ensemble d'informations sur un sujet
assimiler – ici: lire et apprendre
implacable – *unerbittlich*
un cordon – ligne formée par une succession de personnes
un notable – *wichtige, angesehene Persönlichkeit*

Texte B

Longtemps, j'ai cherché à comprendre sans y parvenir ce qui rend les ministres si heureux de l'être quoi qu'ils prétendent.

Maintenant, expérience faite, je crois le savoir. C'est la dilatation du Moi que la fonction provoque.

JE se gonfle, s'enfle, s'étale, se dandine, caressé, courtisé, sollicité, photographié, insulté, caricaturé, entretenu par tout l'appareil qui l'entoure dans le sentiment de son importance et de sa singularité. Car JE ne fait plus rien comme tout le monde.

JE arrête, décrète, tranche, favorise, nuit, nomme, déplace.

JE traverse les villes en trombe, précédé de motards casqués qui font gicler de part et d'autre de leur sillon les automobilistes comme du gravier.

JE ne circule qu'accompagné d'un garde de corps, c'est donc que son corps n'est pas n'importe quel corps.

Quelques mois après la formation du Gouvernement, un ministre, neuf dans cet emploi, en était à exiger que les couloirs se vident lorsqu'il les traversait pour quitter le ministère, comme on enlève les voitures sur le passage des cortèges. […]

Par mesure d'hygiène mentale, j'ai pour ma part commencé par refuser le salon d'aéroport d'où une voiture vous conduit directement à l'avion, l'officier de police qui vous suit comme votre ombre, l'alerte donnée au préfet pour le moindre séjour privé dans quelque département. Jusqu'au jour où je me suis fait rappeler à l'ordre par le ministre de l'Intérieur informé que je ne sais quels terroristes projetaient d'enlever un membre du Gouvernement.

(La comédie du pouvoir de Françoise Giroud, © Libraire Arthème Fayard, Paris 1977, pp. 231–232)

une dilatation – gonflement (*Aufblähen*)
se dandiner – ici: parader (*stolzieren*)
courtiser – *umwerben*
solliciter – demander une faveur
une singularité – caractère de ce qui est extraordinaire, unique
arrêter – ici: fixer des détails, une date, etc.
trancher – ici: décider
déplacer qn – *jdn. an eine andere Stelle versetzen*
en trombe – comme une tornade
casqué – *mit Helm*
gicler – *auf-, wegspritzen*
un sillon – ici: piste (*Spur*)
un cortège – manifestation, procession
une ombre – *Schatten*
une alerte – information, alarme

Compréhension, analyse et commentaire

Texte A:

1. «Ce métier rend idiot» (1). Expliquez pourquoi.

2. Expliquez le mot «cellophane» (18) dans le contexte.

Texte B:

3. Expliquez pourquoi les ministres, selon F. Giroud, sont heureux de l'être.

4. Commentez l'attitude de Françoise Giroud (texte B, 39–45) et le rappel à l'ordre du ministre de l'Intérieur. Qui, à votre avis, a raison?

Langue et style

1. Quels sont les procédés stylistiques les plus frappants utilisés dans le texte A et le texte B? Comment contribuent-ils à illustrer la situation de Françoise Giroud et des ministres en général?

2. Traduisez les lignes 35 à 45 du texte B.

Allons plus loin

1. Informez-vous sur les villes (texte A, 14/15) et présentez le résultat.

2. «La vanité accompagne tout pouvoir». Commentez, si vous voulez, sous forme de caricature.

3. Relisez les deux textes à haute voix. Faites comme si vous étiez acteur devant un public nombreux.

7 OGM, dites-vous?

Avant de lire Un «organisme génétiquement modifié» – qu'est-ce que c'est? Renseignez-vous.

modifier – changer

On entend de plus en plus souvent parler de ces initiales qui signifient **O**rganisme **G**énétiquement **M**odifié. […]

un gène – *Gen*

un vaccin – *Impfstoff*

Les progrès techniques de la génétique permettent de fabriquer rapidement et en grande quantité des substances pour la médecine, comme des hormones, des vitamines, des vaccins …

mettre au point – développer
pourrir – *verderben*
quasiment pas – presque pas

Suivant le même principe, on a mis au point des nouvelles variétés de plantes aux caractéristiques modifiées. Les unes poussent plus vite, d'autres résistent à certaines maladies ou aux pesticides. Pour d'autres encore, c'est le goût qui est différent. On a ainsi créé par manipulation génétique des espèces de tomates qui ne pourrissent quasiment pas!

un hic (pop.) – un problème
fragiliser – déstabiliser
une abeille – *Biene*
un insecte pollinisateur – *bestäubendes Insekt*

Il y a pourtant un hic! Car on ne sait pas comment ces organismes vont évoluer dans le temps, en particulier s'ils se reproduisent spontanément.

On a aussi constaté que certains OGM végétaux fragilisaient et changeaient le comportement des abeilles et d'autres insectes pollinisateurs sans lesquels beaucoup d'espèces végétales ne pourraient plus se reproduire.

un impact – un effet
être prudent – faire attention
envisager qc – avoir l'intention de faire qc
à grande échelle – *in großem Umfang*

Les OGM ont-ils un impact sur notre santé? Beaucoup de questions, peu ou pas de réponses! De nombreux chercheurs pensent qu'il faut être très prudent avant d'envisager leur utilisation à grande échelle, utilisation dont il n'est pas prouvé qu'elle soit réellement nécessaire.

(*L'écologie à petits pas*, François Michel, Marc Boutavant © Actes Sud, 2007, pp. 56–57)

Compréhension et analyse

1. Décrivez le premier dessin et trouvez-lui un titre.
2. Quels sont les avantages et les inconvénients des OGM pour l'humanité?

Langue

Traduisez le texte de la ligne 6 à la ligne 18 («Suivant le même principe … plus se reproduire.»).

Allons plus loin

1. Rédigez un questionnaire sur les OGM. Travaillez en groupes.
2. Informez-vous sur les règlements actuels de l'Union Européenne concernant les OGM.

8 Vélib' – La ville est plus belle à vélo!

Avant de lire

Information: *Cyclocity* est un système conçu et développé par la Société JC Decaux, dont le siège est à Neuilly-sur-Seine. Il offre des vélos en libre service dans des grandes villes en France (Lyon, Paris etc.) et en Europe (Autriche, Espagne, Belgique, etc.). A Paris le système s'appelle *Vélib'*. Quand les Parisiens s'en servent ils disent: je vélibe, nous vélibons, etc.

Une borne

Vélib', système de location de vélos en libre-service, est disponible 24h/24 et 7 / 7. Vous prenez un vélo dans une station et vous pouvez le déposer dans une autre. Accessibles à tous dès 14 ans (1,50 m minimum), les vélos s'adaptent à tous vos déplacements: sortir, faire des courses, se rendre au travail … Simple à utiliser et pas cher, Vélib' est le mode de locomotion idéal pour effectuer vos trajets courts à Paris. Avec des milliers de vélos proposés dans des centaines de stations, il y a toujours un vélo à proximité de chez vous avec une station tous les 300 mètres environ. Les stations Vélib' sont réparties sur l'ensemble du territoire parisien.

Aux stations, les bornes vous permettent:

– d'obtenir les abonnements 1 jour et 7 jours

- de recharger votre compte si vous êtes abonné 1 an
- de vous informer, notamment de consulter les stations situées à proximité et leur état de disponibilité
- de joindre le centre d'appel: 01 30 79 79 30

Une fois le trajet terminé, vous déposez le vélo dans n'importe quelle station Vélib'.

Retrouvez les tarifs des abonnements, les modalités et toutes les informations sur le site internet dédié à Vélib': www.velib.paris.fr Il vous propose aussi des idées de balades et vous prodigue des conseils.

JCDecaux s'engage dans le développement durable

le développement durable – *nachhaltige Entwicklung, Maßnahmen zum Umweltschutz*
la régulation – *hier: optimale Verteilung*
la maintenance – *Instandhaltung*
une péniche – *Frachtkahn*
endommagé – *beschädigt*
un détergent – *Reinigungsmittel*

La régulation des vélos dans les stations se fait avec des véhicules fonctionnant au GNV (Gaz Naturel pour Véhicules). Les déplacements des agents de maintenance s'effectuent avec des vélos à assistance électrique. Une péniche, disposant de 12 escales tout au long de la Seine, récupère les vélos nécessitant une maintenance lourde. A son bord, un marinier et onze mécaniciens remettent à neuf les vélos endommagés. L'entretien des vélos, nécessitant de l'eau, est assuré par des agents se déplaçant avec des véhicules électriques: ils transportent de l'eau de pluie récupérée sur les toits des sites JCDecaux. Ce procédé permet la suppression de l'utilisation de détergent pour l'entretien: cette eau possède en effet un pouvoir nettoyant naturel. Le produit anti-graffiti est aussi écologique. Le vélo est recyclable à 99%.

(J. Greiner, d'après: http://www.velib.paris.fr)

Un Jolicœur à Vélib

assidu,e – *regelmäßig anwesend, eifrig*

A 26 ans, Pénélope Bagieu, plus connue sous le nom de Pénélope Jolicœur, est une illustratrice de talent et une bloggeuse assidue. Parisienne depuis toujours et utilisatrice régulière du Vélib', elle nous parle de son actualité artistique et de sa vision du Vélib'.

Ton blog, que représente-t-il pour toi?
Pénélope Bagieu: au départ surtout de dessiner ...
Pourquoi avoir choisi des dessins plutôt que des textes?
Tenir un blog sur Internet, ça m'obligeait à publier au moins un dessin par jour, même quand j'avais la flemme. Le but, ce n'était pas forcément d'attirer des visiteurs, mais de m'obliger à dessiner tous les jours, à ne pas perdre l'inspiration.
Qu'est-ce qui t'inspire?
Pas besoin de chercher très loin, c'est ma vie que je raconte. Pénélope n'est pas un personnage, c'est moi. C'est mon quotidien.

avoir la flemme (pop.) – *zu faul sein, keinen Bock haben*
pas forcément – *nicht unbedingt*
le quotidien – *hier: Alltag*

Le Vélib' fait-il partie de ce quotidien?
Bien sûr! J'avais ma carte d'abonnement avant même que les bornes soient installées. J'ai toujours voulu me mettre au vélo, mais j'avais trop peur de la circulation.
Quelle est ta meilleure expérience «Vélib»?
Je n'ai pas vraiment de meilleure expérience. Je le prends tous les jours et j'apprécie tout simplement qu'on ait mis Paris à vélo.
La pire?
La première fois qu'un bus m'a klaxonnée puis doublée. Sur le coup, j'étais vraiment terrorisée. Je me suis sentie comme David contre Goliath. Depuis, je m'y suis habituée. Et je crois que eux aussi font beaucoup plus attention.

klaxonner – *(an-)hupen*
doubler – *überholen*

(http://blog.velib.paris.fr.blog/?p=213)

Compréhension et commentaire

1. Sans consulter un dictionnaire, lisez la première partie du texte attentivement et répondez:
a) Que veut dire: disponible 24h/24 et 7/7?
b) Qui peut utiliser le système Vélib'?
c) Quels sont les avantages de Vélib'?
d) Qu'est-ce que vous faites pour louer un vélo?
e) Qu'est-ce que vous faites s'il n'y a pas de vélo à la station où vous êtes?
f) Quelles informations trouvez-vous sur le site internet?

2. Lisez la deuxième partie et faites une liste qui montre comment l'entreprise JCDecaux s'engage pour l'environnement.

3. Lisez l'interview avec Pénélope Bagieu, puis décrivez son dessin et dites ce que vous en pensez.

Langue et style

Donnez des explications, si nécessaire à l'aide d'un dictionnaire unilingue:
- un système de location de vélos en libre service (1)
- accessible à tous dès 14 ans (3)
- les vélos s'adaptent à tous vos déplacements (4)
- le mode de locomotion idéal (6)
- à proximité de chez vous (8)
- l'ensemble du territoire parisien (10)
- leur état de disponibilité (15)
- une fois le trajet terminé (17)
- le développement durable (23/24)
- des vélos à assistance électrique (27/28)
- une péniche disposant de 12 escales (28)
- les sites JCDecaux (33/34)
- la suppression de l'utilisation de détergent (34)
- le produit anti-graffiti (36)

Allons plus loin

Informez-vous sur l'actualité du système *Cyclocity* et de *Vélib'*.

CD

9 Mickey 3D: Respire

Avant de lire

Ecoutez la chanson.

1. Décrivez l'atmosphère qui s'en dégage.

2. Notez ensuite tous les mots que vous comprenez et déduisez-en le sujet de la chanson.

3. A qui la chanson s'adresse-t-elle?

un gamin (pop.) – un garçon

débarquer – ici: arriver
un soulier – une chaussure
la gueule (pop.) – le visage
une route à sens unique – *Einbahnstraße*
une flèche – *Pfeil, hier: Wegweiser*
en deux temps trois mouvements – très rapidement

Approche-toi petit, écoute-moi gamin
Je vais te raconter l'histoire de l'être humain
Au début y avait rien, au début c'était bien
La nature avançait, y avait pas de chemin
Puis l'homme a débarqué avec ses gros souliers
Des coups de pied dans la gueule pour se faire respecter
Des routes à sens unique il s'est mis à tracer
Des flèches dans la plaine se sont multipliées
Et tous les événements se sont vus maîtrisés
En deux temps trois mouvements l'histoire était pliée
C'est pas demain la veille qu'on fera marche arrière
On a même commencé à polluer les déserts

Il faut que tu respires
Et ça c'est rien de le dire
Tu vas pas mourir de rire
Et c'est pas rien de le dire

bouffer la feuille (pop.) – ici: mourir
le front – partie supérieure du visage humain
con (vulg.) – idiot
les anciens – *Vorfahren*
un pré – *Wiese*
empirer – devenir pire
à moitié défroqué – *halb nackt*
naître dans les choux – *frz. Äquivalent für «vom Storch gebracht werden»* (le chou – *Kohl*)
une fosse à purin – *Jauchegrube*

D'ici quelques années on aura bouffé la feuille
Et tes petits enfants ils n'auront plus qu'un œil
En plein milieu du front ils te demanderont
Pourquoi toi t'en as deux, tu passeras pour un con
Ils te diront comment t'as pu laisser faire ça
T'auras beau te défendre, leur expliquer tout bas
C'est pas ma faute à moi, c'est la faute aux anciens
Mais y aura plus personne pour te laver les mains
Tu leur raconteras l'époque où tu pouvais
Manger des fruits dans l'herbe allongé dans les prés
Y avait des animaux partout dans la forêt
Au début du printemps les oiseaux revenaient

Il faut que tu respires
Et ça c'est rien de le dire
Tu vas pas mourir de rire
Et c'est pas rien de le dire
Il faut que tu respires
C'est demain que tout empire
Tu vas pas mourir de rire
Et c'est pas rien de le dire

Le pire dans cette histoire c'est qu'on est des esclaves
Quelque part assassin ici bien incapables
De regarder les arbres sans se sentir coupables
A moitié défroqués, cent pour cent misérables
Alors voilà petit l'histoire de l'être humain
C'est pas joli joli et j'connais pas la fin
T'es pas né dans un chou mais plutôt dans un trou
Qu'on remplit tous les jours comme une fosse à purin

Il faut que tu respires
Et ça c'est rien de le dire
Tu vas pas mourir de rire
Et c'est pas rien de le dire
Il faut que tu respires
C'est demain que tout empire
Tu vas pas mourir de rire
Et ça c'est rien de le dire
Il faut que tu respires
Il faut que tu respires

Compréhension et analyse

1. Résumez l'histoire de l'être humain telle qu'elle est racontée dans la première strophe de la chanson.
2. Comparez le monde «d'ici quelques années» (17) au monde dont se souvient l'auteur de la chanson dans la deuxième strophe.
3. Dégagez du texte comment l'auteur explique l'incapacité de l'homme d'arrêter cette catastrophe.

Commentaire Discutez en classe: La vision pessimiste de l'auteur est-elle justifiée ou pas?

Travail d'écriture Faites une esquisse de votre vision du monde dans 50 ans. Présentez vos idées sous forme d'une strophe de la chanson de Mickey 3D.

10 Comprendre le réchauffement climatique

Avant de lire Ecoutez la chanson *Respire* de Mickey 3D.

un grenelle de l'environnement – *«Umweltrevolution» (Anspielung auf die accords de Grenelle vom Mai 1968, mit denen Georges Pompidou das Ende der Maiunruhen einleitete; hier: Treffen von Nicolas Sarkozy mit allen Sozialpartnern zur Lösung der Umweltfragen)*
un effet de serre – *Treibhauseffekt*
émettre – *ausstrahlen*
amplifier – agrandir
à vitesse grand V – très rapidement
une inondation – *Überschwemmung*

En octobre, un «grenelle de l'environnement» doit permettre à la France de s'engager précisément sur la lutte contre l'effet de serre.

Un phénomène naturel

L'effet de serre est indispensable à la vie. La présence de gaz dans l'atmosphère permet de garder sur Terre une partie de l'énergie émise par le soleil. Sans elle, la température moyenne serait de –18°C. Mais le développement économique, fondé sur les énergies fossiles (charbon, pétrole), a amplifié le phénomène. Résultat, la Terre se réchauffe à vitesse grand V, subissant des changements climatiques: tempêtes, sécheresses, inondations …

Tous responsables

Moyens de transport, de chauffage, de production industrielle et agricole … Notre mode de vie est la cause majeure du réchauffement. Les pays riches, industrialisés depuis le XIXe siècle, sont les principaux accusés. Un Américain émettrait autant de CO_2 que 107 Bangladais! En plein boom économique, la Chine pourrait cependant prendre la tête du classement dès 2007. La France, elle, se situe légèrement au-dessus de la moyenne mondiale.

«Panser» l'avenir

en vigueur – en application
limitatif – *einschränkend*
un pays émergent – *Schwellenland*
imposer (qc à qn) – dicter, prescrire

Le protocole de Kyoto, en vigueur depuis 2005, est le seul traité international limitatif. Il exige des pays industrialisés signataires de réduire de 5 % leurs émissions de gaz à effet de serre avant 2012. Des discussions doivent être engagées aussi avec les pays émergents. Aucune contrainte ne leur est imposée à ce jour. Les États-Unis, responsables du quart des rejets, n'ont toujours pas signé.

(Thomas Diévart, dans: *Phosphore*, septembre 2007, pp. 8 f.)

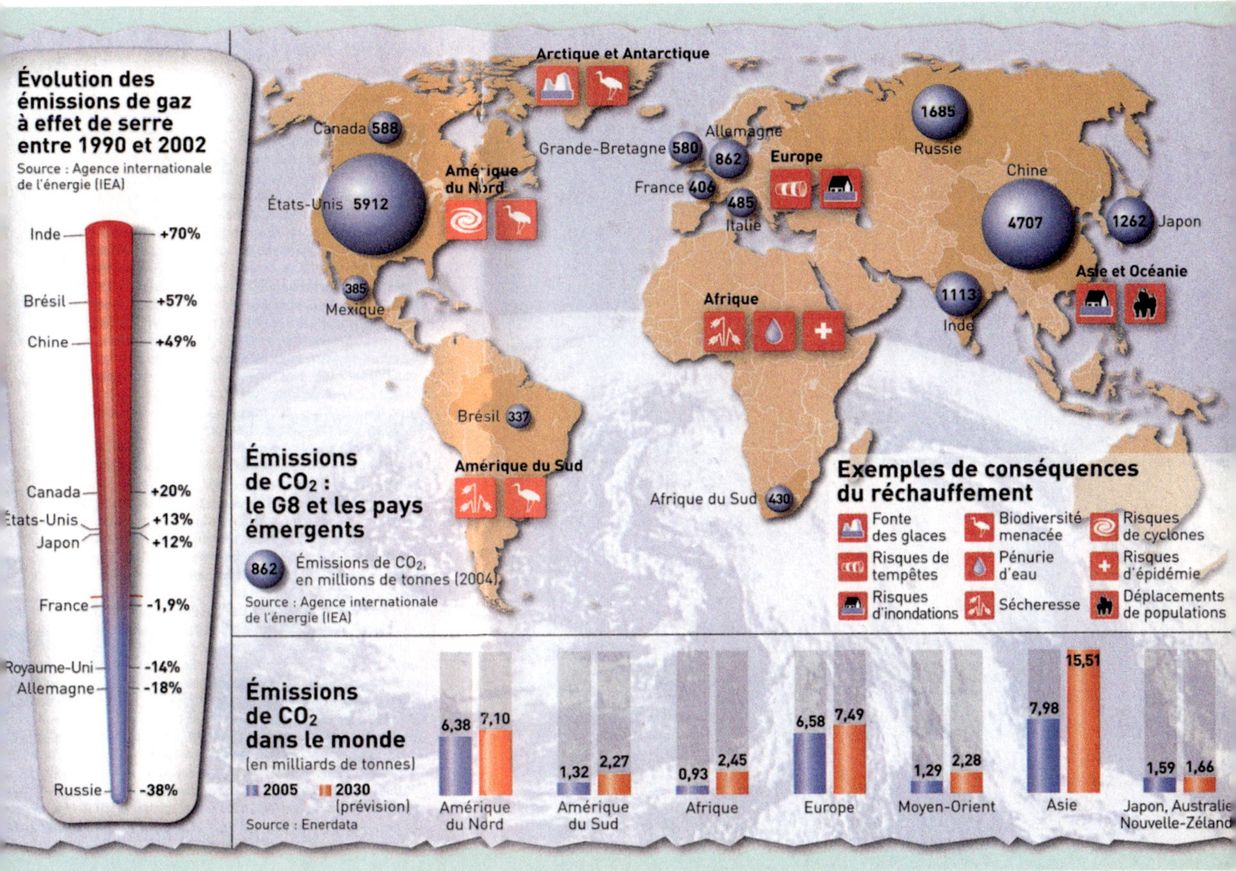

Compréhension et analyse

1. Décrivez l'«effet de serre» et ses conséquences pour la terre.
2. Présentez les diagrammes. Puis, expliquez pourquoi l'augmentation de l'effet de serre est nuisible à la terre.
3. Enumérez les éléments responsables du réchauffement climatique.
4. Expliquez le jeu de mots «panser» (19) à l'aide du paragraphe qui suit.

Travail d'écriture

Rédigez un dialogue entre Nicolas Sarkozy et un représentant d'un pays émergent sur la limitation des émissions de gaz à effet de serre.

Langue et style

Etablissez le champ sémantique de «pollution de l'environnement».

11 Annonce publicitaire – TOTAL

Avant de lire

1. Quelle est votre première impression en regardant l'annonce publicitaire?
2. Quels effets les couleurs ont-elles sur l'homme? Faites une recherche.

une connexion – un rapport étroit
complémentaire – *ergänzend*

un filière – *Branche*
photovoltaïqe – technique qui permet de transformer l'énergie solaire en énergie électrique
un panneau solaire – *Sonnenkollektor*

Compréhension

1. Regardez l'annonce publicitaire et notez:
   a) le produit — c) le distinataire
   b) l'annonceur — d) les éléments utilisés
2. D'après le texte, pourquoi le groupe pétrolier Total investit-il dans le développement des énergies nouvelles?
3. Décrivez comment l'annonce publicitaire attire l'intérêt des clients.

Analyse

1. Analysez l'ambiance de l'annonce publicitaire. Référez-vous à la combinaison du paysage et de la technique et aux couleurs.
2. Expliquez ensuite ce que Total veut suggérer aux consommateurs.
3. Etudiez les slogans. En quoi attirent-ils l'attention des consommateurs?

Commentaire

Pesez les avantages et les inconvénients de la publicité dans notre vie quotidienne.

Travail d'écriture

Cherchez dans un journal français ou allemand une annonce publicitaire et présentez-la en classe. Référez-vous au modèle d'analyse de publicité «AIDA»:
- Comment l'annonce attire-t-elle l'**a**ttention du client?
- Comment suscite-t-elle l'**i**ntérêt?
- Comment provoque-t-elle le **d**ésir?
- Comment pousse-t-elle à l'**a**ction?

Langue et style

Indiquez les moyens de style dans les slogans suivants. Devinez ensuite les produits.
- Plus t'en mets, plus t'en as!
- C'est grand comme la mer.
- Chez Leclerc tout est clair.
- Grandir, pour quoi faire?
- douceur, émotion, passion
- Pour une peau pulpeuse, pleine de vie.

souiller – salir (*beschmutzen*)
le naufrage – *Schiffbruch*

12 «Ils ont souillé ma Bretagne» – Le naufrage de l'Erika

Avant de lire

Décrivez la photo en vous servant des mots suivants:
un pétrolier
couler
au large de
le mazout [mazut] / le pétrole
polluer
la marée noire

sacré – *heilig*
la subsistance – ce qu'il faut pour vivre
borner – limiter
un alliage – *Verbindung*
balayer – *hier: hinwegfegen*
l'écume (f) – Schaum, Gischt
un cortège – une procession
maudire – *fluchen*
s'incliner – *sich beugen*
un tas – *Haufen*
le mazout – *Rohöl*
immatriculer – *hier: im Schifffahrtsregister eintragen*
un pavillon – *Flagge*
un équipage – *Besatzung*
un cachot – *Kerker*
en dépit de – malgré
force reste à la loi – *dem Gesetz wird Genüge getan*
la veille – le jour d'avant

Pour communier avec les Bretons, il faut savoir que la mer est sacrée. Pas uniquement pour les marins. C'est de la mer que vient le meilleur, c'est d'elle qu'arrive le pire. Le meilleur, c'est le poisson, la subsistance. La mer, c'est ce qui borne l'horizon d'un Breton, cet étrange alliage de beauté et de rêves.

Mais c'est pourtant de la mer que vient aussi le pire. Le marin qui ne retourne pas au port. La tempête qui balaie tout sur son passage, blanchit d'écume la surface de l'eau, déracine les arbres dans les forêts. Ce cortège de mauvaises nouvelles, le Breton le salue sans mot dire, sans maudire, parce que la nature est la plus forte et qu'on s'incline devant plus puissant que soi.

Mais l'homme! L'homme dans sa bêtise, son goût du profit, assis sur son tas d'or ou de mazout, et qui ne peut s'empêcher d'aller immatriculer à Malte ce qu'il n'oserait pas orner d'un pavillon français, de sous-payer des équipages dont on jettera ensuite le capitaine au cachot pour bien montrer qu'en France, en dépit de tout, force reste à la loi …

C'est donc de la mer aussi que nous est arrivée cette peste-là; c'est au large de la Bretagne que croisent les bateaux-poubelle qui finissent leur course sur la roche ou dans la vague. Et voilà comment un beau matin ou un méchant soir de Noël, la côte se retrouve noircie d'une litanie de noms dont on ne savait pas la veille encore qu'ils étaient de la famille: *Torrey-Canyon, Amoco-Cadiz, Olympic-Bravery, Bœhlen, Tanio, Erika …*

(Patrick Poivre d'Arvor, dans: *L'Événement du Jeudi* No. 12, du 3 au 9 février 2000, pp. 8–12; texte abrégé)

Compréhension

1. Donnez un titre à chaque paragraphe du texte.
2. Caractérisez la relation qu'ont les Bretons avec la mer.
3. Relevez les pratiques douteuses des compagnies pétrolières qui sont à l'origine des accidents.

Analyse et commentaire

1. «Mais l'homme!» (12). Dégagez la conception de l'être humain présentée dans ce paragraphe du texte.
2. Prenez position: L'homme – est-il ainsi?

Allons plus loin

Que faudrait-il faire pour éviter de telles catastrophes?

une mouette – *Möwe;* **le goudron** – *Teer;* **une dinde** – *Pute;* **un marron** – *Esskastanie, Marone*

Compréhension et analyse

1. Décrivez les deux images et mettez-les en rapport avec le naufrage de l'Erika.
2. Relevez les moyens par lesquels les artistes expriment le fait que des accidents pareils représentent une vraie menace pour les hommes.

Travail d'écriture

Rédigez une lettre de protestation contre la pollution des mers.

13 Le procès de l'Erika

les parties civiles – *die klagenden Parteien*
le tribunal correctionnel – *Strafgericht (der zweiten Instanz)*
fustiger – blâmer, critiquer violemment
inique – injuste
une audience – *1. Gerichtsverhandlung; 2. Anhörung*
une couche visqueuse – *schmierige Schicht*
le littoral – la côte
le fioul – le pétrole
le préjudice matériel subi – *entstandener materieller Schaden*
une entreprise aquacole – entreprise qui pratique l'élevage des animaux de la mer
une souillure – *Beschmutzung, Befleckung*
mazouté,e – ici: tué par le pétrole

Procès de l'«Erika»: les parties civiles pour une clarification des responsabilités

Devant le tribunal correctionnel de Paris, les présidents des régions touchées par la marée noire et les défenseurs de l'environnement ont fustigé un «système inique».

Qui se souvenait des victimes de la marée noire après neuf semaines d'audience du procès de la catastrophe de l'*Erika*? […] L'audition des parties civiles a brusquement rafraîchi les mémoires.

«Une couche visqueuse a recouvert le littoral le 25 décembre 1999. Joyeux Noël!, a attaqué Jacques Auxiette, président de la région Pays de la Loire, mardi 24. *Du fioul est arrivé jusqu'en septembre 2000.»* Il a rappelé le préjudice matériel subi: frais de nettoyage, aides aux entreprises aquacoles, à la pêche artisanale, campagnes de communication pour minimiser les pertes touristiques.

[…] M. Auxiette a surtout parlé de la blessure que fut la marée noire. *«La souillure a été massive,* a-t-il rappelé. *On ne peut pas comprendre ce que ça a été quand on n'a pas senti l'odeur de mort des oiseaux mazoutés.»* […]

«La mer, c'est notre maison»

Mais comment évaluer le *«préjudice écologique»*, non reconnu dans la loi française? Comment chiffrer les conséquences de la destruction d'animaux ou de milieux naturels? *«Quand un chasseur tue un oiseau protégé, il encourt 9000 euros d'amende et six mois de prison,* a répondu M. Bougrain-Dubourg. *Peut-on tuer 150000 oiseaux protégés impunément?»* [...] Tonnant contre *«les Etats qui acceptent un système inique, qui veut que les compagnies pétrolières soient exonérées de toute responsabilité en échange du versement d'une obole aux victimes des marées noires»*.

[...] Le rameur en solitaire Jo Le Guen, fondateur d'un Syndicat pour l'assainissement du monde maritime, [...] s'était adressé directement au président du tribunal Jean-Baptiste Parlos: *«Pour qu'une responsabilité soit établie, il faudrait prouver une faute inexcusable et intentionnelle. Est-ce que Total a fait exprès de couler l'Erika? Non. Est-ce que quiconque, ici, a commis une faute inexcusable? Comment le démontrer quand tout le système actuel est justement basé sur la dilution de toute responsabilité?» «Vous posez une bonne question, celle de la marge de manœuvre de ce tribunal»*, a répondu M. Parlos.

(Gaëlle Dupont, dans: *Le Monde*, jeudi, 26 avril 2007; texte abrégé)

encourir une amende – *mit einer Geldstrafe rechnen müssen*
impunément – sans être puni
tonner – exprimer sa colère en parlant très fort
être exonéré,e de – *befreit sein von*
une obole – petite somme d'argent
un rameur en solitaire – personne qui traverse une mer seule en ramant (ramer = *rudern*)
un assainissement – *Sanierung*
intentionnel,le – *absichtlich*
couler – *hier: versenken*
la dilution – l'affaiblissement (*Verwässerung*)
la marge de manœuvre – *Handlungsspielraum*

Compréhension et analyse

1. Relevez les conséquences du naufrage de l'Erika.
2. Les critiques du procès sont nombreuses. Présentez-les.
3. Dites pourquoi il est difficile de punir les responsables.
4. Décrivez et interprétez les images qui accompagnent le texte.

Allons plus loin Renseignez-vous sur la suite du procès.

14 Yann Enjen: Si j'étais Breton

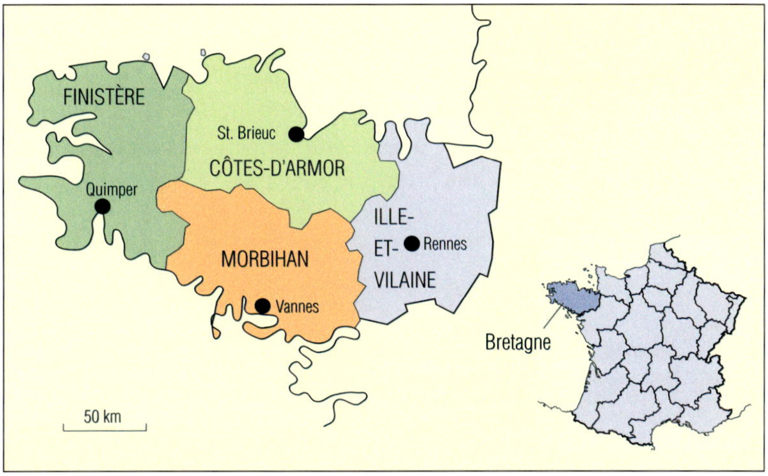

Avant de lire Renseignez-vous sur l'importance du tourisme dans le Finistère. Trouvez des images ou des définitions de: un menhir – un dolmen – un calvaire

une marée noire – *Ölpest*
souiller – salir
une dentelle – tissu très fin (*Spitze*)
une côte finistérienne – le Finistère: département en Bretagne
mazouté,e – *ölverschmutzt*

s'effacer devant qn – s'incliner devant sa supériorité; un remorqueur – h*ier: Schleppdampfer*
monnayer – faire argent de, tirer profit de
délibérément – intentionnellement
se faire avoir – *sich übers Ohr hauen lassen*

Si j'étais Breton, j'aurais mal de ces marées noires qui ne se reproduiront plus, mais qui n'en finissent pas de souiller la dentelle des côtes finistériennes.

Si j'étais Breton, j'entrerais dans la grotte de la colère où s'en vont mourir les oiseaux mazoutés par l'empire pétrodollar.

Si j'étais Breton, une nouvelle bande noire viendrait se coller à mon drapeau et ce noir serait rouge de colère.

Si j'étais Breton, je me demanderais pourquoi la marine dite nationale doit s'effacer devant les remorqueurs privés qui monnayent la survie de nos côtes et qui la monnayent mal.

Si j'étais Breton, j'aurais l'impression de m'être délibérément fait avoir, comme l'oiseau qui imagine que tout ce qui est bleu est libre.

Et justement, si j'étais Breton …

(Yann Enjen; Si j'étais Breton, 1979)

foutre le camp (pop.) – disparaître

Compréhension et analyse

1. Résumez le poème.
2. Caractérisez l'atmosphère qui domine le poème à l'aide d'adjectifs.
3. Yann Enjen est Breton. Pourquoi répète-t-il la formule «Si j'étais Breton»?
4. Mettez le poème en rapport avec les photos.

Langue et style

L'auteur peint un vrai tableau par des moyens linguistiques (*sprachliche Mittel*). Prouvez-le et parlez des effets des mots et des images qu'il emploie.

Allons plus loin

«Sauvons la vie, sauvons la mer». Trouvez d'autres slogans qui soulignent les problèmes de la pollution des mers.

15 Françoise Giroud: Le Charbonnier est un salaud

Avant de lire

Imaginez les changements dans la vie d'une personne qui, du jour au lendemain, se retrouve au chômage.

un PDG (Président Directeur Général) – *Manager*
un libellé – une formule
l'intéressé (m) – *der Betroffene*
décelable – qui peut être trouvé
remuer ciel et terre – *Himmel und Hölle in Bewegung setzen*

Dans le courrier électronique de M. Le Charbonnier, PDG de la SCUF, sa secrétaire relevait tous les jours cinq ou six messages portant le même libellé: «*Le Charbonnier est un salaud.*»
Après deux semaines, elle crut devoir en informer l'intéressé.
– Un fou, dit Le Charbonnier. Mais enfin … Trouvez-moi l'origine de ces messages!
Plus facile à dire qu'à faire. Aucune origine n'était décelable. Elle remua ciel, terre et serveur, en vain. Changer d'adresse, lui dit-on, il n'y a rien d'autre à faire.
Le changement fut opéré, entraînant toutes sortes de complications avec les correspondants usuels.

Huit jours plus tard, un nouveau message arrivait sur la machine: *«Le Charbonnier est un salaud, et un imbécile s'il croit qu'il pourra m'échapper.»*

Cette fois, il y avait une adresse d'expéditeur. «Qui êtes-vous? Que me voulez-vous?» répondit Le Charbonnier. Mais, en retour, il reçut ces deux lignes: *«Vous vous trompez d'adresse. Je ne connais pas de Le Charbonnier.»*

Même jeu, le jour suivant, avec un autre expéditeur, et le jour suivant, et le jour suivant ... Le président de la SCUF se mit à avoir peur. Se pouvait-il qu'une bande se fût liguée contre lui? Mais dans quel but?

Il fit installer des systèmes de sécurité renforcée autour de son bureau et de son domicile, engagea un garde du corps et saisit la police. Laquelle se déclara impuissante. Un e-mail n'est pas un délit; on ne lui adressait aucune menace.

Parce que Le Charbonnier avait des relations, il obtint qu'une enquête fût menée chez chacun des expéditeurs repérés. Il se confirma qu'aucun n'avait eu la moindre relation avec un Le Charbonnier, et que tous niaient lui avoir écrit.

Pendant ce temps-là, le persécuteur persévérait, variant parfois sa formule: *«Le Charbonnier est une crapule ...» «Le Charbonnier est un con dangereux ...»*

Le Charbonnier en était malade.

Qui était le persécuteur? C'était une longue histoire, que je vais faire courte. Il s'appelait Romuald. A quarante-cinq ans, il était bien inséré dans une vie professionnelle satisfaisante et une vie privée harmonieuse lorsque, à la suite d'une fusion d'entreprises, il avait été licencié. Ce fut pour lui un choc, tant il s'y attendait peu malgré les rumeurs. Ingénieur électronicien, on le tenait pour l'un des meilleurs éléments de l'entreprise. C'est le nouveau président de la SCUF, Noël Le Charbonnier, qui l'avait exécuté, ajoutant:

– Il nous faut des jeunes ... et même des très jeunes! Les techniques galopent. L'expérience, aujourd'hui, ce n'est plus une valeur ...

Romuald avait failli l'injurier mais s'était contenu. Il lui fallait négocier ses indemnités.

Sans travail, il n'était pas à la rue, sa femme était fonctionnaire, régulièrement salariée, ils n'avaient pas de dettes et, grâce à sa qualification, Romuald restait persuadé qu'il se recaserait sans peine. Ses références étaient solides. [...]

Pendant six mois, Romuald a fait tout ce que peut et doit faire un cadre qualifié qui cherche un emploi. [...]

Un soir, plaisantant, il a dit à sa femme qui semblait découragée:

– Je crois que je vais me faire dépanneur d'ordinateurs. On en manque!

– Mais ils ont tous vingt ans! s'est-elle écriée avant de se mordre les lèvres.

– Eh bien, je serai un vieux dépanneur d'ordinateurs!

l'expéditeur (m) – celui qui envoie une lettre, un e-mail / courriel

repérer – trouver

persévérer – ne pas abandonner

une crapule – un bandit, une personne malhonnête

un con (vulg.) – un idiot

licencier – renvoyer, mettre à la porte

une rumeur – *Gerücht*

il avait failli l'injurier – *er hätte ihn beinahe beschimpft*

se contenir – se retenir

une indemnité – *Abfindung*

se recaser – ici: trouver à nouveau du travail

un cadre – *hier: leitender Angestellter*

mordre – *beißen*

Et il a ri.
– Tu n'es pas drôle, a-t-elle répondu.

dépouiller le courrier – examiner le courrier avec grande attention
les obsèques (f) – enterrement, funérailles
afficher – ici: montrer, présenter
s'ébrécher – *hier: zusammenbrechen*

Le matin, Romuald dépouille le courrier. Des factures et de la publicité qui le mettent en rage. Non, il ne veut pas d'un dictionnaire en douze volumes, ni d'une assurance obsèques, ni d'un abonnement au magazine de l'homme moderne! Il sort pour aller acheter les journaux, trois ou quatre qu'il lit jusqu'à la dernière offre d'emploi. [...] L'humeur égale qu'il s'efforce néanmoins d'afficher s'est ébréchée le jour où l'un de ses fils s'est montré insolent. Il avait négligé de se raser:
– T'as l'air d'un chômeur, a dit l'enfant; d'ailleurs, c'est pas étonnant, vu que tu l'es!

courroucé,e – très en colère
tirer sa flemme (pop.) – ne pas faire grand-chose
une gifle – *Ohrfeige*
cesser de – arrêter de
abuser de – consommer de façon excessive

– Tais-toi! a dit la mère, courroucée. Tu vois bien que ton père est fatigué.
– Fatigué à quoi? Il tire sa flemme toute la journée.
La gifle est partie, sèche, mais le mal était fait. Romuald a honte devant sa femme qui assume le poids du ménage et il se demande combien de temps encore elle lui gardera estime et tendresse. Il a tort: elle l'aime. L'ennui est qu'il ne peut plus y croire et qu'il ne cesse de la provoquer pour que lui échappent les paroles désagréables qu'il croit mériter. Mais il réussit seulement à la faire pleurer. Alors il se traite de salaud, de nul, d'incapable, de mauvais père, de mauvais mari, et il se verse un nouveau verre de vin rouge dont il commence à abuser.

une boîte (pop.) – une entreprise
bouffer (pop.) – manger
faucher (pop.) – voler
une voix étranglée – une voix très faible

Un jour, le téléphone a sonné. C'était un vieux copain qui avait monté sa propre boîte d'informatique:
– Tu es toujours dans la merde? Viens me voir.
Romuald accourut, rasé de près.
– C'est pas glorieux, je te préviens, a expliqué l'autre; mais enfin, c'est de quoi bouffer tous les jours. J'ai une équipe de quatre petits gars qui vont dépanner les ordinateurs à domicile. Il y a une de ces demandes, tu ne croiras pas, depuis Internet! Un de mes gars vient de me quitter, le meilleur, fauché par un concurrent qui paie davantage. Si tu veux la place, elle est à toi. C'est facile: il faut être poli avec la clientèle, pas traiter de cons les utilisateurs qui te font revenir pour la troisième fois parce qu'ils ont oublié ce que tu leur as montré ... Tu le veux, le job, ou tu ne le veux pas? Si tu le veux, il y a quelqu'un qui attend cet après-midi qu'on vienne mettre de la mémoire dans son Mac!
– Je prends, a répondu Romuald, la voix un peu étranglée, je prends tout de suite.
– OK. Voici l'adresse où on t'attend. Le carnet de factures. Tu fais payer immédiatement: 250 francs pour le déplacement d'une heure, la moitié sera pour toi, et tu reviens après pour avoir le programme de la semaine. Allez, courage, mon vieux, c'est la chance qui revient!

Romuald est rentré chez lui à pied […] en pensant à sa femme.

Le soir, quand elle est rentrée, à peine a-t-elle glissé la clé dans la serrure qu'il a lancé:

– J'ai trouvé du travail! …

Elle lui a sauté au cou:

– Où ça?

– Chez un ami d'autrefois … C'est mal payé, mais, en attendant …

Elle pleurait, l'embrassait, lui caressait le visage.

– Où sont les enfants? a-t-il dit pour cacher son émotion.

– A traîner chez un copain, comme d'habitude.

– Oui, eh bien, c'est fini, je les veux ici à 6 heures, tous les jours!

Romuald a rétabli son autorité.

Mais, hors de chez lui, c'est un homme humilié qui court de client en client, d'ordinateur en ordinateur pour corriger les erreurs de manipulation d'utilisateurs ignorants.

achever – terminer

Alors, partout où il passe, quand il a achevé ce qu'on attendait de lui, il envoie un *e-mail*:

«Le Charbonnier, président de la SCUF, est un salaud.»

Faible vengeance! Mais, au moins, il sait qu'il lui empoisonne la vie.

(Dans: Françoise Giroud: *Histoires (presque) vraies*, Fayard, Paris 2000, pp. 131–137; texte abrégé)

Compréhension

1. Dégagez la structure du récit. Puis résumez chaque partie en trois à quatre phrases.

2. Décrivez dans quelle mesure Romuald a changé après avoir été licencié.

3. Expliquez la dernière phrase.

Analyse

Comparez la souffrance de Le Charbonnier avec celle de Romuald.

Commentaire

‹L'expérience, aujourd'hui, ce n'est plus une valeur.› (44)
Décrivez l'attitude qui est à l'origine de cette citation. Puis, donnez votre opinion.

Travail d'écriture

1. ‹Romuald avait failli l'injurier mais s'était contenu.› (45)
Supposez que Romuald ne se contienne pas devant son chef. Ecrivez le dialogue entre les deux hommes dans le bureau de Le Charbonnier.

2. Le soir de son licenciement, Romuald rentre chez lui et annonce la nouvelle à sa femme et à ses enfants. Imaginez cette scène.

Vous pouvez aussi jouer les deux scènes en classe.

Langue et style

1. En partant du texte, établissez un champ sémantique autour des termes ‹travail› et ‹chômage›.

2. Mettez-vous à la place de Romuald (51/52): «Pendant six mois, Romuald a fait tout ce que peut et doit faire un cadre qualifié qui cherche un emploi.» Rédigez une lettre de candidature.

Un peu de méthode

Donner son avis dans une discussion

Vous voulez commencer une discussion ou y participer, et donner aux autres votre avis.

Comment exprimer votre point de vue?

Vous pouvez dire, par exemple:

Moi, personnellement, je pense que …
Pour ma part, il me semble que …
A mon avis, il faut …
Je suis sûr(e), certain(e), convaincu(e), persuadé(e) que …
Il est probable (improbable) que … + subjonctif
Il est possible (impossible) que … + subjonctif

Comment admettre que la personne avec qui vous discutez peut avoir raison sur certains points, mais la contredire sur d'autres?

Vous pouvez dire, par exemple:

C'est vrai.	Mais (quand même) …
C'est exact.	N'empêche que …
C'est incontestable.	Cependant, …
D'accord avec toi (vous) sur ce point.	Pourtant, …

Comment protester, car vous êtes sûr(e) d'avoir raison?

Vous pouvez dire, par exemple:

Jamais de la vie! Bien au contraire. C'est faux. Ce n'est pas vrai. Mais absolument pas!	très fort
Je regrette, mais … Ce n'est pas cela. Tu vas (vous allez) trop loin.	moins fort

Comment essayer de persuader les autres?

Vous pouvez dire, par exemple:

Tu crois (vous croyez) vraiment que …? + subjonctif
Tu sais (vous savez) bien que …
Tout le monde sait que …
Tu n'ignores (vous n'ignorez) quand même pas que …
Je peux te (vous) dire ceci:
Je vais te (vous) dire une chose:
Il ne faut pas oublier que …
Il faut garder à l'esprit que …

Chapitre 4 Aspects de la vie culturelle

1 Jérôme Clément: La culture expliquée à ma fille ou: Qu'est-ce qu'une œuvre d'art?

Avant de lire Informez-vous sur un des artistes présentés dans les illustrations accompagnant ce texte. Préparez un petit exposé sur l'artiste et son œuvre.

Pierre-Auguste Renoir: Le déjeuner des canotiers

Paul Cézanne: La Montagne Sainte-Victoire

Edgar Degas: Danseuse sur la scène

Claude Monet: Le bateau-atelier

Auguste Rodin: Le penseur

Camille Pissarro: L’Avenue de l’Opéra

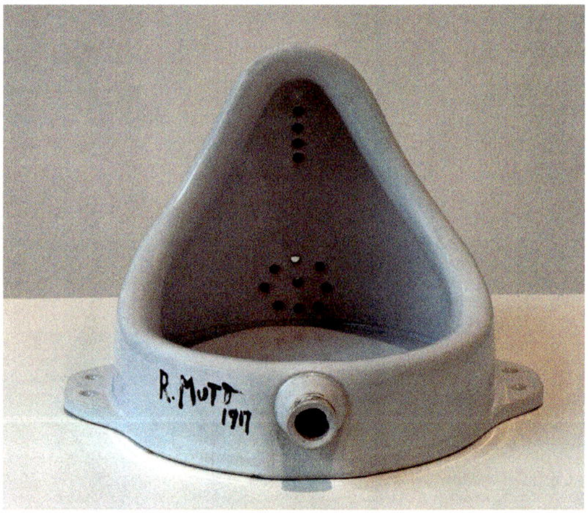

Marcel Duchamp: Fontaine (Urinoir)

Andy Warhol: Marilyn

Christo: Le Reichstag

Frank Gehry: Guggenheim Bilbao

Voilà quelques extraits du dialogue entre Jérôme Clément et sa fille:

imprégner – pénétrer profondément, *hier: prägen*

susciter – faire naître, causer

– Pour moi, cela ne veut pas dire grand-chose, la Culture française …
– Tu ne t'en rends peut-être pas compte, mais le fait que tu sois née en France t'imprègne de l'histoire de ton pays, de la façon dont vivent les Français, de la variété de ses paysages et de son climat. Les fromages, le vin, la cuisine, la baguette de pain sont représentatifs d'un art de vivre bien français. Mais il y a aussi l'architecture: la religion catholique, très majoritaire en France, a suscité la construction d'églises et de cathédrales, avec leurs clochers qui structurent notre paysage. Autant que les monuments aux morts qui rappellent que chaque village a contribué aux guerres, dont tous les Français cultivent la mémoire.
Etymologiquement, la culture, c'est la culture de la terre. Tout commence par là. Il faut rendre la terre productrice pour se nourrir. La culture de la terre, c'est exactement comme la culture de l'esprit. Ce que tu apprends à l'école, c'est ce qu'on appelle la culture générale.

Camille Claudel – sculpteur, collaboratrice et maîtresse de Rodin

déranger – *stören, unbequem sein*

– Papa, qu'est-ce qu'une «œuvre d'art»?
– Ça, c'est la pire des questions! Chaque artiste se la pose, et personne aujourd'hui n'est capable d'y répondre.
– Bon. Mais qui sont ces «autorités» qui reconnaissent le peintre?
– D'abord, il y a l'institution officielle, c'est-à-dire les musées. Par exemple, au XVIIIe et au XIXe siècle, il y avait les salons officiels où l'on achetait, ou pas, des œuvres de peintres selon qu'ils répondaient, ou non, aux critères esthétiques de l'époque. Et tous les impressionnistes, en tout cas la plupart d'entre eux, ainsi que les sculpteurs, comme Rodin ou Camille Claudel, ne rentraient pas dans cette catégorie. Les musées achetaient des peintures très académiques, jamais la peinture des nouveaux peintres, ceux qui sont considérés aujourd'hui comme des peintres particulièrement remarquables.
Ensuite, deuxième «autorité», le marché: il faut un acheteur et un vendeur. Il n'y en a pas toujours. Beaucoup de peintres dérangent, parce qu'ils ne répondent pas aux critères de l'orthodoxie du mo-

défaire – ici: détruire
sacraliser – rendre sacré
être en déclin – devenir moins fort, moins important
considérable – ici: très élevé
un coup d'éclat – une action mémorable
aligner – ranger dans une ligne
une enfilade – une série
une sérigraphie – *Siebdruck*
interpeller – ici: attirer
capter – *hier: einfangen, fesseln*
emballer – *verpacken*
considérable – ici: très important
contester – refuser de reconnaître, remettre en question
révéler – montrer ce qui était caché
l'inconscient (m) – *das Unbewusste*
forcément – *unbedingt*

ment. Ils ne sont pas reconnus et donc pas achetés. Et puis, enfin, en troisième lieu, il y a les critiques. On dirait aujourd'hui les critiques et les «médias», la presse, tous ceux qui jouent un rôle dans le milieu artistique et font, ou défont, la réputation d'un peintre.
D'une certaine façon, le musée sacralise l'artiste. Ce sont les cathédrales des Temps modernes. Les musées sont l'objet de l'attention particulière des architectes et des gouvernements. Bilbao était une ville industrielle en déclin dans laquelle il y avait un chômage considérable; les usines ont fermé les unes après les autres, et il y avait ce terrain abandonné sur le port, au centre de la ville, et c'est justement là que les autorités locales ont voulu faire un coup d'éclat. La ville a convaincu la Fondation Guggenheim de s'y installer, pour créer un effet de contraste, et l'architecte américain Frank Gehry a conçu ce bâtiment.
– En tout cas, c'est mieux que des salles alignées les unes après les autres, avec des enfilades de tableaux. Au bout de trois ou quatre salles, moi, je n'en peux plus.
– Et parmi les tableaux, lesquels t'ont plu?
– J'ai beaucoup aimé un grand tableau, je crois que c'était d'Andy Warhol, où il y avait la photo de Marilyn Monrœ reproduite à beaucoup d'exemplaires.
– Oui, c'est très caractéristique de notre époque: le peintre choisit un objet ou un visage connu et le reproduit à de très nombreux exemplaires par sérigraphie, en le sortant de son contexte ordinaire. Il le donne à voir. C'est lui qui décide que c'est une œuvre d'art. Un peu comme Marcel Duchamp avec son urinoir, ou d'autres artistes qui prennent n'importe quel objet du quotidien et décident aujourd'hui que c'est une œuvre d'art.
– Oui, mais moi, je ne trouve pas ça beau!
– Qui a dit que l'œuvre d'art devait montrer le beau? L'œuvre d'art doit-elle être belle ou donner à penser? C'est une interrogation fondamentale sur l'art d'aujourd'hui.
L'œuvre d'art est celle qui fait réfléchir, qui interpelle le regard et qui, en captant le regard du visiteur, le conduit à se poser des questions auxquelles il n'aurait pas pensé. Tu connais Christo?
En Allemagne, quand il a emballé le Reichstag, cela a été un événement considérable, parce que le Reichstag est un lieu symbolique.
En l'emballant comme un objet, il l'a désacralisé. Il a accompli un acte artistique majeur, qui a été très contesté, mais qui a été extrêmement important dans la société allemande. Plus d'un million de personnes sont venues le voir; son acte a eu pour conséquence de changer le regard des Allemands sur le Reichstag, et de lui donner une autre signification dans le Berlin d'aujourd'hui.
L'artiste est celui qui révèle l'inconscient d'une société, ce qui est caché, ce à quoi on n'aurait pas forcément pensé sans lui. Quand je demande, par exemple à Cueco, le peintre, notre ami, quelle est sa définition de l'artiste aujourd'hui, il répond: «Est artiste celui qui se considère comme tel.» «Est œuvre d'art ce que l'autoproclamé artiste

reconnaît comme telle et signe.» Évidemment, c'est une définition très large, et l'œuvre d'art, c'est ce que l'artiste définit comme œuvre d'art.

(Jérôme Clément: *La culture expliquée à ma fille*, Editions du Seuil, Paris 2000, extraits pp. 11, 62, 66, 69, 70, 73, 74)

Compréhension, analyse et commentaire

1. Traduisez: la culture française
la culture de la terre
la culture générale

2. Quels éléments qui font partie de la culture d'un peuple sont mentionnés dans le texte (1–11)? Ajoutez d'autres éléments qui, d'après vous, sont importants.

3. Expliquez pourquoi les œuvres des impressionnistes n'étaient achetées que rarement au XIXe siècle.

4. Indiquez le rôle des trois «autorités» qui font ou défont la réputation d'un artiste.

5. Analysez les phrases:
a) «Les musées sont les cathédrales des Temps modernes» (36/37).
b) «L'œuvre d'art, c'est ce que l'artiste définit comme œuvre d'art» (80/81). Citez des exemples du texte.

6. Expliquez le succès énorme du «Reichstag emballé» de Christo.

7. Discutez: «L'œuvre d'art doit-elle être belle ou donner à penser?» (60/61)

Langue et style

Trouvez les pronoms relatifs et démonstratifs:

– Papa, tu peux m'expliquer (1) l'expression «la culture générale» veut dire?
– C'est tout (2) tu apprends à l'école, même les mathématiques (3) tu te plains si souvent.
– Et une œuvre d'art, qu'est-ce que c'est?
– C'est une question (4) chaque artiste se pose et (5) personne ne peut répondre.
– Au XIXe siècle, il y avait les salons officiels (6) on achetait des œuvres d'art, mais jamais (7) des nouveaux peintres, (8) qui sont considérés aujourd'hui comme les plus remarquables.
– Dans les salons, on avait des critères esthétiques (9) les impressionnistes ne répondaient pas.
– Aujourd'hui ce sont souvent les médias (10) font ou défont la réputation d'un peintre.
– Les autorités de la ville, au centre (11) il y avait le terrain abandonné sur le port, ont convaincu la Fondation Guggenheim d'y installer un musée (12) l'architecte Gehry a conçu.
– Lequel de ces deux tableaux te plaît? – J'aime (13) d'Andy Warhol.

Allons plus loin

Travail d'écriture: Présentez une œuvre d'art, décrivez-la et expliquez pourquoi elle vous plaît ou pas.

2 Yasmina Reza: Art

Avant de lire

Cherchez dans votre dictionnaire les équivalents français de ces mots et expressions:
Bühnenautor, Schauspiel, Schauspieler/in, die Szene spielt in ..., Regie, Regisseur, Bühne, Bühnenbild, Bühnenanweisungen, Zuschauer, Zuschauerraum

«Art» de Yasmina Reza a été créée le 28 octobre 1994 à la Comédie des Champs-Elysées (Paris).

Personnages
Marc
Serge
Yvan

Le salon d'un appartement. Un seul décor.
Le plus dépouillé, le plus neutre possible.
Les scènes se déroulent successivement chez Serge, Yvan et Marc.
Rien ne change, sauf l'œuvre de peinture exposée.

dépouillé – sans ornements
successivement – l'un(e) après l'autre, tour à tour

Marc, seul.

Marc. Mon ami Serge a acheté un tableau.
C'est une toile d'environ un mètre soixante sur un mètre vingt, peinte en blanc. Le fond est blanc et si on cligne des yeux, on peut apercevoir de fins liserés blancs transversaux.
Mon ami Serge est un ami depuis longtemps.
C'est un garçon qui a bien réussi, il est médecin dermatologue et il aime *l'art*.
Lundi, je suis allé voir le tableau que Serge avait acquis samedi mais qu'il convoitait depuis plusieurs mois.
Un tableau blanc, avec des liserés blancs.

une toile – ici: tissu sur lequel on peint
cligner des yeux – *blinzeln*
un liseré – ligne fine
transversal – qui traverse une chose dans sa plus grande dimension
acquérir – acheter
convoiter – désirer beaucoup

...

Chez Serge.

Posée à même le sol, une toile blanche, avec de fins liserés blancs transversaux:
Serge regarde, réjoui, son tableau.
Marc regarde le tableau.
Serge regarde Marc qui regarde le tableau.
Un long temps où tous les sentiments se traduisent sans mot.

à même le sol – directement par terre
réjoui – plein de joie

Marc. Cher?
Serge. Deux cent mille.
Marc. Deux cent mille? ...
Serge. Handtington me le reprend à vingt-deux.
Marc. Qui est-ce?
Serge. Handtington?!
Marc. Connais pas.

deux cent mille francs – environ trente mille euros
vingt-deux – ici: 220 000 francs

des particuliers – *Privatpersonen*

Serge. Handtington! La galerie Handtington!
Marc. La galerie Handtington te le reprend à vingt-deux? ...
Serge. Non, pas la galerie. Lui. Handtington lui-même. Pour lui.
Marc. Et pourquoi ce n'est pas Handtington qui l'a acheté?
Serge. Parce que tous ces gens ont intérêt à vendre à des particuliers. Il faut que le marché circule.
Marc. Ouais ...
Serge. Alors?
Marc. ...
Serge. Tu n'es pas bien là. Regarde-le d'ici. Tu aperçois les lignes?
Marc. Comment s'appelle le ...
Serge. Peintre. Antrios.
Marc. Connu?
Serge. Très. Très!

Un temps

Marc. Serge, tu n'as pas acheté ce tableau deux cent mille francs?
Serge. Mais mon vieux, c'est le prix. C'est un ANTRIOS!
Marc. Tu n'as pas acheté ce tableau deux cent mille francs!
Serge. J'étais sûr que tu passerais à côté.
Marc. Tu as acheté cette merde deux cent mille francs?!

...

Serge, comme seul.

une vanité – *Eitelkeit*

un adepte – partisan d'une doctrine (*Anhänger*)
stupéfiant – très frappant (*verblüffend*)

Serge. Mon ami Marc, qui est un garçon intelligent, garçon que j'estime depuis longtemps, belle situation, ingénieur dans l'aéronautique, fait partie de ces intellectuels, nouveaux, qui, non contents d'être ennemis de la modernité, en tirent une vanité incompréhensible.
Il y a depuis peu, chez l'adepte du bon vieux temps, une arrogance vraiment stupéfiante.

...

Les mêmes.
Même endroit.
Même tableau.

prodigieux – merveilleux, extraordinaire

Serge. *(après un temps)* ... Comment peux-tu dire «cette merde»?
Marc. Serge, un peu d'humour! Ris! ... Ris, vieux, c'est prodigieux que tu aies acheté ce tableau!

le marbre – *Marmor*

Marc rit.
Serge reste de marbre.

Serge. Que tu trouves cet achat prodigieux tant mieux, que ça te fasse rire, bon, mais je voudrais savoir ce que tu entends par «cette merde».

Compréhension et analyse

1. Résumez ces premières scènes de la pièce.
2. Caractérisez les deux amis et leur relation. Dites pourquoi vous les trouvez sympathiques ou non.
3. Analysez les indications scéniques, les monologues et les dialogues:
   Indications scéniques
   Quelle est leur fonction? Où y a-t-il des silences? Interprétez-les.
   Monologues
   Quelle est leur fonction? En quoi se distinguent-ils entre eux?
   Dialogues
   Quel est le ton qui y règne? Analysez les dialogues en interprétant aussi les répétitions et la ponctuation (points d'exclamation, points d'interrogation, points de suspension).
4. A quels moments croyez-vous que les spectateurs rient? Pourquoi?

Langue et style

1. Expliquez pourquoi la terminaison féminine a été employée dans la phrase: «Art» … a été créée …
2. Exprimez avec vos propres mots:
   tous les sentiments se traduisent sans mot (22)
   tu n'es pas bien là (39)
   j'étais sûr que tu passerais à côté (49)
   Serge reste de marbre (66)
3. Caractérisez le style des dialogues.

Allons plus loin

1. Jouez les scènes.
2. Imaginez la suite. Si vous connaissez la pièce, présentez-la à vos camarades.
3. «L'art moderne, c'est souvent de la charlatanerie.» Discutez.

CD

3 Daniel Balavoine: Le chanteur

Avant de lire

Quand quelqu'un décide de devenir artiste, et plus particulièrement chanteur, de quoi rêve-t-il?

Je m'présente, je m'appelle Henri
J'voudrais bien réussir ma vie, être aimé
Etre beau, gagner de l'argent
Puis surtout être intelligent
Mais pour tout ça il faudrait que j'bosse à plein temps

bosser (pop.) – travailler

J'suis chanteur, je chante pour mes copains
J'veux faire des tubes et que ça tourne bien, tourne bien
J'veux écrire une chanson dans le vent
Un air gai, chic et entraînant
Pour faire danser dans les soirées de Monsieur Durand

un tube – une chanson à succès
tourner bien – se vendre bien
dans le vent – à succès
Durand – *entspricht Müller, Durchschnittsname*

(Refrain)
Et partout dans la rue
J'veux qu'on parle de moi
Que les filles soient nues
Qu'elles se jettent sur moi
Qu'elles m'admirent, qu'elles me tuent
Qu'elles s'arrachent ma vertu

arracher ma vertu – se battre pour avoir des relations intimes avec moi

Pour les anciennes de l'école
Devenir une idole
J'veux que toutes les nuits
Essoufflées dans leurs lits
Elles trompent leurs maris
Dans leurs rêves maudits

maudit,e – *verdammt, verflucht*

Puis après je f'rai des galas
Mon public se prosternera devant moi
Des concerts de cent mille personnes
Où même le tout-Paris s'étonne
Et se lève pour prolonger le combat

se prosterner – *sich zu Füßen werfen*

Et partout dans la rue
J'veux qu'on parle de moi
Que les filles soient nues
Qu'elles se jettent sur moi
Qu'elles m'admirent, qu'elles me tuent
Qu'elles s'arrachent ma vertu

Puis quand j'en aurai assez
De rester leur idole
Je remont'rai sur scène
Comme dans les années folles
Je f'rai pleurer mes yeux
Je ferai mes adieux

Et puis l'année d'après
Je recommencerai
Et puis l'année d'après
Je recommencerai
Je me prostituerai
Pour la postérité

la postérité – les générations futures

Les nouvelles de l'école
Diront que j'suis pédé
Que mes yeux puent l'alcool
Que j'frais bien d'arrêter
Brûleront mon auréole
Saliront mon passé

un pédé (pop.) – un homosexuel

une auréole – *Heiligenschein*

salir – rendre sale

crever (pop.) – mourir

Alors je serai vieux
Et je pourrai crever
Je me cherch'rai un Dieu
Pour tout me pardonner
J'veux mourir malheureux
Pour ne rien regretter
J'veux mourir malheureux

Compréhension et analyse

1. Résumez la carrière d'un chanteur, telle qu'elle est décrite dans la chanson.
2. A votre avis, pourquoi Henri établit-il un parallèle entre l'activité d'un chanteur et celle d'une prostituée?
3. Expliquez pourquoi le chanteur éprouve le besoin de trouver un dieu à la fin de ses jours.

Travail d'écriture

1. En gardant à l'esprit que l'auteur et l'interprète de la chanson s'appelle Daniel, et pas Henri, à votre avis, quelle est la définition du chanteur idéal selon Daniel Balavoine?
2. Rédigez une lettre de fans.
3. Rédigez une interview dans laquelle un chanteur fournit les raisons qui l'ont poussé à devenir chanteur.

Langue et style

Dites dans quelle mesure la musique et la hauteur de la voix de l'interprète sont en accord ou contrastent avec les paroles de la chanson.

Daniel Balavoine (5 février 1952–14 janvier 1986)
Il était auteur, compositeur et interprète, et ce qu'on appelle un chanteur engagé. Comme tout autre citoyen, il avait des convictions qu'il pensait être de son devoir de rendre publiques et de défendre à travers ses chansons.
Pour lui, un chanteur ne devait pas uniquement divertir. Tel le poète, il avait un devoir politique (d'éducation du peuple).
Il se voulait le porte-parole de la jeunesse et n'a pas hésité à prendre à parti le futur président de la République (François Mitterrand) lors d'une émission télévisée.
Il a dénoncé dans ses chansons, entre autres, la guerre, l'injustice, le racisme, la faim dans le monde, l'absence de reconnaissance des pères lors d'un divorce. Il a prôné la tolérance, l'amour de son prochain. *Le chanteur* est son plus grand succès.
Il est mort dans un accident d'hélicoptère lors du Paris Dakar de 1986.

4 ARTE – La chaîne culturelle européenne

ARTE – abréviation pour Association Relative à la Télévision Europénne

Avant de lire

1. Présentez une chaîne de télévision que vous connaissez. Dites pourquoi vous l'aimez ou pas.
2. Parlez d'une émission qui vous plaît particulièrement.

rimer avec – signifier, correspondre à
un autel – table où se célèbre la messe, table pour les sacrifices
l'audimat (m) – système permettant de mesurer l'audience des diverses chaînes de télévision
un témoignage – rapport d'un ou de plusieurs témoins sur un fait
persévérer – poursuivre les efforts
épuiser – utiliser jusqu'au bout
inciter – encourager
miser sur – compter sur, p. ex.: miser sur le rouge à la roulette
être soucieux,se de – se préoccuper de
une incompatibilité – accord impossible

arte est née à une époque où télévision rime de plus en plus avec commercialisation, où la qualité des programmes est souvent sacrifiée sur l'autel de l'audimat. La chaîne est parvenue à prouver que la télévision ne saurait se contenter de satisfaire des instincts, mais toucher aussi bien le cœur que la raison. Les nombreux témoignages enthousiastes des milieux culturels, de la presse et du public nous engagent à persévérer dans la direction choisie. Le succès croissant des programmes d'ARTE – qui n'ont pas pour autant épuisé leur potentiel d'audience – nous incite à ne pas relâcher nos efforts, à améliorer sans cesse la qualité des programmes pour asseoir définitivement la chaîne dans le paysage audiovisuel européen. Nous voulons miser sur la multitude de celles et ceux qui regardent la télévision non seulement pour se changer les idées, mais aussi pour élargir leur horizon culturel, et qui, loin de battre en retraite devant le multilinguisme, s'intéressent aux opinions qui dépassent les frontières. Si ces téléspectateurs forment la richesse d'ARTE, elle reste soucieuse de montrer qu'il n'y a pas d'incompatibilité entre le besoin naturel de se divertir et la qualité des programmes. *Jerôme Clément, Président*

ARTE offre à ses spectateurs un **kaléidoscope** de programmes. Sept genres se distinguent: Soirées thématiques, documentaires, cinéma, téléfilms, spectacles, information et magazines d'actualité culturelle.

un angle – ici: aspect

① Soirées thématiques

proposent aux spectateurs des sujets divers qu'ils peuvent voir et étudier sous des perspectives différentes. Un sujet se présente sous beaucoup d'angles. Exemple: «Montagnes magiques, montagnes mythiques» offrent toute une gamme de vues de la montagne.

② Information

L'information chez ARTE déborde les frontières nationales. L'aspect international est mis en scène par des journalistes du monde entier. Ils s'adressent à des téléspectateurs cosmopolites qui se gardent des banalités d'un esprit de clocher.

une fiction – invention de l'imagination (par exemple un roman)

③ Fiction

Des téléfilms et des séries ont pour but des thèmes actuels et tiennent compte d'un public exigeant et éclairé qui veut connaître et comprendre le monde moderne par la raison et le cœur. Pour ARTE aucun thème n'est tabou, ni les méthodes douteuses de la presse à scandales, ni l'homosexualité d'un juge réputé pour ses sentences terribles.

④ Spectacle

alternativement – tour à tour

Musique, théâtre, danse sont offerts chez ARTE alternativement dans une grande variété de formes et de fonds. Etre aux premières loges pour le rendez-vous au spectacle est la devise pour tous.

⑤ Documentaires

un ouragan – une tempête

Les documentaires s'opposent aux films de fiction, ils présentent le monde tel qu'il était et tel qu'il est, p. ex.:
Comment prévoir les conséquences pour l'environnement des dommages causés par des ouragans?
Le documentaire ne répond pas seulement aux questions posées par le téléspectateur curieux, mais fait aussi renaître Pompéi de ses cendres ou il révèle toutes les fonctions de la main humaine.

Résumons: ARTE fait la différence et se distingue par l'originalité de ses programmes et de son intention sincère de rendre la culture accessible à tout le monde dans des langues et dialectes différents.

(ARTE – La Chaîne Culturelle Européenne, Service téléspectateurs, Strasbourg 1998)

Compréhension et analyse

Texte:

1. Quels sont les objectifs de la Chaîne Culturelle Européenne ARTE?
2. Quel type de téléspectateur veut-elle attirer?
3. Quel est son souci principal?

Kaléidoscope:

1. Quel est le but des soirées thématiques?
2. En quoi l'information sur ARTE se distingue-t-elle?
3. Quels sont les traits caractéristiques de la fiction chez ARTE?
4. Que veut dire «aux premières loges»?

Langue et style

1. Traduisez les lignes 8–16.
2. Expliquez: un téléspectateur cosmopolite (②)
   un esprit de clocher (②)
   par la raison et le cœur (③)
   la devise (④)
3. Trouvez des substantifs et des adjectifs dont le pluriel du masculin se termine en -aux:
   Exemple: musical – musicaux

Allons plus loin

Choisissez une émission de ARTE, regardez-la et présentez-la à vos camarades. Ecrivez une critique de cette émission.

5 Le film «Paris, je t'aime»

Avant de lire

1. Remue-méninges: La ville de Paris – à quoi vous fait-elle penser?
2. Pour en savoir plus sur l'évolution de la ville de Paris: Mettez les événements dans le bon ordre.
   (A) La Tour Eiffel est érigée – (B) En 1900, Paris compte à peu près 2 700 000 habitants – (C) Au cours de la Révolution, beaucoup d'abbayes et d'églises sont détruites – (D) Des pêcheurs de la tribu des «Parisii» s'installent sur l'île de la cité – (E) Les Romains conquièrent la ville et l'appellent «Lutetia» – (F) Sur la rive droite se développent le commerce et l'artisanat, la rive gauche devient le centre intellectuel – (G) Attila envahit l'est de la France, mais épargne Paris (selon la légende, c'est Sainte Geneviève, future patronne de Paris, qui sauve la ville) – (H) En 1253, la Sorbonne est fondée – (I) Henri IV aménage la Place Royale (Place des Vosges) – (J) Louis XIV fait construire l'Hôtel des Invalides et aménager la Place Vendôme et la Place des Victoires, mais tourne le dos à la capitale en s'installant à Versailles – (K) Napoléon III confie au baron Haussmann la modernisation de Paris, celui-ci fait disparaître le Paris médiéval – (L) A partir de 1860, plusieurs communes sont annexées, p. ex. Montmartre, La Villette, Bercy ... – (M) La population urbaine augmente constamment, suite à l'exode rural – (N) Napoléon essaie d'embellir la ville et fait construire plusieurs ponts – (O) Le métro est inauguré – (P) Le général von Choltitz s'oppose à l'ordre de Hitler de détruire Paris – (Q) Au Xe siècle, Clovis fait de Paris la capitale du royaume franc – (R) A l'occasion

du Bicentenaire de la Révolution française, François Mitterrand réalise des projets architecturaux importants.

3. Lisez le passage informatif suivant sur les arrondissements parisiens:
La ville de Paris compte 20 arrondissements. Ces arrondissements sont divisés à leur tour en quartiers. Chaque arrondissement a son caractère typique, selon les activités économiques qu'on y trouve ou les couches sociales. Chaque arrondissement parisien possède l'infrastructure d'une ville de province, on y trouve des marchés, des bistrots, des cinémas, des magasins de toute sorte, des églises, des écoles, des piscines et des terrains de sport, bref, chaque arrondissement est un monde à soi. Il y a même des Parisiens d'un certain âge qui racontent qu'ils n'ont jamais de leur vie quitté «leur» arrondissement.

incarner – représenter
la démesure – l'excès (m), l'exagération (f)
fort de ce constat – *bestärkt durch diese Feststellung*
le cahier des charges – ici: les conditions
un défi – *Herausforderung*
inédit,e – pas encore édité; nouveau; original
un témoin – *Zeuge*
passager,ère – court; temporaire
mimé,e – *pantomimisch dargestellt*
malmené,e – maltraité; brutalisé
s'enlacer – se serrer dans les bras, s'embrasser
gothic – *die Gothicszene*
lugubre – triste, sinistre

A chaque ville, son caractère: New York incarne la démesure, Rome la douceur de vivre, et Paris … l'amour! Fort de ce constat, le producteur français Tristan Carné a eu l'idée de faire appel à vingt réalisateurs internationaux pour réaliser une fresque sur le thème de la rencontre amoureuse à Paris. Le cahier des charges imposait à chacun les mêmes contraintes: la durée du tournage (pas plus de deux jours et deux nuits), la longueur du film (pas plus de cinq minutes), et le lieu de l'action (un arrondissement par réalisateur). Raconter en cinq minutes l'histoire d'une rencontre amoureuse dans un quartier de Paris a donc été le défi qu'ont accepté une vingtaine de réalisateurs venus du monde entier avec ***Paris, je t'aime***. Le but de tous ceux qui ont participé à sa mise en œuvre a été de montrer le Paris d'aujourd'hui. De sortir des clichés de carte postale d'une ville musée pour en relever des aspects inédits sur grand écran.

Quartier après quartier, on est témoin d'histoires d'amour passager, voilé, mimé, vampirisé, malmené ou révélé … Un Pari(s) moderne émouvant et drôle, un film plein de vie(s) sur le thème de l'amour. Ici, un couple se déchire; là, un autre s'enlace. Ici, deux vampires s'embrassent dans un Paris «gothic»; là, un immigré reçoit un coup de couteau au milieu de tours lugubres.

A chaque instant, on peut entendre des cœurs qui battent. Tendrement, violemment ou passionnément!

(D'après: *Ecoute* 01/2007, www.ecoute.de, et fr.movies.yahoo.com)

Compréhension

1. Présentez l'idée du producteur Tristan Carné.
2. Relevez dans le texte comment les différents réalisateurs ont réalisé ce projet d'ensemble.

Allons plus loin: idée d'exposé

Choisissez un des courts métrages et présentez-le. Tenez compte des points suivants:
- Faites le résumé du film.
- Relevez les informations sur l'arrondissement dans lequel le film a été tourné. Réfléchissez: l'endroit joue-t-il un rôle ou non pour l'action?
- Dites comment le thème de l'amour y est traité.
- Rédigez une critique de ce film.

6 «Quais de Seine» (deuxième épisode de «Paris, je t'aime»)

Avant de regarder l'épisode

1. Situez le 5ème arrondissement sur le plan de Paris.
   a) Cherchez les quais de la Seine du Square Tino Rossi: Qu'est-ce qu'on peut y voir?
   b) Trouvez les bâtiments suivants: l'Institut du Monde Arabe; la Mosquée de Paris; le Panthéon; deux lycées célèbres; l'institut Curie; la Sorbonne et dites à quoi ils servent.
   c) Renseignez-vous sur le caractère du 5e arrondissement.

Visionnement – compréhension et analyse

1. Regardez la première partie de l'épisode deux fois. Puis décrivez le comportement des jeunes hommes et les réactions des filles qu'ils interpellent.
2. a) Mettez-vous à la place de Zarqua (la jeune fille au foulard) et notez ses pensées concernant le ‹jeu› des garçons.
   b) Mettez-vous à la place de François et formulez ses pensées quand il voit Zarqua et qu'il se rend compte qu'elle les observe.
3. Spéculez sur ce qui va suivre.
4. Regardez la deuxième partie. Résumez-la et comparez la fin avec vos hypothèses.
5. Présentez l'image d'une beurette parisienne et de son grand-père que la réalisatrice a voulu montrer.

Travail d'écriture

Imaginez la suite des relations entre Zarqua et François.
Vous pouvez choisir la forme d'une histoire en prose ou celle d'un scénario.

7 «Loin du 16ème» (cinquième épisode de «Paris, je t'aime»)

Avant de regarder l'épisode

1. Situez le 16ème arrondissement sur le plan de Paris. Où se trouve-t-il?
2. Renseignez-vous sur la réputation de cet arrondissement (population, style d'architecture, ambiance, arrondissements avoisinants).

Visionnement – compréhension et analyse

1. Divisez la séquence en trois grandes parties. Puis résumez l'action.
2. De quelle sorte d'amour s'agit-il dans cet épisode?
3. Caractérisez le personnage principal selon les catégories suivantes:
   - son âge et son apparence physique
   - son origine
   - sa situation sociale (métier ou occupation / logement / statut et couche sociale)
   - sa personnalité
   - ses problèmes
4. Dites par quels moyens le réalisateur arrive à établir un contraste entre les deux femmes (personnage principal et personnage secondaire).
5. Quel est – d'après vous – le message de cet épisode?
6. Expliquez le double sens du titre ‹Loin du 16ème›.
7. Regardez la séquence une deuxième ou troisième fois. Etudiez comment le réalisateur nous fait prendre conscience de la distance.

Travail d'écriture

Dans cette séquence du film, on parle peu.

1. Imaginez ce à quoi la jeune femme pense pendant le trajet dans le bus, le RER et dans le métro.
2. Quand la dame pour laquelle elle travaille lui demande si cela la gêne de rester plus longtemps ce soir-là, elle hésite un peu avant de répondre «Non». Imaginez ses pensées à ce moment-là (style indirect libre ou monologue intérieur).
3. Imaginez la discussion entre elle et la directrice de la crèche quand la jeune mère arrive en retard pour récupérer son fils.

8 «Bastille» (septième épisode de «Paris, je t'aime»)

Il regardait sa femme qui traversait la rue. Elle portait le trench rouge dont elle jurait chaque année de se débarrasser et qu'elle finissait pourtant par ressortir du fond de sa penderie d'une année sur l'autre. Elle agissait comme ça pour tout et c'était justement cette particula-

jurer de faire qc – *schwören, etw. zu tun*
se débarrasser de qc – *etw. loswerden, sich von etwas trennen*
la penderie – *Kleiderschrank*

une pile – *Stapel, hier: Sammlung*

les tourbillons de la vie – *die Stürme des Lebens*
entonner – ici: chanter
une quenelle – spécialité culinaire
l'incongruité (f) – action ou parole déplacée

être sur le point de faire qc – *nahe daran sein, etw. zu tun*
cesser de – arrêter de
se contenter de – ne pas faire plus que

les profiteroles (f) – pâtisserie fourrée de crème
solennel,le – *feierlich, ernst*

fougueux,se – plein de tempérament et de passion

aseptisé,e – ici froid, direct

en un éclair – subitement

réclamer – demander, exiger

insignifiant,e – banal, sans intérêt
la saveur – le goût; ici: la signification
à force de – par le fait de

s'étreindre – *sich verkrampfen*

rité qui l'avait attiré lorsqu'il l'avait rencontrée pour la première fois: les mêmes vêtements portés encore et encore, les grandes piles de rouges à lèvres auxquels elle ne touchait jamais, cette chanson … Les tourbillons de la vie qu'elle entonnait en cuisinant des quenelles faisaient désormais partie d'une vie qui lui semblait étrangère et qu'il projetait d'abandonner entre le plat principal et le dessert.
Il réalisait l'incongruité à la fois étrange et logique de l'endroit qu'il avait choisi pour la quitter. C'était ici-même qu'il s'était rendu compte pour la première fois qu'il ne l'aimait plus.
Lorsqu'elle se mit à sourire, il fut sur le point de lui crier: «Je vais te quitter, cesse donc de sourire!», mais il se contenta de lui offrir un peu de son kir. Ce qui lui portait également sur les nerfs avec sa femme, c'était qu'elle ne commandait jamais de hors-d'œuvre ni de dessert, mais qu'elle mangeait toujours les siens presque en entier. Le pire de tout, c'était qu'il finissait toujours par commander ce qu'elle aimait.
«Je ne sais plus si j'aime vraiment les profiteroles», pensa-t-il d'un air grave et solennel.
Lorsqu'elle se mit à pleurer comme il ne l'avait jamais vue pleurer auparavant, la première chose à laquelle il pensa, c'était qu'elle savait qu'il allait la quitter pour Marie-Christine, l'hôtesse de l'air fougueuse qu'il aimait depuis un an et demi.
«Ça y est» pensa-t-il, «elle le sait. Elle le savait depuis un certain temps, j'aurais dû m'y attendre».
Sans cesser de pleurer, elle sortit des papiers de son sac à main et les lui tendit. Dans une terminologie médicale aseptisé, les papiers décrivaient un cas de leucémie en phase terminale.
En un éclair, la raison de ce repas s'envola de son esprit et une étrange voix métallique commença à lui dire: «Il faudra être à la hauteur des circonstances».
Et c'est ce qu'il fit. Il commanda tout d'abord trois portions de profiteroles à emporter, et il envoya un SMS à sa maîtresse.
Il l'entoura de toutes les attentions qu'elle lui avait jusqu'ici réclamées, accrocher les tableaux posés ça et là dans la maison, l'accompagner au cinéma dans la matinée pour voir ses films préférés, faire les soldes avec elle, alors qu'il détestait le shopping, lire à haute voix «Spoutnik, my love» de Murakami et tout, même les choses les plus insignifiantes, avait une autre saveur depuis qu'il savait que ce serait la dernière fois qu'il pouvait le faire pour elle.
A force de se comporter comme un homme amoureux, il devint de nouveau un homme amoureux. Et quand elle mourut dans ses bras, il tomba dans un coma émotionnel duquel il ne sortit jamais. Aujourd'hui encore, après des années, son cœur s'étreint chaque fois qu'il voit une femme portant un trench rouge.

(M. Teufel / S. Holfelder; transcription de l'épisode)

Compréhension

1. Résumez le texte en cinq phrases.
2. L'homme dont il est question dans le texte est sur le point de se séparer de sa femme. Relevez dans le texte les raisons qui motivent sa décision.
3. Ayant appris que sa femme souffre d'une maladie incurable, il change d'attitude. Décrivez son comportement.
4. Parlez des conséquences de ce comportement.

Analyse et commentaire

1. Commentez le changement de comportement du mari. Le trouvez-vous crédible? Pourquoi (pas)?
2. Formulez l'idée principale de l'histoire.

Langue

1. Révisez la «mise en relief» (c'est / ce sont … qui / que).
2. Trouvez les mises en relief dans le texte et traduisez les phrases.

Analyse cinématographique

1. Mettez-vous à la place d'un cinéaste. Imaginez les différents lieux que vous choisiriez pour mettre en scène cette histoire.
2. Regardez l'épisode et comparez: avez-vous choisi plus ou moins de scènes? Regardez-le une deuxième fois et notez les différents endroits représentés.
3. Pendant le troisième visionnement, faites attention à l'échelle des plans (voir p. 112/113). Choisissez deux images (à n'importe quel moment du film), décrivez-les et expliquez les choix du metteur en scène.

9 Critique du film «Bienvenue chez les CH'TIS»

Avant de lire Quelles informations attendez-vous de la critique d'un film?

s'abattre sur – tomber brusquement sur
un éclaireur – *Kundschafter*
une contrée – région
inhospitalier,ière – qui n'est pas accueillant; hostile
un indigène – né dans la région
fruste – grossier, qui manque de savoir-vivre
aboyer – «parler» comme un chien, crier, hurler
le courant passe (fam.) – on s'entend bien, l'atmosphère est bonne
estimer – ici: être de l'avis
le Nord-Pas-de-Calais – région située dans le Nord de la France, à côté de la Belgique
un réalisateur – *Regisseur*
un long-métrage – film dont la durée dépasse une heure

Qu'est-ce qui peut arriver de pire à un habitant de Salon de Provence que d'être obligé de quitter son Sud pour s'exiler dans le Nord? C'est la punition qui s'abat sur Philippe, un directeur de poste, marié à Julie, dont le caractère dépressif n'arrange pas les choses. Elle imagine déjà avec horreur son mari – car il partira seul, en éclaireur, pour ces contrées lointaines! – affrontant une région inhospitalière, froide, peuplée d'indigènes frustes et aboyant un langage incompréhensible, le «cheutimi».

Or, à sa grande surprise, Philippe découvre une région riante et des gens accueillants, avec lesquels le courant passe rapidement … Bref, il s'adapte on ne peut mieux, mais sa femme refuse de croire son récit, estimant qu'il lui ment pour la protéger …

C'est avec une grande tendresse pour ses personnages en même temps que pour son «Nord-Pas-de-Calais» que Dany Boon, auteur et réalisateur, signe son deuxième long-métrage, une galerie de person-

désopilant – qui fait beaucoup rire
un fou-rire – rire qu'on ne peut plus contrôler
une touche – *ein «Touch», eine Spur von etwas*

nages extrêmement attachants et de situations désopilantes. Une totale réussite, mêlant rire – et même fous-rires – et émotion, sans compter la touche documentaire qui donne envie d'y aller voir, de dépasser les clichés qui laissent croire que la vie est plus belle et plus facile dans le sud que dans le nord.

(Alain Noël, dans: Spectacles à Strasbourg et alentours, Numéro 109, février 2008, p. 21)

Compréhension, analyse et commentaire

1. Présentez la situation dans laquelle se trouve Philippe au début du film.
2. Dites ce que sa femme imagine et indiquez pourquoi.
3. Expliquez la surprise de Philippe. Pourquoi sa femme ne croit-elle pas ce qu'il lui raconte?
4. Le critique estime que ce film est une totale réussite. Dites comment il justifie son opinion.
5. Discutez: Cette critique correspond-elle à vos attentes?

Travail d'écriture

Ecrivez la critique d'un film que vous avez vu.

Langue et style

1. Traduisez ces phrases:
   - des indigènes frustes et aboyant un langage incompréhensible
   - une région riante et des gens accueillants
   - sa femme refuse de croire son récit, estimant qu'il lui ment pour la protéger
   - une galerie de personnages extrêmement attachants
   - une totale réussite, mêlant rire et émotion
2. Expliquez pourquoi les formes en -ant sont quelquefois variables (riante, accueillants, attachants) et quelquefois invariables (aboyant, estimant, mêlant).

Allons plus loin

Regardez le film et discutez: Pourquoi s'agit-il du plus grand succès qu'un film français ait jamais connu (plus de 20 millions de spectateurs en France en 2008)?

Un peu de **méthode**

Analyse d'un film

I. Comment analyser un film?

a) se familiariser avec le lexique du film
b) analyse globale: découper le film en scènes et étudier la structure narrative, les personnages, la représentation des lieux et du temps, la caméra, le son, la lumière, les couleurs, la musique, les effets spéciaux, etc.
c) analyse détaillée: choisir une ou plusieurs scènes pour les analyser en détail
d) critique générale du film

II. Petit lexique du cinéma

1. Généralités

le réalisateur, le metteur en scène	Regisseur
le cinéma muet	Stummfilm
le cinéma parlant	Tonfilm
un cinéphile	Kinofan
le scénario	Drehbuch
le scénariste	Drehbuchschreiber
tourner un film	Film drehen
un écran	Leinwand
un petit écran	Fernsehschirm
un grand écran	Kinoleinwand
le montage	Filmschnitt
monter	schneiden
le plateau	Drehort / Studio

2. Analyse d'une séquence filmique

la structure narrative	*Erzählstruktur*
chronologique	chronologisch
le flash-back	Rückblende
l'image	*Bild*
le cadre	Bildrahmen / Bildausschnitt
le plan	Kameraeinstellung
l'arrière-plan (m)	Hintergrund
le champ de l'image	Bildfeld
le cadrage	Kameraführung
la plongée	Aufnahme von oben
la contre-plongée	Froschperspektive (Aufnahme von unten)
le vol d'oiseau	Vogelperspektive
hors champ	außerhalb des Bildabschnitts

le son	*Ton*
les bruits	Geräusche
les bruits de fond	Geräuschkulisse
la musique	Musik
les voix / les paroles	Stimmen / Sprache
les effets spéciaux	*Spezialeffekte*
le maquillage	Schminke
le ralenti	Zeitlupe
l'accéléré (m)	Zeitraffer
les effets sonores	Klangeffekte
les effets lumineux	Lichteffekte

3. L'échelle des plans

les plans larges – plan général – plan d'ensemble	Les plans larges présentent l'ensemble du décor et de la scène, p. ex. pendant l'exposition et à la fin du film.	Weitwinkelaufnahme, Totale
le plan moyen – plan italien – plan américain	Le plan moyen rapproche le spectateur des personnages en les présentant jusqu'au genoux ou aux cuisses.	Halbtotale
les plans rapprochés – le gros plan – le très gros plan – le plan de détail	Les plans rapprochés montrent en général le haut du buste des personnages pour faire ressortir les sentiments et la communication entre eux.	Nahaufnahme

Quelques exemples pour des plans (pris de: EinFach Französisch, Unterrichtsmodell *Au revoir, les enfants* par Rainer Haberkern, Schöningh Verlag, Paderborn 2007, p. 42):

Le plan général *(Weit)*: La caméra se trouve à une grande distance de l'objet filmé: une vue d'ensemble du paysage, des panoramas. L'homme ne joue qu'un rôle mineur et insignifiant.

Le plan large *(Totale)*: Une vue générale de l'action, mais l'individu peut être bien distingué. Ce plan permet au spectateur de s'orienter dans le lieu et dans le temps.

Le plan moyen (*Halbtotale*): La caméra se rapproche du sujet. L'être humain est filmé de la tête aux pieds. Le cadre devient plus important.

Le plan américain (*Halbnah*): L'individu est présenté de la tête jusqu'aux genoux. Il est montré dans des relations bien définies avec d'autres personnes.

Le plan rapproché (*Nah*): La personne est présentée de la tête jusqu'au ventre. A part l'expression du visage, les gestes surtout des mains sont importants.

Le gros plan (*Groß*): La caméra se rapproche à un tel point que la majeure partie de l'écran est occupée par un visage ou l'expression du visage.

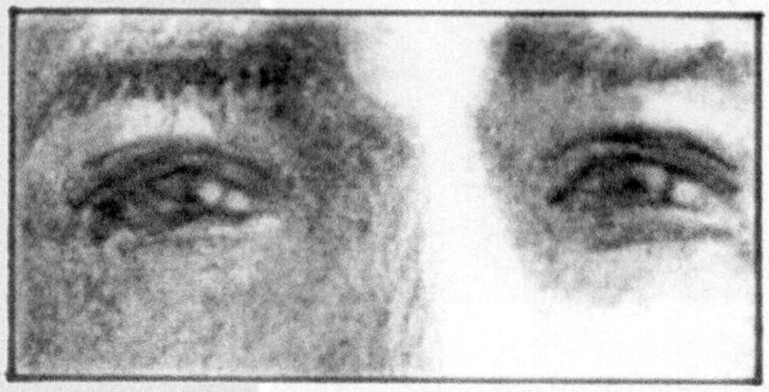

Le très gros plan (*Detail*): Quand il s'agit d'une personne, une partie du visage est visée comme p. ex. l'œil ou la bouche. Les très gros plans augmentent ainsi la tension.

Chapitre 5 Francophonie et immigration

1 La République du Sénégal

Superficie: 196 722 km^2
Population (2007): 12 251 851
Densité: 59,26 habitants / km^2
Langue officielle: français
Langues nationales: wolof, peul, mandingue, etc.
Capitale: Dakar
Forme de l'Etat: République parlementaire

Président: Abdoulaye Wade (réélu en 2007)
Religions: Musulmans (94 %), Chrétiens (5 %), Religions indigènes (1 %)
Climat: tropical: 16 à 30 °C sur le littoral, jusqu'à 41 °C à l'intérieur
Saison des pluies: juin à octobre

2 L'île de Gorée – la maison des esclaves

Avant de lire Cherchez l'île de Gorée sur la carte du Senegal et précisez pourquoi c'était l'endroit «idéal» pour la maison des esclaves.

La célèbre Maison des esclaves, symbole de l'île de Gorée; au fond, la porte du «sans retour».

[...] Dans des cellules [...], faisant chacune 2,60 m sur 2,60 m, on mettait jusqu'à 15 à 20 personnes, assis le dos contre le mur, des chaînes les maintenant au cou et aux bras. [...] L'effectif de la petite maison variait entre 150 et 200 esclaves. [...] Il s'y trouvait toute la famille – le père, la mère et l'enfant dans les cellules séparées.

Les jeunes filles étaient séparées des femmes parce qu'elles étaient plus chères. La valeur d'une femme dépendait de ses seins et de sa virginité. [...] Certains négriers avaient des rapports avec des jeunes filles esclaves et quand l'on constatait leur état de grossesse, elles étaient mises en liberté. [...] Vous voyez donc que c'est un intérêt chez les jeunes filles de se donner aux négriers pour être libres. En somme, pour ces jeunes filles, c'était leur seule voie de salut. [...]

La valeur d'un homme dépendait de son poids. Le poids minimum chez les hommes était fixé à 60 kg. Les hommes de moins de 60 kg étaient mis dans des cellules séparées pour être engraissés, comme des oies. Ils les engraissaient avec ce qu'on appelle fève de marée. [...] C'est des haricots très farineux. Le départ aux Amériques dépendait aussi des acquéreurs, le père allant sur la Louisiane aux USA, la mère au Brésil ou Cuba, l'enfant à Haïti ou aux Antilles. La séparation était totale. Ils partaient de Gorée sous des numéros de matricule et jamais sous leurs noms africains.

(«Visite virtuelle de l'île de Gorée [Dakar, Sénégal] – la maison des esclaves», © UNESCO 2009, www.dakar.unesco.org/goree. Reproduit avec la permission de l'UNESCO)

Compréhension

1. Lisez le texte et expliquez les termes suivants:

1: une cellule	17: la grossesse
5: maintenir	20: la voie de salut
6: l'effectif (m)	24: engraisser
15: un négrier	26: un acquéreur

2. Décrivez les méthodes inhumaines pratiquées dans la maison des esclaves.

Langue et style

1. Exprimez votre indignation de trois ou quatre façons différentes.
2. Relevez les phrases à la voix passive et expliquez pourquoi cette voix correspond au contenu du texte.
3. Mettez ces phrases à la voix passive:
   - on mettait jusqu'à 15 à 20 personnes dans ces cellules
   - on constatait leur état de grossesse
   - ils les engraissaient

Allons plus loin

1. Étudiez le résumé historique «Le Sénégal et les Européens». Dites qui a participé au trafic d'esclaves et combien de temps il a duré.

Le Sénégal et les Européens

1444: Les Portugais débarquent sur les côtes du Sénégal et sur une presqu'île, qu'ils nomment Cabo Verde ou Cap Vert, là où se trouve Dakar aujourd'hui.

Vers 1500: Création des comptoirs portugais. Exploitation de l'or et trafic d'esclaves.

XVII / XIXe siècles: Commerce d'esclaves transportés aux Amériques.

1617: Les marchands d'esclaves hollandais reprennent la colonie de Gorée et les Français créent un comptoir à Saint-Louis.

1677: Gorée est occupée par les Français.

1848: La France abolit l'esclavage.

1884/85: A la conférence de Berlin, les puissances européennes se partagent le continent africain. La plus grande partie de l'Afrique occidentale revient à la France et devient l'Afrique Occidentale Française (AOF).

1945: La France continue de considérer le Sénégal comme partie intégrante de la métropole et non comme simple colonie. Le Sénégal envoie des députés à l'Assemblée nationale, dont l'homme de lettres et politicien Senghor.

1960: Le 20 juin, le Sénégal devient indépendant. Léopold Senghor devient le premier président du pays.

1980: Senghor quitte le pouvoir. Son premier ministre, Abdou Diouf, lui succède.

2001: Senghor meurt à l'âge de 95 ans en France.

2. Ces derniers temps, il y a de plus en plus de touristes afro-américains au Sénégal. Expliquez ce phénomène.

3 L'exode des Sénégalais

Avant de lire

Lisez et regardez la lettre de lecteur que le jeune Ali a envoyée à «Planète Jeunes», magazine lu par beaucoup de jeunes Africains francophones. Dites quel est le message d'Ali. Que pensez-vous de son attitude: est-il pessimiste, réaliste ou optimiste?

À TOUS MES FRÈRES

Passez ce message à la jeunesse africaine. Je vous en prie, ne quittez pas la terre Afrique pour périr aux îles Canaries. En Afrique on a tout, et on peut tout changer.

Ali, Ndjamena, Tchad

(Dans: *Planète Jeunes*, Numéro 85/2007, © Bayard Jeunesse, p. 12)

Si sa politique et en particulier sa démocratie isolent dans le bon sens le Sénégal de nombreuses nations africaines, l'économie ne suit pas. Dakar est loin d'avoir dans ce domaine le leadership de l'Ouest africain. Le gouvernement a du mal à surmonter sa dette extérieure, de plus de 4 milliards de dollars, et le chômage atteint plus de 25 % de la population.
L'exode vers l'étranger n'est pas non plus une mince affaire dans certaines provinces, car le travail a la réputation de faire vivre plus facilement du côté des contrées européennes. C'est ce qui explique ces gens qui, dans Paris, se lèvent plus tôt que la moyenne et s'habillent en vert pour s'occuper des poubelles ou pour réaliser des travaux difficiles et mauvais pour la santé. Tout cela afin d'envoyer un mandat à la fin du mois et faire vivre la famille demeurée là-bas.
L'exode ne touche pas que la classe moyenne, et le pays souffre cruellement d'un manque d'élites. L'équation est simple: quel serait le jeune diplômé sénégalais qui préférerait rentrer au pays pour percevoir un salaire de cadre supérieur d'à peine 300 € par mois quand on lui en offre dix fois plus en France ou au Canada?

(*Guide Petit Futé du Sénégal 2007/2008*, Dominique Auzias et Jean-Paul Labourdette, Nouvelles Editions de l'Université, Paris, p. 53)

dans le bon sens – d'une manière positive
surmonter – dominer, ici: réduire
la dette extérieure – *Auslandsverschuldung*
une mince affaire – un problème insignifiant, sans grande importance
une contrée – un pays
un mandat – *Überweisung*
une équation – *Gleichung, (fig.) Rechnung*
un cadre supérieur – *leitender Angestellter*

Compréhension et analyse

1. Expliquez la phrase: «Sa politique et en particulier sa démocratie isolent dans le bon sens le Sénégal de nombreuses nations africaines».
2. Faites une liste des problèmes du Sénégal nommés dans le texte.
3. Dites quel genre de travaux les Africains réalisent à Paris, et pourquoi ils le font.
4. Expliquez pourquoi le Canada est mentionné à la fin du texte.

Travail d'écriture Imaginez la situation suivante: Ali rencontre un ami qui a décidé de quitter son pays. Ecrivez le dialogue.

Langue et style Traduisez:
a) L'exode vers l'étranger n'est pas non plus une mince affaire. (13/14)
b) L'exode ne touche pas que la classe moyenne. (22)
c) Viele Jugendliche im Senegal haben keinerlei Perspektive.
d) Sie haben nichts mehr zu verlieren.
e) Sehr viele ausgewanderte Afrikaner kehren nie mehr in ihre Heimat zurück.
f) Sie überweisen Geld, ohne das ihre Familien kaum überleben könnten.
g) Weder die EU noch Kanada sind bereit, alle Immigranten aufzunehmen.
h) Flüchtlingsschiff aus Afrika gesunken: Niemand hat die Katastrophe überlebt.

4 Ismaël Lo: Plus je fais ci, plus je fais ça

CD

Avant de lire et d'écouter la chanson Informez-vous sur Ismaël Lo.

ci = ceci

Tous les jours fais pas ci fais pas ça
Tous les jours fais pas ci fais pas ça
Alors toi ou tu fais ci ou tu fais ça

Depuis que je peux marcher
Je veux faire le tour de la terre
Depuis que j'ai les yeux ouverts
Je veux connaître mes frères

Alors moi plus je fais ci et plus je fais ça
Alors moi plus je fais ci et plus je fais ça

Dès que j'ai su parler
On m'a dit de me taire
Quand j'ai voulu t'aimer
Tu m'as promis l'enfer

Alors moi plus je fais ci et plus je fais ça
Alors moi plus je fais ci et plus je fais ça

un règlement – *Vorschrift*
un rite – un culte
un code – un recueil de lois
un régime – un système légal

Ils ont des règlements ils ont des rites
Ils ont des codes
Il faut les suivre tout le temps les
Régimes et les modes

Alors moi plus je fais ci et plus je fais ça
Alors moi plus je fais ci et plus je fais ça

Tous les jours fais pas ci fais pas ça
Tous les jours fais pas ci fais pas ça

Alors moi plus je fais ci et plus je fais ça
Alors moi plus je fais ci et plus je fais ça
Plus je fais ci et plus je fais ça
Plus j'aime ci, plus j'aime ça
Oh! plus j'aime ça

Compréhension et analyse

1. Précisez la signification de la première ligne (répétée trois fois).
2. Expliquez qui pourraient être ces personnes:
toi et tu (3) — tu (13)
mes frères (7) — ils (16, 17)
3. Analysez l'attitude du chanteur envers ceux qui exigent que les règles soient respectées.
4. De quoi a-t-il toujours rêvé?

Langue et style

Formez les impératifs au singulier et au pluriel:
a) ne pas faire ça
b) se taire
c) être sage
d) suivre les règles
e) s'en aller
f) ne pas avoir peur

Allons plus loin

1. Discutez la fonction des règles dans la société.
2. Présentez d'autres chanteurs africains.

5 La femme sénégalaise en chaque homme sénégalais

Avant de lire

Citez des qualités typiquement féminines et d'autres typiquement masculines.

un urticaire – *(Nessel-) Ausschlag*
se précipiter – ici: courir
le psy (pop.) – abbr. de psychanalyste
un marabout – *Medizinmann*
une nuit blanche – nuit sans sommeil
être imprégné de qc – être influencé profondément par qc
une gardienne – *Wächterin*
de surcroît – en plus

Oh mon Dieu, voilà de quoi donner de l'urticaire à tous les hommes; de quoi leur faire faire des cauchemars à longueur d'années, de quoi enfin les faire se précipiter tous les jours chez le psy le matin et chez le marabout / guérisseur l'après-midi, avec, pour couronner le tout, des nuits blanches tous les soirs.
Pourquoi? Juste pour être rassurés sur leur masculinité.
La femme sénégalaise est présente en tout homme: du premier souffle de sa vie, à ses tout derniers instants sur terre. Il est à tout instant profondément et indiscutablement imprégné de la forte influence de sa si puissante et omniprésente mère. Gardienne des traditions, des valeurs et des coutumes, la femme, de surcroît la mère, est incon-

incontestablement – certainement
jalonner – marquer

participer de qc – ici: provenir de
maladroit – *unbeholfen, ungeschickt*
gommer – faire disparaître
susceptible de – capable de
insatiable – *unersättlich*

obstinément – *hartnäckig*

asseoir – établir
une circoncision – *Beschneidung*
une excision / une infibulation – *Genitalverstümmelung*

la fragilité – *Zerbrechlichkeit, Zartheit*
un wujjé – concurrence
un lanceur de cauris – homme qui lit l'avenir dans les coquillages
un marabout-féticheur – *Voodoo-Zauberer*

traquer – *hier: spüren, erahnen*
une rondeur – *Rundung*
un boubou – longue tunique portée par les Noirs d'Afrique
s'astreindre à faire qc – *sich zwingen, etw. zu tun*

saugrenu – bizarre

testablement au centre de la vie et des principaux événements marquants qui jalonnent et rythment les différentes étapes de notre existence.

Tout le machisme des hommes, toute la violence, l'agressivité dont ils font preuve à tout instant, participent de leurs conflits internes et de leur souci désespéré et maladroit de gommer, d'effacer en eux toute trace de féminité, toute ambivalence susceptible d'évoquer le sexe dit faible.

Ils ont un besoin insatiable d'affirmation de soi.

Il ne manquerait plus qu'ils nous demandent de pleurer sur leur sort!

Bien des sociétés, partout dans le monde, se sont obstinément résolues à essayer de gommer tôt, une bonne part de féminité, pour mieux asseoir les distinctions entre les genres féminin et masculin.

La circoncision d'une part, l'excision et l'infibulation d'autre part, n'ont rien pu y faire.

L'homme n'en continue pas moins à vouloir se débarrasser de ce qu'il a de commun avec la femme: sa sensibilité, sa nonchalance, sa fragilité, sa tendance plus ancrée à faire du wujjé, son obstination maladive, pour un oui, pour un non, à consulter sur tout et sur rien sa mère et à recourir aux services des lanceurs de cauris et des marabouts-féticheurs. Il a le projet de faire construire une maison avec deux garages de prévus; mais parce que le voisin, lui, en prévoit trois, le premier, lui aussi, va en vouloir trois. Et tout cela en attendant de voir la taille du véhicule 4x4 du voisin ou du collègue pour en chercher un plus grand.

La femme sénégalaise est à traquer derrière cette manière qu'a l'homme de vouloir dissimuler ses rondeurs sous le boubou ou grand boubou, pour éviter à devoir s'astreindre à surveiller sa ligne.

Retrouvons-la à travers cette fâcheuse habitude à attendre des minutes devant une porte de cage d'ascenseur, pour monter au premier étage ou descendre au niveau inférieur, sans pratiquement jamais se résoudre à prendre les escaliers.

A la lumière de tout ce qui précède, n'est-on pas tenté de parler plutôt de l'homme sénégalais qu'il y a en toute femme? La question peut paraître saugrenue, mais on gagnerait à la méditer.

(Mamadou Mjodji, dans: *Le Quotidien*, mercredi 8 mars 2006; Sur le divan Journée internationale de la femme; texte abrégé)

Compréhension et analyse

1. Décrivez le rôle de la femme sénégalaise selon l'auteur.
2. Résumez les traits caractéristiques des hommes sénégalais.
3. Expliquez comment l'auteur ridiculise les hommes sénégalais.

Commentaire

Rédigez un commentaire sur le sujet suivant: Chaque enfant naît soit avec des qualités typiquement féminines soit avec d'autres typiquement masculines. L'éducation n'a aucune influence sur leur développement.

Allons plus loin

«Dans notre société, les hommes et les femmes sont égaux.» Discutez cette affirmation en classe.

6 Henri Lopes: Monsieur le Député

Avant de lire

Pendant les campagnes électorales, beaucoup d'hommes et de femmes politiques ont tendance à faire des promesses. Que pensez-vous de cette tendance?

asservir – *unterdrücken, versklaven*
une couche – une classe sociale
inconcevable – incroyable
un(e) expatrié(e) – qn qui a quitté sa patrie
percevoir un salaire – gagner de l'argent par son travail
une étroitesse d'esprit – *Engstirnigkeit*
s'éponger – s'essuyer pour se sécher
une accolade – *Umarmung*
une sacoche – *Umhängetasche*

«… Le colonialisme a imposé un système économique qui a asservi nos sœurs. C'est à nous, les hommes, qu'il revient dans l'étape actuelle de libérer économiquement nos couches fondamentales en général, et nos femmes en particulier. (Applaudissements …) Nos femmes doivent avoir accès aux métiers auxquels elles ont droit. Il est inconcevable que dans un pays indépendant comme le nôtre, où des milliers de filles vont à l'école, les emplois de vendeuses dans les magasins ou de secrétaires ne reviennent qu'aux expatriées … (Applaudissements …) Sœurs, nous profitons de votre congrès, pour demander à notre Assemblée nationale et à notre gouvernement ce qu'ils attendent pour passer une loi pour que les emplois de serveuses dans les bars et les boîtes de nuit soient définitivement réservés aux Africaines et interdits aux Européennes … (La salle se met debout et couvre l'orateur d'un tonnerre d'applaudissements.) Les salaires de nos femmes dans ces différents métiers doivent être égaux à ceux que percevaient les Européennes … (Tonnerre d'applaudissements …) Car comme le disait … euh! … euh! … comme le disait euh! … Enfin je crois bien que c'est La Fontaine … (Applaudissements …) Car, comme disais-je que disait La Fontaine: «À travail égal, salaire égal» (tonnerre d'applaudissements) … Il est temps aussi que cessent définitivement les préjugés qui font que certains pères, au nom d'une étroitesse d'esprit, refusent encore de faire continuer des études à leurs filles. La femme a les mêmes droits que l'homme. Certains hommes ne veulent toujours pas admettre cette vérité. C'est pourquoi je me retourne vers vous, mes sœurs, et vous dis que seules, les femmes se libéreront elles-mêmes de la tyrannie masculine … (Applaudissements …) […]

Le député Ngouakou-Ngouakou a parlé ainsi pendant vingt minutes. Quand il a fini il s'éponge le front. La foule dans la salle de conférences de la Maison du Parti éclate littéralement de joie. Des hommes et des femmes se tapent sur le dos en grosse accolade, éclatent de rire et crient «Papa Ngouakou-Ngouakou!» […]

Il est maintenant vingt heures, Ngouakou-Ngouakou est rentré chez lui. Son boy se précipite prendre sa sacoche. Il se jette sur un fauteuil.

– Bouka-Bouka, viens voir papa.

Le gamin grimpe sur les genoux de son père. Ngouakou-Ngouakou le regarde avec fierté. C'est le seul garçon qu'il a. Son septième enfant.

– Papa, toi tu ne m'as pas acheté un Apollo XII.

– Qu'est-ce que c'est encore que ça?

– Akpa en a un lui. Son père lui a acheté.

– Émilienne, crie Ngouakou-Ngouakou, Émilienne!

– Elle révise sa composition, crie la mère de la cuisine.

– Composition? C'est pas en composant qu'elle apprendra à être agréable à son mari. Qu'elle m'apporte mes babouches.

une babouche – une pantoufle de cuir

– Écoute, Ngouakou-Ngouakou, sois un peu compréhensif avec cette pauvre enfant, dit la mère.

– Non mais, depuis quand les femmes ont-elles à faire des remarques à leur mari? C'est toi maintenant qui va m'apprendre comment élever ma fille?

– Tiens papa, voilà tes babouches, dit Bouka-Bouka.

– Ah merci mon fils. Toi au moins, tu penses à moi.

Mais c'est quand même trop fort. Ce sont les hommes qui doivent travailler ici?

– Émilienne!

effrayé,e – *erschrocken*

Émilienne arrive tout effrayée.

– Alors! Combien de fois faut-il t'appeler?

– Mais ... papa ... pardon ... Je n'entendais pas.

– Où étais-tu?

– Là, dans ma chambre.

– Dans ta chambre? à rêver sans doute ...

– Non papa, je révisais ma composition de mathématiques.

– Eh bien pour faire des mathématiques il ne faut pas rêver. Si tu faisais des mathématiques tu devais faire attention. Et quand on fait attention on entend les gens qui vous appellent ... Apporte-moi mon whisky ...

une férule – *Rute, Knute*

Émilienne va vers le buffet. Elle fait les gestes mécaniquement. Elle rêve à l'internat. Elle envie ses camarades qui sont loin de la férule familiale. Ce doit être bon de ne dépendre que de soi-même. Les parents, ils pensent vous aider avec leurs principes et ils ne voient même pas que vous les jugez. Ah! tiens, la bouteille est presque vide.

Émilienne cherche en vain à tous les étages du buffet.

– Alors, il vient ce whisky?

– Il n'y en a plus.

– Il n'y en a plus, il n'y en a plus. Eh bien! pendant deux jours je t'interdis de jouer avec les voisines.

– Mais ce n'est pas ma faute papa ...

– Tu dois savoir que quand la bouteille est à moitié vide, il faut en racheter une autre. Qu'on m'apporte de la bière, alors!

Myriam Makeba – chanteuse sud-africaine

Il allume son poste de télévision. Myriam Makeba chante. Il aime bien l'entendre, mais ce soir cela l'énerve. [...]

Ngouakou-Ngouakou s'ennuie. Il regarde sa montre.

– Quand peut-on passer à table?

– Encore cinq minutes! dit la mère, de la cuisine.

– J'ai faim.

– Mon riz n'est pas encore cuit!
– Toujours la même histoire. C'est jamais prêt quand vous voulez. Myriam Makeba chante maintenant *Malaïka*. Là, Ngouakou-Ngouakou se laisse prendre. C'est le type de la belle chanson. [...]
– A table, crie la mère.
Ngouakou-Ngouakou ne répond pas.
– A table, ça va être froid.
Ngouakou-Ngouakou retient sa colère. Il n'aime pas qu'on crie lorsqu'il écoute la musique. Il va s'asseoir sur sa chaise, face au poste de télévision. Myriam continue à chanter.
– Encore du riz et de la viande en sauce?
– En ce moment il n'y a pas grand-chose au marché.
– Pas grand-chose, il n'y a pas de poisson, non?
– C'est bien la première fois que tu me fais une suggestion pour le menu. Varier le menu c'est bien joli, mais on ne peut le faire à l'infini. Quand le matin je te demande ce dont tu as envie, tu prends ton cartable et tu files au bureau.
– Il ne manquerait plus que ça. Tu trouves que je n'ai pas assez de choses auxquelles réfléchir. S'il faut encore m'occuper de cuisine! Tu n'as pas à travailler au bureau, toi. C'est moi qui ramène l'argent.
– Si tu veux qu'on échange, ça sera avec plaisir.
– Mes activités ne sont pas des activités de femme. Je connais beaucoup de femmes qui rêvent d'être à ta place. Avoir un mari qui vous assure la cuisinière à gaz dernier modèle, le réfrigérateur, l'argent ...
– L'argent? Avec ce que tu me donnes par semaine, il faut bien se creuser la tête pour nourrir une grande famille comme la nôtre.
– On voit bien que ce n'est pas toi qui gagnes l'argent.
Le speaker présente maintenant les informations. Il parle des nouvelles nationales.
– Taisez-vous, bon Dieu, que je puisse écouter.
– «Aujourd'hui s'est ouvert le congrès de la Fédération nationale des femmes avant-gardistes. Divers discours ont été prononcés. C'est le deuxième congrès de la Fédération depuis sa création. De nombreuses délégations d'invités sont venues des pays frères africains et des pays amis d'Europe, d'Amérique et d'Asie.»

fulminer – crier furieusement

Ngouakou-Ngouakou fulmine. Dès demain je vais voir le ministre de l'Information pour qu'il me sanctionne ce speaker. Il n'a rien dit de mon discours. Il pousse son assiette en avant.
– Tiens, d'ailleurs je n'ai plus faim. [...] Ngouakou-Ngouakou allume sa cigarette. [...]
– Et les filles, elles ne peuvent pas t'aider à faire la cuisine ou le ménage? Toi, Marcelline, par exemple?
– Mais papa, j'ai beaucoup de travail.
– N'oublie pas que tu es une femme. Le premier travail d'une femme c'est le travail domestique.
– Enfin comprends, toi aussi, dit la mère, tu sais bien que Marcelline prépare son Bac cette année.

– Et vous croyez que c'est avec le Bac qu'elle retiendra son mari à la maison? C'est avec de bons plats, oui. Avec autre chose aussi.

– Tu pourrais faire au moins attention à ce que tu dis.

un mini-boubou – un vêtement africain court

[...] Ngouaku-Ngouakou se lève. Il va dans sa chambre. Il jette ses habits en désordre sur le lit, tout en sifflant. Sa femme rangera cela dans l'armoire. Il met un pantalon gris clair et un mini-boubou [...]. Il se regarde dans la glace. Il a rajeuni. Il allume une cigarette et sort en sifflotant dans la nuit.

une camisole – une veste légère
collant,e – très étroit
des souliers à talons – *Schuhe mit hohen Absätzen*

Le bar «Venez-Voir» se trouve presque à la sortie de la ville dans une rue sans lumière. Le bar, lui, a l'électricité pourtant. C'est que la patronne, Marguerite, est une jeune veuve d'une beauté remarquable. Traits réguliers du visage, seins qu'on devine bien plantés et décents sous la camisole, longues jambes ... qu'on s'attarde à regarder quand elle met sa robe collante et ses souliers à talons. [...] Bref, Marguerite est très recherchée. Et comme elle ne peut satisfaire tout le monde en même temps, elle a des cousines qui vivent là, presque aussi belles qu'elle. Ainsi lorsqu'une haute personnalité emmène à «Venez-Voir» une bande de hautes personnalités en mission, il leur prouve son pouvoir en les laissant danser corps à corps avec Marguerite. Vers une heure du matin, il va lui parler à l'oreille. Alors elle va faire ça avec notre haute personnalité tandis que Marguerite donne l'ordre à chacune de ses cousines d'aller bien faire ça avec les hautes personnalités étrangères. C'est ainsi que Marguerite, en échange, obtient ce qu'elle veut. Il lui a suffi de deux mois d'assiduité avec le ministre de l'Energie pour obtenir l'électricité dans son bar.

l'assiduité (f) – *Beharrlichkeit*

Marie-Thérèse a dû prendre un taxi pour venir jusqu'ici. Elle a hésité un moment à entrer. [...]

une cloison – *Trennwand*
l'osier (m) – *Korbweide*

La salle est divisée en des espèces de petits compartiments séparés les uns des autres par des cloisons en bambou. Lorsque vous êtes dans un de ces compartiments, vous êtes à l'abri des regards indiscrets. Marie-Thérèse en choisit un et s'assoit là sur un petit banc d'osier très bas. Marguerite l'a vue. Elle fait un signe de tête à l'une de ses cousines qui [...] s'avance vers la nouvelle cliente.

– Non, je ne prends rien pour le moment. J'attends quelqu'un.

enlacer qn à bras-le-corps – *jdn. an sich drücken*

Quand la cousine revient vers le bar, un homme qui est assis là sur un haut tabouret la saisit et l'enlace à bras-le-corps pour danser la rumba. [...]

À la fin de la danse, l'homme retourne au bar et plaisante avec toutes les cousines en éclatant de rire. Au morceau suivant il se dirige vers Marie-Thérèse. Il a l'air si sûr de lui et a des yeux si beaux qu'elle est paralysée.

– Non, monsieur.

– Je vous dégoûte alors?

– ...

Elle tourne la tête. C'est à ce moment-là qu'entre Ngouakou-Ngouakou.

– Ah! pardon monsieur le Député, pardon ... Je ne savais pas ...

un con (pop.) – un idiot

Ngouakou-Ngouakou ne répond pas. Il tourne la tête et s'assoit. En lui-même, il marmonne: «C'est ce petit con de Bwala. Il va voir comment je m'appelle.»

La cousine est revenue.

blaguer – *scherzen*

Elle blague un moment avec monsieur le Député. Ce sont de vieilles connaissances. Il n'y a pas de protocole. Monsieur le Député Ngouakou-Ngouakou est l'homme le plus simple du monde. C'est un enfant du peuple qui n'a pas peur de retourner en contact avec la masse. Il commande. Quand la serveuse revient avec le plateau de consommations et que Monsieur le Député veut payer, la cousine dit que le monsieur du bar a déjà réglé.

une pachanga – une danse africaine
une hanche – *Hüfte*
la calvitie – la perte de cheveux

Comme c'est une pachanga qu'on joue maintenant, Marie-Thérèse a envie de danser. Mais il n'y a personne sur la piste et tout le monde au bar les regarde. Tous sourient. Sourire de voir une jeune fille qui exprime sa jeunesse à chaque note que joue l'orchestre, avec ses hanches, ses jambes, ses épaules, un large sourire sain aux lèvres. Sourire d'attendrissement aussi devant cet homme de cinquante ans, pour qui la calvitie et le ventre ne sont pas un problème, tant il danse allègrement? L'homme au bar ne peut s'empêcher de remarquer:

en dépit de – malgré

– Oui, ma sœur, c'est ça l'Afrique. Notre négritude. La civilisation de la danse, en dépit des âges.

captivé – fasciné

Mais le couple ne se soucie pas du bar. Ils sont captivés l'un par l'autre.

Au bout de trois danses Ngouakou-Ngouakou veut s'en aller.

– Déjà? dit-elle. On est bien ici. Tu ne trouves pas?

– On sera mieux ailleurs.

Il la prend par le bras, la soulève et disparaît avec elle dans la nuit noire. Devant le *Relais-Hôtel* il répète à Marie-Thérèse:

– J'ai fait réserver une chambre au nom de mademoiselle Baker par mon secrétaire. Tu te présentes donc à la réception et tu prends ta clé. Tu m'attends dans ta chambre, je serai là dans quinze minutes.

Quand elle éteint la lumière, Marie-Thérèse se sent saisie par des bras musclés et solides. Elle sent les poils de ses bras se mêler à ceux des bras de l'homme. Son souffle est déjà coupé. C'est comme ça avec lui. Il ne caresse pas. [...]

Elle rêve que Ngouakou-Ngouakou est venu la chercher avec une grosse voiture américaine. Il est habillé de noir et tout joyeux. Il lui dit que sa femme est morte, qu'il revient de l'enterrement et qu'il vient la chercher pour l'emmener dans un autre pays. Elle n'ose y croire. [...]

Marie-Thérèse se réveille et voit Ngouakou-Ngouakou debout, déjà habillé.

– Il faut que je rentre maintenant.

Elle lui tend les mains en lui souriant. Il vient s'asseoir au bord du lit.

une tempe – *Schläfe*

Il lui embrasse la tempe et dit:

– Allons. Il faut que je m'en aille.

– Mais j'ai quelque chose à te dire.
– Ah tu cherches encore à me retenir.
– Non c'est sérieux.

Elle a pris la main de l'homme qu'elle passe sous le drap et pose sur son ventre.

– Je crois que j'attends un enfant de toi.
– Quoi? … Mais tu plaisantes …
– Non c'est sûr …
– Mais qui me prouve qu'il est de moi?

un oreiller – *Kopfkissen*
taper – battre
mordre – *beißen*

Marie-Thérèse se tourne sur le ventre et la tête dans l'oreiller qu'elle mord, se met à pleurer. Elle tape le lit de ses deux poings, elle tape des pieds.

– Qu'est-ce qui te prend, petite?
– Salaud, va-t-en, salaud, salaud …

Le soleil apparaît à l'horizon et monte lentement dans le ciel. Il fera chaud aujourd'hui sans doute. Ses rayons pénètrent par les fenêtres. Ainsi Mademoiselle Ngouakou-Ngouakou est réveillée par la clarté du jour. Elle tourne, comme chaque matin, le bouton de son transistor pour écouter le poste national. Cela l'empêche de se rendormir. On donne les informations: hier le député Ngouakou-Ngouakou a fait une intervention à l'ouverture du congrès des femmes avant-gardistes. Il a mis l'accent sur la nécessité de libérer la femme qui n'est pas un être inférieur à l'homme.

(Dans: Henri Lopes, *Tribaliques*. Nouvelles. Éditions CLE, Yaoundé 1971, pp. 39–49; cité d'après: *Conteurs francophones noirs*, éd. Johannes Röhrig, Philipp Reclam jun., Stuttgart 2000, pp. 97–114)

Compréhension, analyse et commentaire

1. Dégagez les idées principales du discours du député Ngouakou-Ngouakou au congrès des femmes. (1–27)
2. Comparez l'attitude du député envers sa femme et ses filles avec les idées dans son discours. (43–135)
3. Expliquez les changements d'humeur du député (après le discours, avant et pendant le repas, en regardant la télévision, en sortant de la maison).
4. Analysez l'attitude du député envers les personnes suivantes: M. Bwala, la cousine de la patronne, Marie-Thérèse. (180–240)
5. Décrivez et portez un jugement sur le comportement de Marie-Thérèse. (191–240)
6. Caractérisez le personnage principal.
7. Quelle est la signification du dernier paragraphe?

Langue et style

1. Donnez des définitions:
   un député, un congrès, une Assemblée nationale, un orateur, un préjugé, faire le ménage, un tabouret
2. Mettez les verbes entre parenthèses à la forme correcte:
   Si le député (être) convaincu des idées contenues dans son discours, il (laisser) sa fille travailler pour son bac et il (être) plus gentil avec sa femme. S'il lui (donner) plus d'argent, elle (pouvoir) mieux varier les menus et il

(ne pas avoir) l'occasion de se plaindre. S'il (vouloir) qu'ils échangent leurs rôles, elle (aller) volontiers travailler dans un bureau si son mari (faire) la cuisine et le ménage. Si l'homme du bar (savoir) que la jeune fille attendait M. le député, il (ne pas oser) l'inviter à danser.

Travail d'écriture Imaginez ce que devient a) Marie-Thérèse,
b) Émilienne.

Allons plus loin Êtes-vous membre d'une association ou d'un parti politique? Pourquoi ou pourquoi pas?

7 Faïza Guène: L'arbre à dollars

Tantie Mariatou travaille quatre jours par semaine à Afro Star 2000, un salon à Paris, quartier Château-d'Eau. Parmi toutes les têtes qu'elle coiffe, des Ivoiriennes pour la plupart, beaucoup sont devenues de bonnes copines.
Tantie aime la coiffure et se passionne pour ça depuis longtemps. Son rêve secret, c'est d'aller s'installer là-bas, en Amérique, et d'y ouvrir un grand salon.
«Tant pis si je ne parle pas anglais, j'emploierai le langage du cheveu même.»

des Ivoiriennes – des femmes venues de la Côte d'Ivoire (*Elfenbeinküste*)
tant pis si – même si

Son rêve d'Amérique remonte à l'enfance. Elle aussi avait alors le visage tiré en arrière par les tresses que sa maman lui faisait. Et tandis que tout le monde n'avait que Paris à la bouche, elle ne voyait que New York. Elle dit parfois que si par amour elle n'avait pas suivi son mari, Papa Demba, en France, elle serait certainement allée là-bas rejoindre je ne sais quel cousin lointain.
Lorsque Tantie Mariatou vivait au Sénégal, à Mbacké, quand l'heure du feuilleton américain arrivait, tout le voisinage se réunissait devant la petite télévision installée au milieu de la cour. C'était presque un rituel religieux. Lorsqu'il faisait grand soleil, quelqu'un se levait et plaçait une feuille de palmier au-dessus de l'écran.
Il arrivait parfois que l'image se brouille et même que le téléviseur épuisé n'affiche plus rien pendant une minute ou deux. Une éternité pour la petite fille qui en avait les larmes aux yeux et se mettait à maudire tout ce qu'elle pouvait jusqu'à ce qu'un spectateur se lève pour réparer le poste. Souvent, c'était son cousin Yahia, celui qui était surnommé Roméo au village parce qu'il faisait la cour à toutes les filles dans le dos de leurs parents. Il allait chercher une belle fourchette en inox qu'il plantait dans le cul de la télé capricieuse.

remonter à – dater de
une tresse – *Zopf*
un feuilleton – *Daily Soap*
se brouiller – devenir flou, ne plus être clair
afficher – montrer
maudire – *verfluchen*
le cul – le derrière
capricieux,se – *launisch*

D'ailleurs, en passant, la même fourchette avait servi quelques jours avant à calmer la crise de tétanie de la petite Aminata.
Toujours est-il que le système D fonctionnait très bien et que cela faisait assez rapidement son effet: l'image revenait en moins de temps qu'il n'en faut pour le dire et l'assemblée poussait un «aaah ...» de soulagement. Mariatou s'arrangeait toujours pour s'installer au premier rang et ainsi avoir la meilleure place. La bouche grande ouverte, fascinée par ce qu'elle voyait, elle était si concentrée qu'elle ne prenait même plus la peine de chasser les mouches qui venaient se poser sur son visage ou qui chatouillaient ses pieds nus et secs.
Son cousin Yahia, alias Roméo, celui de la fourchette dans la télé, amusé par la fascination de la petite fille pour le grand pays au-delà de l'océan, la mena en bateau pour se jouer d'elle. Il lui raconta une histoire à laquelle elle crut dur comme fer: La Légende de l'arbre à dollars.
«Cette légende dit qu'il y a en Amérique des arbres extraordinaires. Ces arbres magiques produisent pour feuilles des billets, les dollars. Ceux-ci poussent en toutes circonstances, n'ayant pas besoin d'eau pour s'abreuver, et tout au long de l'année. Tout le monde a le droit de profiter de ces arbres là-bas, c'est la raison pour laquelle ce peuple ne connaît ni la faim ni la soif.»

le soulagement – *Erleichterung*

chatouiller – *kitzeln*

s'abreuver – prendre de l'eau

Mariatou a rêvé de l'arbre à dollars matin et soir jusqu'à l'âge de raison.
Je pense qu'elle continue à y croire un peu et que nous y avons tous cru un jour. Le Patron [le père de la narratrice], il était persuadé qu'en France, il suffisait de creuser le sol pour faire fortune. Quand il nous le raconte, ça me fait mal au cœur mais je souris quand même.

(Dans: Faïza Guène, *Du rêve pour les oufs*, © Hachette Littératures, 2006, pp. 27–30)

Compréhension et analyse

1. a) Présentez le rêve de Tantie Mariatou et dites d'où il vient.
b) Relevez les éléments qui montrent que Tantie Mariatou était fascinée par ce qu'elle voyait.

2. Le «système D» (31) – Expliquez brièvement en quoi il consiste. (Renseignez-vous sur Internet.)

3. «L'arbre à dollars» – Expliquez le titre.

Langue

1. Exprimez d'une autre manière:
12: tout le monde <u>n'avait que Paris à la bouche</u>.
23: la petite fille <u>en avait les larmes aux yeux</u>.
42: Elle <u>[y] crut dur comme fer</u>.

2. 13/14: ... si par amour elle n'avait pas suivi son mari ...
Trouvez trois autres possibilités de terminer la phrase.

3. 8/9: «Tant pis si je ne parle pas anglais, j'emploierai le langage du cheveu même.» Expliquez ce que Tantie Mariatou veut dire par là.

8 La France – un pays d'immigration

Avant de lire

Expliquez à l'aide d'un dictionnaire unilingue:
l'exode rural, la main-d'œuvre, les pourtours de la capitale, les ressortissants, les possessions d'outre-mer.

La périphérie de Paris a accueilli, dès le début de la révolution industrielle, d'abord les paysans chassés par l'exode rural, recrutés comme main-d'œuvre dans les manufactures et usines venues s'installer sur les pourtours de la capitale. Auxquels se sont ajoutés, tout au long du XXème siècle, les différentes vagues d'immigrants (de l'intérieur et de l'extérieur), sans oublier les nombreux rapatriés d'Afrique du Nord dans les années 1960.
La France, pour des raisons politiques (c'est le pays de la révolution de 1789 et de la liberté) et démographiques (en raison de sa rivalité avec une Allemagne très peuplée), est l'Etat européen qui possède la plus vieille tradition d'accueil massif d'étrangers (Italiens, Polonais, Juifs d'Europe centrale, Espagnols, Maghrébins, Vietnamiens ...). Cette singularité la distingue de la plupart de ses voisins.
Alors que la période allant, en gros, de 1850 à 1950 s'est caractérisée par une émigration massive de millions d'Européens vers les Amériques surtout, et d'autres parties du globe, la France n'a connu que très peu de départs de ses ressortissants. Et encore, en direction plutôt de ses possessions d'outre-mer, en particulier l'Algérie, seul véritable essai de «colonie de peuplement».
A la différence de tous les autres Etats européens, la France est donc un vieux pays d'immigration. Qui a su accueillir et intégrer, pendant une centaine d'années, des dizaines de millions d'étrangers. Et cela, tout compte fait, sans trop de difficultés.

(Ignacio Ramonet: *Une révolte française* [extrait], dans: Le Monde diplomatique, Manière de voir 89: *Banlieues*, bimestriel octobre-novembre 2006, p. 4)

Compréhension et analyse

1. Par définition, les «immigrants» viennent d'autres pays. Expliquez ce que l'auteur veut dire en parlant d'une vague d'immigrants de l'intérieur (5).
2. Précisez les raisons politiques et démographiques qui ont facilité l'immigration en France.
3. Etudiez le rôle que l'Algérie a joué en expliquant les termes «colonie de peuplement» (19) et «rapatriés» (6).
4. Expliquez la différence entre la France et les autres Etats européens quant à l'émigration et l'immigration.

Langue et style

Formez des phrases au passé composé (à la voix passive quand c'est possible) en employant les verbes correspondants aux noms soulignés:
– <u>recrutement</u> de paysans comme main-d'œuvre
– <u>accueil</u> massif d'étrangers

– émigration de millions d'Européens vers les Amériques
– départ des ressortissants français vers les possessions d'outre-mer
– intégration de dizaines de millions d'étrangers

Allons plus loin
Renseignez-vous sur l'actualité de l'immigration en France.

Compréhension et langue
1. Remplacez les verbes «venir de» et «devenir» par un ou plusieurs substantifs afin de rendre clair le message du jeu de mots.
2. Complétez les deux verbes par des expressions qui conviennent dans le contexte.

Commentaire
«Venir de empêche de devenir?» Répondez à la question.

9 Faire face au racisme

Avant de lire
1. Faites dans votre classe un sondage rapide: quels sont vos plats préférés? D'où viennent ces plats?
2. Vous avez certainement un copain ou une copine qui n'est pas né(e) en Allemagne. En quoi sa vie est-elle différente de la vôtre?

Lutter contre les préjugés

L'ignorance est à la source du racisme. À toutes les sortes de préjugés qui entretiennent la haine des étrangers, il faut opposer des arguments clairs et précis. En voici quelques exemples.

entretenir – *hier: aufrechterhalten, nähren*

Les étrangers envahissent la France?

Faux. Aujourd'hui, environ 3,6 millions d'étrangers vivent régulièrement en France. La proportion d'étrangers par rapport à l'ensemble de la population française est d'environ 6,4%, autant qu'en 1931!

envahir – *hier: überschwemmen*
par rapport à – *in Bezug auf*
environ – à peu près

Les étrangers prennent le travail des Français?

Faux. Une grande partie des étrangers qui travaillent en France occupent des emplois dont les Français ne voudraient pas forcément. En plus, les étrangers créent eux-mêmes des emplois dans le commerce et les services.

ne … pas forcément – *nicht unbedingt*

Les étrangers coûtent cher?

Faux. Comme les Français, les étrangers paient des impôts et cotisent à la Sécurité sociale. Aussi, en vivant en France, ils participent comme tout le monde au fonctionnement de l'économie.

les impôts (m) – *Steuern*
cotiser à la Sécurité sociale – *den Krankenversicherungsbeitrag leisten*

Attention aux préjugés antiracistes!

Sous prétexte de lutter contre le racisme, certains sont tentés de caricaturer les étrangers dans un sens qu'ils prétendent positif. Ils diront, par exemple, que les «Noirs courent plus vite que les Blancs» ou que «les Africains ont le sens du rythme» … Ce sont là des généralisations fausses.

Les étrangers font baisser le niveau à l'école?

Faux. Les chances de réussite scolaire sont les mêmes pour tous ceux qui ont le même niveau social. Ce n'est pas le fait d'être étranger qui explique que l'on a des problèmes à l'école mais ce sont la pauvreté et la misère.

Les étrangers ne peuvent pas s'intégrer en France?

Faux. Déjà, à l'époque où les premiers étrangers étaient italiens, belges ou polonais, on disait qu'ils étaient trop différents des Français pour s'intégrer. Aujourd'hui, les Maghrébins ou les Africains subissent les mêmes reproches alors qu'au fil des années ils se mêlent aux modes de vie de la société française.

les Maghrébins – les gens venant des pays de l'Afrique du Nord (Maroc, Tunisie, Algérie)
subir – *erleiden, erdulden*

Les étrangers sont responsables de la violence et de l'insécurité?

Faux. Comme pour l'école, la délinquance s'explique avant tout par des problèmes sociaux: le chômage, le manque d'argent, les déséquilibres psychologiques … Tout cela n'a rien à voir avec le fait d'être étranger ou non.

la délinquance – *Straffälligkeit*

le déséquilibre psychologique – *psychische Störung*

avoir qc à voir avec – *etw. zu tun haben mit*

L'humour contre le racisme

Pour se moquer des préjugés racistes, l'écrivain Jean Genet écrivait: *«Si un Français me vole, ce Français est un voleur, mais si un Arabe me vole, il n'a pas changé: c'est un Arabe qui m'a volé et rien de plus.»*

Comprendre les différences

une menace – *Bedrohung*

Face à ceux qui voient une menace dans tout ce qui est différent, la lutte contre le racisme passe par une meilleure compréhension de ce qui nous rend uniques et différents des autres.

Gare aux généralités!

Dire «Les Arabes sont voleurs», «Les Africains sont paresseux», «Les Chinois sont égoïstes» ou «Les Français sont prétentieux» sont des généralités racistes. Car on se sert de clichés sur une communauté au lieu de juger une personne sur sa personnalité.

Des différences caricaturées

Les racistes ont une vision du monde très simpliste. Ils caricaturent chaque groupe humain à partir de différences apparentes: une façon de parler, de s'habiller, de pratiquer une religion, etc., et ils les enferment dans des images toutes faites. Ils diront, par exemple, qu'un Maghrébin qui pratique la religion musulmane n'a rien à voir avec la société française, qui, elle, a une tradition chrétienne. Comme si on ne pouvait pas être à la fois musulman et français ...

à la fois – en même temps

La peur du métissage

un métissage – *Vermischung*
incompatible – *unvereinbar*
notamment – surtout
un apport – *Beitrag*

«Chacun chez soi», disent les racistes. Ils pensent que le métissage est dangereux car les étrangers auraient des modes de vie absolument incompatibles avec la société française. Ils oublient que la culture, notamment française, est le résultat de très nombreux apports des étrangers au cours des siècles. Et aussi que les êtres humains ne se définissent pas simplement par une seule culture.

Des cultures en mouvement

figé – *hier: starr*
distinguer – *unterscheiden*
et réciproquement – *und umgekehrt*

Bien sûr, chaque être humain est influencé par la culture de son pays d'origine. Par exemple, les Africains ont des manières de vivre différentes de celles des Français. Mais ces cultures ne sont jamais figées. Les frontières qui distinguaient les peuples par des façons de vivre particulières existent de moins en moins. Chacun se nourrit des rencontres avec les autres. Aucune société ne peut survivre sans influencer ses voisines et réciproquement.

une référence – *Bezug*

bref – *kurz (und bündig)*

le centre d'intérêt – *(Interessen-) Schwerpunkt*

Des références multiples

Échanger avec les autres ne veut pas dire perdre sa personnalité. Un jeune né français de parents algériens peut à la fois parler l'arabe et le français, adorer le couscous et les hamburgers, regarder des films américains et écouter du rap … Bref, comme pour tout le monde, ses centres d'intérêts sont variés et ses références culturelles sont diverses.

Les cultures qui imprègnent la société française

Sais-tu que le couscous-merguez est un mélange de recette maghrébine avec une influence européenne, que la musique rap mêle des origines américaines et arabes ou encore que le football s'inspire de techniques slaves et africaines?

(Emmanuel Vaillant: *Savoir faire face au racisme*, collection «Les essentiels» Milan Junior, © 2000 Éditions Milan, Toulouse, pp. 22–25)

Compréhension et analyse

Lutter contre les préjugés

1. Lisez les phrases suivantes. Donnent-elles les mêmes informations que les différents paragraphes du texte?
   1) Aujourd'hui, le taux d'étrangers vivant régulièrement en France est plus élevé qu'en 1931.
   2) Les Français ne veulent pas travailler dans le commerce et les services.
   3) Les étrangers paient plus d'impôts que les Français.
   4) La pauvreté et la misère sont souvent à l'origine des problèmes scolaires.
   5) Tôt ou tard, les étrangers adoptent les modes de vie de la société française.
   6) Les problèmes sociaux n'ont rien à voir avec la violence.

2. Choisissez deux arguments donnés par le texte et illustrez-les à l'aide d'un exemple.

Comprendre les différences

3. Indiquez comment les racistes sont caractérisés dans ce texte. Que peut-on répliquer à leurs affirmations?

4. «Chacun se nourrit des rencontres avec les autres.» – Précisez en quoi notre société est influencée par d'autres cultures. Quelles influences sont à votre avis particulièrement enrichissantes? Lesquelles vous plaisent moins?

Langue

1. Formez des phrases selon le modèle.
Les Africains ont des manières de vivre différentes de celles des Français.
…………… un mode de vie ……………
…………… des usages ……………
…………… des coutumes ……………

2. Traduisez le paragraphe «Des références multiples».

Un peu de méthode

Caractériser un personnage

Avant de rédiger votre texte

Relevez toutes les informations livrées sur le personnage, concernant par exemple:

- son aspect physique
- ce qu'il dit et la façon dont il le dit
- son comportement
- son entourage ou le décor dans lequel il apparaît.

Réfléchissez ensuite et faites des hypothèses:

- Quelle particularité de son physique révèle peut-être un certain trait de caractère?
- Qu'est-ce que ses actes et ses mots révèlent de son caractère? (Essayez de trouver des adjectifs qui décrivent le personnage dans la situation en question.)
- La description du décor ou de l'environnement livre-t-elle des indices révélateurs?

Pour la rédaction

- Notez d'abord les informations générales données sur le personnage (sexe, âge, métier, etc.).
- Décrivez ensuite son aspect physique, sa façon de parler, son comportement et ses actes.
- Interprétez-les selon les hypothèses que vous avez faites.
- Si possible, donnez des raisons pour lesquelles vous croyez que le personnage a développé ce type de caractère.

Chapitre 6 Relations franco-allemandes et Europe

1 France – Allemagne, notre peau en jeu

Avant de lire A l'aide des images (p. 136/137), faites une chronologie des relations franco-allemandes depuis 1871.

Rappelons-nous que l'Europe en paix est l'un des plus formidables miracles politiques de l'Histoire! Et qu'il faudrait donc être fous pour dilapider cet héritage, simplement parce qu'aujourd'hui il va de soi, qu'il nous ennuie et que nous n'allons donc pas nous casser les pieds à le défendre, n'est-ce pas!

Au sortir de la Seconde Guerre mondiale, la haine franco-allemande, née de la guerre pour l'Alsace-Lorraine de 1870–71, nourrie des conflits de 14–18 et 39–45, était la grande affaire de notre Vieux-Continent. C'est pourquoi lorsqu'au début des années 50, la France et l'Allemagne acceptèrent de suivre la suggestion de Jean Monnet et de créer entre elles un «pool charbon acier», personne n'en crut ses oreilles.

Mais le 8 juillet 1962, cette collaboration, originellement invraisemblable, économique, puis politique, devint solennelle, lorsque, à 11 h 02, Charles de Gaulle et Konrad Adenauer entrèrent dans la cathédrale de Reims pour y participer ensemble à une grand-messe de réconciliation.

On aurait pu penser que dans une telle union, la France et l'Allemagne tendraient à s'annuler mutuellement. Or, et là est le miracle des miracles, leur fusion a au contraire provoqué une incroyable surdynamique, laquelle n'a cessé depuis lors de pousser l'Europe en avant, contre vents et marées. Mais aujourd'hui, cette fusion est hélas menacée. Menacée par le temps qui passe: le succès, la routine et l'ennui. Mais aussi par des ambitions qui tendent à faire se séparer lentement le couple fondateur.

Quelles ambitions?

Primo, l'ambition de l'Europe elle-même, que son succès a fini par rendre mégalo: pourquoi, se dit-elle en effet, ne deviendrais-je pas une super-puissance mondiale?

Cette mégalomanie l'a donc convaincue de s'élargir de ses 6 Etats originels à 27 Etats aujourd'hui, et à Dieu sait combien demain. Or, les organisations politiques, lorsqu'elles grandissent trop, deviennent ingérables.

dilapider – *verschwenden*
un héritage – *Erbschaft*
aller de soi – *selbstverständlich sein*
casser les pieds à faire qc (pop.) – *jdn. mit etwas belästigen*
une suggestion – proposition
le charbon – *Kohle*
l'acier (m) – *Stahl*
solennel,le – *feierlich*
s'annuler – se neutraliser
mutuellement – *gegenseitig*
contre vents et marées – *allen Widerständen zum Trotz*
mégalo (abr. de mégalomane) – *größenwahnsinnig*
être ingérable – ici: ce qui ne peut plus être dirigé

Secundo, l'ambition de Nicolas Sarkozy. Le président français, qui était à peine né dans les années 50, a envie aujourd'hui de vivre sa propre vie en cherchant des relations plus étroites avec les Etats-Unis, la Grande-Bretagne et les pays du pourtour méditerranéen. Délaissant du coup, quoi qu'il en dise, la relation motrice privilégiée qu'entretenaient la France et l'Allemagne. Si le couple franco-allemand devait se défaire, l'Europe risquerait fort de redevenir le continent où les conflits guerriers sont la règle plutôt que l'exception.

(Claude Monnier, dans: Tribune de Genève, mardi 13 mai 2008, p. 12; texte abrégé)

le pourtour méditerranéen – *Mittelmeerländer*
délaisser – abandonner

Chronologie des relations franco-allemandes

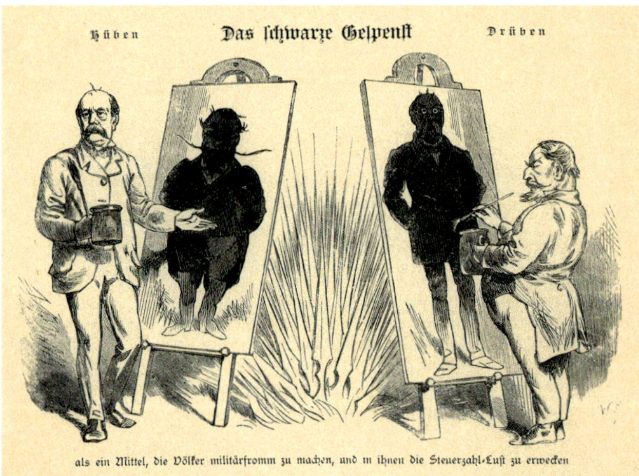

Le spectre noir, gravure de Wilhelm Scholz (allusion au spectre «rouge»), extrait du Kladderadatsch Num. 28, 20 juin 1869

Lucien Métivet: Marianne et Germania. Histoire d'un bonnet et d'un casque. La Baionnette. Paris, 18 avril 1918

Soldats dans les tranchées pendant la Première Guerre mondiale

Le Général de Gaulle lance un appel à la résistance contre l'occupation allemande pendant la Seconde Guerre mondiale.

Visite officielle du chancelier Konrad Adenauer au Président de la République, le Général de Gaulle (1962)

A Verdun, le Chancelier Kohl et le président Mitterrand rendent hommage aux soldats tombés durant les deux guerres mondiales (1984)

40ème anniversaire du traité de l'Élysée: Les sommets franco-allemands sont désormais remplacés par des conseils des ministres communs. Le 22 janvier devient dans les deux pays la journée de l'amitié franco-allemande (2003).

La chancelière Angela Merkel et le président Nicolas Sarkozy lors d'une visite de Sarkozy à Berlin (2007)

Compréhension et analyse

1. Expliquez pourquoi l'auteur parle de «l'Europe en paix» comme d'un miracle politique.
2. Décrivez le rôle de la France et de l'Allemagne dans ce développement historique.
3. D'après l'auteur, pourquoi les relations franco-allemandes sont-elles menacées aujourd'hui?

Commentaire

Laquelle des définitions suivantes de l'Europe vous plaît? Discutez de votre choix.

a) L'Europe – un simple terme géographique.
b) L'Europe – une union d'Etats nationaux ayant des cultures et des coutumes différentes.
c) L'Europe – un rassemblement de pays capitalistes exploitant le Tiers monde.
d) L'Europe – le continent de la démocratie, du siècle des Lumiéres et du progrès.
e) L'Europe – un exemple de coopération pacifique de pays autrefois ennemis.

Langue et style

1. Cherchez les noms ou les verbes.

noms	verbes
…	rappeler
l'héritage	…
…	défendre
la haine	…
…	nourrir
…	créer
la réconciliation	…
…	menacer
l'ennui	…
…	convaincre
…	risquer

2. Ajoutez les adjectifs.

Ce qu'on ne peut pas …

croire		incroyable.
lire		…
comprendre		…
expliquer	est	…
réparer		…
traduire		…
oublier		…

2 Alphonse Daudet: La dernière classe

Avant de lire

Renseignez-vous sur la guerre franco-allemande (1870/71) et ses conséquences pour la France et pour l'Allemagne.

Récit d'un petit Alsacien

Ce matin-là, j'étais très en retard pour aller à l'école, et j'avais grand peur d'être grondé, d'autant que M. Hamel nous avait dit qu'il nous interrogerait sur les participes, et je n'en savais pas le premier mot. Un moment l'idée me vint de manquer la classe et de prendre ma course à travers champs.

Le temps était si chaud, si clair!

On entendait les merles siffler à la lisière du bois, et dans le pré Rippert, derrière la scierie, les Prussiens qui faisaient l'exercice. Tout cela me tentait bien plus que la règle des participes; mais j'eus la force de résister, et je courus bien vite vers l'école.

En passant devant la mairie, je vis qu'il y avait du monde arrêté près du petit grillage aux affiches. Depuis deux ans, c'est de là que nous sont venues toutes les mauvaises nouvelles, les batailles perdues, les réquisitions, les ordres de la commandature; et je pensai sans m'arrêter:

gronder – on gronde un enfant désobéissant (*schelten, ausschimpfen*)

un merle – *Amsel*
la lisière du bois – le bord du bois
un pré – *Wiese*
une scierie – usine où on coupe du bois

le grillage aux affiches – *Kasten für amtliche Bekanntmachungen*
une réquisition – *Beschlagnahmung*

«Qu'est-ce qu'il y a encore?»

un forgeron – celui qui travaille le fer (*Schmied*)

Alors, comme je traversais la place en courant, le forgeron Wachter, qui était là avec son apprenti en train de lire l'affiche, me cria: «Ne te dépêche pas tant, petit; tu y arriveras toujours assez tôt à ton école!»

essoufflé – hors d'haleine (*außer Atem*)

Je crus qu'il se moquait de moi, et j'entrai tout essoufflé dans la petite cour de M. Hamel.

un tapage – bruit violent, confus
un pupitre – *Pult*
se boucher les oreilles – se fermer les oreilles, refuser d'entendre
une règle – *Lineal*
taper – frapper
un train – ici: grand bruit, tapage

D'ordinaire, au commencement de la classe, il se faisait un grand tapage qu'on entendait jusque dans la rue, les pupitres ouverts, fermés, les leçons qu'on répétait très haut tous ensemble en se bouchant les oreilles pour mieux apprendre, et la grosse règle du maître qui tapait sur les tables:

«Un peu de silence!»

Je comptais sur tout ce train pour gagner mon banc sans être vu; mais, justement, ce jour-là, tout était tranquille, comme un matin de dimanche. Par la fenêtre ouverte, je voyais mes camarades déjà rangés à leurs places, et M. Hamel, qui passait et repassait avec la terrible règle en fer sous le bras. Il fallut ouvrir la porte et entrer au milieu de ce grand calme. Vous pensez si j'étais rouge et si j'avais peur! Eh bien! non. M. Hamel me regarda sans colère et me dit très doucement:

«Va vite à ta place, mon petit Frantz; nous allions commencer sans toi.»

enjamber – franchir un obstacle en étendant la jambe, sauter
la frayeur – peur très vive
une redingote – longue veste, vêtement d'homme
un jabot plissé – ornement attaché au col d'une chemise (*plissierte Hemdkrause*)
une calotte – petit bonnet rond
broder – *sticken*
solennel – *feierlich*
un tricorne – chapeau à trois cornes
un facteur – celui qui apporte les lettres etc.
un abécédaire – livre pour apprendre l'alphabet

J'enjambai le banc et je m'assis tout de suite à mon pupitre. Alors seulement, un peu remis de ma frayeur, je remarquai que notre maître avait sa belle redingote verte, son jabot plissé fin et la calotte de soie noire brodée qu'il ne mettait que les jours d'inspection ou de distribution de prix. Du reste, toute la classe avait quelque chose d'extraordinaire et de solennel. Mais ce qui me surprit le plus, ce fut de voir au fond de la salle, sur les bancs qui restaient vides d'habitude, des gens du village assis et silencieux comme nous, le vieux Hauser avec son tricorne, l'ancien maire, l'ancien facteur, et puis d'autres personnes encore. Tout ce monde-là paraissait triste; et Hauser avait apporté un vieil abécédaire mangé aux bords qu'il tenait grand ouvert sur ses genoux, avec ses grosses lunettes posées en travers des pages.

une chaire – ici: siège du professeur

Pendant que je m'étonnais de tout cela, M. Hamel était monté dans sa chaire, et de la même voix douce et grave dont il m'avait reçu, il nous dit:

«Mes enfants, c'est la dernière fois que je vous fais la classe. L'ordre est venu de Berlin de ne plus enseigner que l'allemand dans les écoles de l'Alsace et de la Lorraine … Le nouveau maître arrive demain. Aujourd'hui, c'est votre dernière leçon de français. Je vous prie d'être bien attentifs.»

bouleverser – causer une émotion violente

Ces quelques paroles me bouleversèrent. Ah! les misérables, voilà ce qu'ils avaient affiché à la mairie.

… Ma dernière leçon de français! …

en vouloir à qn – *jdm. böse sein*

la Saar (orthographe française: Sarre) – une rivière

un habit – un vêtement

s'embrouiller – perdre le fil de ses idées

une filature – usine où est fabriqué le fil (*Spinnerei*)

une truite – *Forelle*

donner congé – donner la permission de partir

Et moi qui savais à peine écrire! Je n'apprendrais donc jamais! Il faudrait donc en rester là! ... Comme je m'en voulais maintenant du temps perdu, des classes manquées à courir les nids ou à faire des glissades sur la Saar! Mes livres que tout à l'heure encore je trouvais si ennuyeux, si lourds à porter, ma grammaire, mon histoire sainte me semblaient à présent de vieux amis qui me feraient beaucoup de peine à quitter. C'est comme M. Hamel. L'idée qu'il allait partir, que je ne le verrais plus, me faisait oublier les punitions, les coups de règle. Pauvre homme!

C'est en l'honneur de cette dernière classe qu'il avait mis ses beaux habits du dimanche, et maintenant je comprenais pourquoi ces vieux du village étaient venus s'asseoir au bout de la salle. Cela semblait dire qu'ils regrettaient de ne pas y être venus plus souvent, à cette école. C'était aussi comme une façon de remercier notre maître de ses quarante ans de bons services, et de rendre leurs devoirs à la patrie qui s'en allait ...

J'en étais là de mes réflexions, quand j'entendis appeler mon nom. C'était mon tour de réciter. Que n'aurais-je pas donné pour pouvoir dire tout au long cette fameuse règle des participes, bien haut, bien clair, sans une faute? Mais je m'embrouillai aux premiers mots, et je restai debout à me balancer dans mon banc, le cœur gros, sans oser lever la tête. J'entendais M. Hamel qui me parlait: «Je ne te gronderai pas, mon petit Frantz, tu dois être assez puni ... voilà ce que c'est. Tous les jours on se dit: «Bah! j'ai bien le temps. J'apprendrai demain.» Et puis tu vois ce qui arrive ... Ah! ç'a été le grand malheur de notre Alsace de toujours remettre son instruction à demain. Maintenant ces gens-là sont en droit de nous dire: «Comment! Vous prétendez être Français, et vous ne savez ni lire ni écrire votre langue!» Dans tout ça, mon pauvre Frantz, ce n'est pas encore toi le plus coupable. Nous avons tous notre bonne part de reproches à nous faire.

«Vos parents n'ont pas assez tenu à vous voir instruits. Ils aimaient mieux vous envoyer travailler à la terre ou aux filatures pour avoir quelques sous de plus. Moi-même, n'ai-je rien à me reprocher? Est-ce que je ne vous ai pas souvent fait arroser mon jardin au lieu de travailler? Et quand je voulais aller pêcher des truites, est-ce que je me gênais pour vous donner congé? ...»

Alors, d'une chose à l'autre, M. Hamel se mit à nous parler de la langue française, disant que c'était la plus belle langue du monde, la plus claire, la plus solide; qu'il fallait la garder entre nous et ne jamais l'oublier, parce que, quand un peuple tombe esclave, tant qu'il tient bien sa langue, c'est comme s'il tenait la clef de sa prison[a] ...

Puis il prit une grammaire et nous lut notre leçon. J'étais étonné de voir comme je comprenais. Tout ce qu'il disait me semblait facile, facile. Je crois aussi que je n'avais jamais si bien écouté et que lui non plus n'avait jamais mis autant de patience à ses explications. On

[a] «S'il tient sa langue, il tient la clef qui, de ses chaînes, le délivre.» – F. Mistral.

une tringle – *Leiste*
un hanneton – *Maikäfer*
tracer – dessiner, former des lignes
un bâton – ici: trait vertical que les enfants font pour apprendre à écrire
un pigeon – *Taube*
roucouler – le bruit que font les pigeons
un noyer – *Nussbaum*
le houblon – *Hopfen*
un crève-cœur – grand déplaisir, grande peine
une malle – coffre contenant ce qu'on emporte en voyage
épeler (les lettres) – *buchstabieren*
étouffer – empêcher de respirer
achever – terminer

aurait dit qu'avant de s'en aller le pauvre homme voulait nous donner tout son savoir, nous le faire entrer dans la tête d'un seul coup.

La leçon finie, on passa à l'écriture. Pour ce jour-là, M. Hamel nous avait préparé des exemples tout neufs, sur lesquels était écrit en belle ronde: *France, Alsace, France, Alsace*. Cela faisait comme des petits drapeaux qui flottaient tout autour de la classe, pendus à la tringle de nos pupitres. Il fallait voir comme chacun s'appliquait, et quel silence! On n'entendait rien que le grincement des plumes sur le papier. Un moment des hannetons entrèrent; mais personne n'y fit attention, pas même les tout petits qui s'appliquaient à tracer leurs *bâtons*, avec un cœur, une conscience, comme si cela encore était du français ... Sur la toiture de l'école, des pigeons roucoulaient tout bas, et je me disais en les écoutant:

«Est-ce qu'on ne va pas les obliger à chanter en allemand, eux aussi?»

De temps en temps, quand je levais les yeux de dessus ma page, je voyais M. Hamel immobile dans sa chaire et fixant les objets autour de lui, comme s'il avait voulu emporter dans son regard toute sa petite maison d'école ... Pensez! depuis quarante ans, il était là à la même place, avec sa cour en face de lui et sa classe toute pareille. Seulement les bancs, les pupitres s'étaient polis, frottés par l'usage; les noyers de la cour avaient grandi, et le houblon qu'il avait planté lui-même enguirlandait maintenant les fenêtres jusqu'au toit. Quel crève-cœur ça devait être pour ce pauvre homme de quitter toutes ces choses, et d'entendre sa sœur qui allait, venait, dans la chambre au-dessus, en train de fermer leurs malles! Car ils devaient partir le lendemain, s'en aller du pays pour toujours.

Tout de même, il eut le courage de nous faire la classe jusqu'au bout. Après l'écriture, nous eûmes la leçon d'histoire: ensuite les petits chantèrent tous ensemble le BA BE BI BO BU. Là-bas, au fond de la salle, le vieux Hauser avait mis ses lunettes, et, tenant son abécédaire à deux mains, il épelait les lettres avec eux. On voyait qu'il s'appliquait lui aussi; sa voix tremblait d'émotion, et c'était si drôle de l'entendre, que nous avions tous envie de rire et de pleurer. Ah! je m'en souviendrai de cette dernière classe ...

Tout à coup, l'horloge de l'église sonna midi, puis l'*Angelus*. Au même moment, les trompettes des Prussiens qui revenaient de l'exercice éclatèrent sous nos fenêtres ... M. Hamel se leva, tout pâle, dans sa chaire. Jamais il ne m'avait paru si grand.

«Mes amis, dit-il, mes amis, je ... je ...»

Mais quelque chose l'étouffait. Il ne pouvait pas achever sa phrase.

Alors il se tourna vers le tableau, prit un morceau de craie et, en appuyant de toutes ses forces, il écrivit aussi gros qu'il put:

«VIVE LA FRANCE!»

Puis il resta là, la tête appuyée au mur, et, sans parler, avec sa main, il nous faisait signe:

«C'est fini ..., allez-vous-en.»

(Dans: Alphonse Daudet: *Contes du lundi*, Flammarion, Paris 1984, pp. 27–31)

Compréhension et analyse

1. Qui est le narrateur? Pourquoi a-t-il peur? (1–35)
2. Relevez toutes les surprises qui frappent le petit Frantz ce matin-là et dites pourquoi la classe a quelque chose d'extraordinaire et de solennel (35–59).
3. Quelles sont les réflexions de Frantz? (35–78)
4. Expliquez ce que M. Hamel veut exprimer en disant (79–98):
   – tu dois être assez puni (85)
   – nous avons tous notre bonne part de reproches à nous faire (92)
5. Selon M. Hamel, quelle est l'importance de la langue dans la situation donnée? Comment le lecteur se rend-il compte que les enfants comprennent? (99–119)
6. Décrivez l'atmosphère qui règne à la fin du conte (119–153).

Travail d'écriture

Frantz rentre à la maison et raconte à sa mère ce qui s'est passé à l'école.

Langue et style

1. Remplacez les mots en gras par d'autres expressions tout en respectant le contexte:
   9/10: Tout cela **me tentait** bien plus; 23: **D'ordinaire**; 29: Je **comptais** sur tout ce train; 63: Et moi qui savais **à peine** écrire; 64: Comme je **m'en voulais**
2. Mettez au discours indirect:
   19/20: «Ne te dépêche pas tant, petit; tu y arriveras toujours assez tôt à ton école!» Il me cria …
   84/85: «Je ne te gronderai pas, mon petit Frantz, tu dois être assez puni.» Il a dit à Frantz …
   93: «Vos parents n'ont pas assez tenu à vous voir instruits.» Il a dit aux enfants …

Allons plus loin

Comparez ce conte avec le texte de Tomi Ungerer (p. 146/147): *Dessins et souvenirs d'enfance en Alsace*. Montrez l'importance de la langue pour les Alsaciens.

3 Jean Egen: Tête de Boche

Boche – pop. et péjoratif: Allemand

Avant de lire

Informez-vous sur l'histoire de l'Alsace et expliquez l'importance de ces dates-clés: 1871, 1919, 1940, 1944.

Dans ses «Mémoires d'Alsace», Jean Egen raconte une anecdote personnelle de l'année 1925.

le Changala – c'est ainsi qu'on appelait le petit Jean en alsacien
le Doubs – département au sud-ouest de l'Alsace
un pupitre – *Pult, Schulbank*
la braguette – *Hosenschlitz*
pouffer – éclater de rire

Le Changala a cinq ans. Il n'habite pas l'Alsace. Il vit à Audincourt dans le Doubs. Il est à l'école maternelle. Sa maîtresse s'appelle Mme Accard. Son voisin de pupitre se prénomme Victor. Victor ouvre sa braguette, en extrait son zizi et dit: «Regarde!» Le Changala regarde et pouffe. Mme Accard l'entend et dit: «Pourquoi ris-tu?» Le Changala répond: «Madame, c'est sa petite bête …» Mme Accard se fâche:

la retenue – *Arrest*
s'emparer de qc – prendre possession de qc
un mioche – ici: un petit enfant bête
se laisser piéger – *sich in eine Falle locken lassen*
la vessie – *(Harn-)Blase*
la petite commission – faire pipi
le mur d'ardoise – mur noir dans les toilettes des garçons
une culotte – *Unterhose, Schlüpfer*
songer – penser
ensevelir – *begraben*
un sabot – chaussure en bois
rameuter – mobiliser
un marmot (pop.) – petit enfant
aux trousses de qn – *auf den Fersen*
le rebord (de la fenêtre) – *Fenstersims*
assagi – devenu calme
une patte – jambe (d'un animal)
une fessée – des coups sur le derrière
brailler – crier, pleurer
Guillaume II – empereur d'Allemagne (1888–1918), voir photo
un ogre – *Menschenfresser*
les Teutons – péjoratif: les Allemands

«Tais-toi, tu es un cochon. Toi aussi, Victor. Vous serez en retenue tous les deux.» La panique s'empare du Changala. Il ignore ce que retenue veut dire mais le mot sent la cage et il n'est pas mioche à se laisser piéger.

Il lève la main droite, pose la gauche sur sa vessie et dit: «Madame, c'est pour la petite commission!» Mme Accard l'autorise à sortir. D'habitude, avant d'arroser le mur d'ardoise, le Changala fait un détour par les toilettes des filles, il aime les petits cris qu'elles poussent quand on les surprend la culotte sur les pieds. Mais cette fois, il se moque bien du zizi des gamines, il n'a pas le temps non plus de s'occuper du sien, il ne songe qu'à s'enfuir, il traverse la cour à toutes jambes bien qu'elle soit ensevelie sous la neige et que ses sabots s'y enfoncent lourdement …

La petite commission semblant se prolonger, Mme Accard, inquiète, va voir où le Changala en est. Ne le trouvant pas devant le mur d'ardoise, elle aperçoit ses traces dans la neige et comprend. Le temps de rameuter ses collègues et d'organiser la chasse au marmot et voici trois furies aux trousses du fugitif …

Mme Accard le ramène par l'oreille, à l'école. Pour ne plus entendre ses hurlements, elle l'enferme dans la salle de classe en disant: «Comme ça, tu vas te calmer!» Dès qu'elle a disparu, le Changala pousse un pupitre vers la fenêtre et grimpe sur le rebord, bien décidé à sauter dans la rue, quelque cinq mètres plus bas – plutôt la mort que la retenue.

N'entendant plus rien et croyant le rebelle assagi, Mme Accard rouvre la porte et pousse un cri en voyant le Changala dressé au bord du vide … Elle a juste le temps de le saisir aux pattes et de lui sauver la vie. Mais elle attaque aussitôt son honneur en lui administrant la plus impitoyable des fessées. A travers les cris que lui arrachent la douleur et la honte, le Changala entend Mme Accard confier à ses collègues: «Celui-là, quelle tête de Boche, on voit bien que c'est un Alsacien.»

Le Changala cesse aussitôt de brailler. Le silence est si soudain, si énorme, que Mme Accard, à son tour, s'arrête de frapper. «Qu'est-ce qui se passe?» dit-elle la main en l'air. Ce qui se passe est simple: le Changala vient de se voir avec la tête de Guillaume II. Il ferme les yeux pour chasser la vision, mais la tête se précise: le casque à pointe, le regard d'ogre, les moustaches de gendarme, tout y est. Pour comprendre à quel point le Changala a honte, il faut savoir qu'il est nourri de chansons, de gravures, d'illustrés de la Grande Guerre. Il sait tout sur les Teutons, tout ce

puer – sentir très mauvais
ravager – détruire
coller – ici: fam. donner
une vengeance – *Rache*
pour de bon – vraiment
une cuisse – *Schenkel*
inonder – *überschwemmen*
une détresse – un désespoir
éponger – sécher
un dégât – *Schaden*
savourer – *genießen*

qu'en 1925 a pu retenir une mémoire de cinq ans. Il sait qu'ils puent, qu'ils tuent, qu'ils ravagent les maisons, bombardent les églises et coupent la main des petits enfants. [...] Voilà pourquoi le Changala refuse désespérément la tête que sa maîtresse veut lui coller ...
Le Changala cherche une vengeance. Cette envie qu'il a prétexté tout à l'heure pour s'enfuir dans la neige, voici qu'elle est là pour de bon. Puisque Mme Accard le tient sur ses genoux, pourquoi pas pisser sur elle? Le temps que l'idée parvienne de la tête au zizi et la maîtresse, les cuisses entièrement inondées, pousse à son tour d'épouvantables cris. Si grande est sa détresse que, remettant les représailles à plus tard, elle jette le Changala par terre et court éponger les dégâts. Le Changala se relève, se reculotte et savoure discrètement sa victoire.

(Dans: Jean Egen: *Les tilleuls de Lautenbach – Mémoires d'Alsace*, Tome 1, Editions Stock, Paris 1992, pp. 67–70; texte abrégé)

Compréhension, analyse et commentaire

1. Décrivez la situation dans laquelle se trouve le Changala et expliquez la phrase: «le mot sent la cage» (9).
2. Présentez la réaction du Changala et dites pourquoi il n'agit pas comme d'habitude.
3. Analysez la phrase: «Celui-là, quelle tête de Boche, on voit bien que c'est un Alsacien» (37/38).
4. Indiquez pourquoi le Changala a honte et expliquez la phrase: «Il sait tout sur les Teutons» (52/53).
5. Caractérisez le Changala.
6. Commentez le comportement de Mme Accard.

Travail d'écriture

Imaginez un dialogue entre Mme Accard, qui se plaint du Changala, et son père, qui défend son enfant.

Langue et style

Révisez les règles de l'emploi du participe présent et du gérondif, puis traduisez:

20/21: La petite commission semblant se prolonger, Mme Accard, inquiète, va voir où le Changala en est.

21/22: Ne le trouvant pas devant le mur d'ardoise, elle aperçoit ses traces dans la neige.

26/27: Elle l'enferme dans la salle de classe en disant: «Comme ça, tu vas te calmer».

31–33: N'entendant plus rien et croyant le rebelle assagi, Mme Accard rouvre la porte et pousse un cri en voyant le Changala dressé au bord du vide.

34/35: Mais elle attaque aussitôt son honneur en lui administrant la plus impitoyable des fessées.

4 Tomi Ungerer: Dessins et souvenirs d'enfance en Alsace

Avant de lire Tomi Ungerer, né en 1931, a fabriqué ce jeu de cartes (avec Hitler en «Schwarzer Peter», p. 146) pendant la Deuxième Guerre mondiale alors que l'Alsace avait été annexée par l'Allemagne.

1. A deux, décrivez une des six «paires franco-allemandes»; servez-vous d'un dictionnaire bilingue.

2. Dites quelle attitude est illustrée par les cartes de ce jeu.

truffé de – plein de

la drôle de guerre – septembre 1939 à mai 1940: guerre sans combats à la frontière franco-allemande

fournir – présenter, donner

retracer – raconter, rappeler en souvenir

Ma mère ne jetait rien. C'est ainsi que j'ai retrouvé intacts mes dessins d'enfants, mes journaux, lettres, cahiers d'écolier, bulletins … Les documents les plus truffés d'intérêt sont ceux qui remontent à la Deuxième Guerre mondiale: la drôle de guerre, l'arrivée des Nazis, la Libération. J'avais neuf ans en 1940. Mes dessins, mes notes me fournissent les moyens de retracer cette aventure où le comique est tout aussi absurde que le tragique.

une stupéfaction – un étonnement profond

un franc-tireur – un combattant qui ne fait pas partie d'une armée régulière

mettre en faisceaux – mettre ensemble en pyramides

d'un pas cadencé – *im Gleichschritt*

Hansi – dessinateur et caricaturiste alsacien

trébucher – *stolpern*

Les Allemands? Imaginez ma stupéfaction lorsqu'ils arrivèrent. D'abord des motos avec sidecars, puis les régiments, disciplinés, chantant, chaussés de belles bottes, avec de vrais rucksacks, de vrais fusils.

J'étais devant la maison avec un fusil jouet, je le jetai par terre, ayant peur d'être pris pour un franc-tireur. C'était sur le coup de midi, en juin 1940, il faisait chaud. Le régiment s'arrête, les fusils sont mis en faisceaux, une cuisinière roulante arrive, tirée par un cheval. Un soldat, avec un grand sourire, m'offre de goûter sa soupe. Pour la première fois de ma vie, je voyais de véritables soldats. Ils repartirent d'un pas cadencé en chantant. Ce n'étaient pas les hordes de Huns que Hansi nous avait annoncées, et pour comble ils étaient sympathiques. Je trébuchai là sur mon premier point d'interrogation.

aussi – ici: c'est pourquoi

convoquer – *vorladen*

un piédestal – la base d'un monument

un étalage – *hier: Zurschaustellung*

un sourire de polichinelle – *ein verschmitztes Lächeln*

le dignitaire – ici: l'officier allemand

Le français était interdit par la loi, mais nous continuions en famille à le parler. Aussi ma mère avait-elle été dénoncée et convoquée par les autorités nazies pour venir s'expliquer. Pour cette convocation, ma mère s'était faite très belle, et sachant que les fascistes mettaient la Deutsche Mutter sur un piédestal national, elle m'emmena.

Nous voilà devant cet officier. Maman y va d'un «Heil Hitler» et moi aussi. L'officier, devant cet étalage spontané de patriotisme, semble déjà rassuré.

– Oui, c'est bien ennuyeux, mais selon ce rapport il paraîtrait que vous persistez à parler le français.

Là-dessus ma mère éclate, avec des larmes aux yeux.

– Que mon fils, futur citoyen du Troisième Reich, en soit témoin, oui, nous parlons le français, c'est une question d'éducation.

Elle déroule son bla bla bla et en vient à l'argument final, moi très inquiet, alors qu'elle m'adresse un clin d'œil avec un sourire de polichinelle pendant que le dignitaire examine son dossier:

– Oui, dit-elle, vous ne m'empêcherez pas, jamais, de parler le français; et pourquoi? Je vais vous le dire: si plus aucun Allemand ne parle le français, comment comptez-vous administrer la France après la grande victoire finale?

Là-dessus, l'officier électrisé se lève, se présente à ma mère en claquant les talons, et lui donne un baise-main!
– Enfin je rencontre eine echte Tochter des Führers, une vraie fille du Führer. Oubliez ces imbéciles, diese Narren, qui rédigent des dénonciations primitives. Continuez, parlez le français, je vous en donne officiellement la permission.

(Tomi Ungerer: *À la guerre comme à la guerre. Dessins et souvenirs d'enfance*, La Nuée Bleue / DNA, Strasbourg 1991, pp. 10, 31, 53–55; extraits)

Compréhension, analyse et commentaire

1. Tomi Ungerer a publié ses souvenirs d'enfance à l'âge de 60 ans. Expliquez pourquoi il peut encore se rappeler si clairement son enfance.
2. Expliquez la phrase: «Je trébuchai là sur mon premier point d'interrogation» (24/25).
3. Présentez le comportement de la mère de Tomi et dites ce que vous en pensez.
4. Ungerer dit que son enfance était une aventure où le comique était tout aussi absurde que le tragique. Trouvez des exemples de ce comique.

Langue et style

Donnez des définitions dans le contexte:
un journal (3), la Libération (7), une cuisinière roulante (19), une horde (23), un citoyen (37), un témoin (37), un dossier (41).

Allons plus loin

Informez-vous sur l'œuvre de Tomi Ungerer. Si possible, visitez le Musée Tomi Ungerer à Strasbourg.

CD

5 Marguerite Duras: Riva raconte elle-même sa vie à Nevers

Nevers – chef-lieu du département de la Nièvre, sur la Loire

Avant de lire

Résistance, Libération: Informez-vous.

Les seuls hommes de la ville étaient allemands. J'avais dix-sept ans. La guerre était interminable. Ma jeunesse était interminable. Je n'arrivais à sortir, ni de la guerre, ni de ma jeunesse.
Les morales d'ordre divers brouillaient mon esprit, déjà.
Le dimanche était pour moi jour de fête. Je dévalais toute la ville à bicyclette pour aller à Ezy chercher le beurre nécessaire à ma croissance. Je longeais la Nièvre. Parfois je m'arrêtais sous un arbre et je m'impatientais de la longueur de la guerre. Cependant que je grandissais envers et contre l'occupant. Envers et contre cette guerre. La rivière me faisait toujours bien plaisir à voir.
Un jour, un soldat allemand vint à la pharmacie se faire panser sa main brûlée. Nous étions seuls tous deux dans la pharmacie. Je lui

brouiller – troubler
dévaler – descendre rapidement
une croissance – substantif du verbe croître (*Wachstum*)
longer – suivre le bord de
la Nièvre – affluent de la Loire

panser – appliquer un pansement (*verbinden*)

pansais sa main comme on m'avait appris, dans la haine. L'ennemi remercia.

Il revint. Mon père était là et me demanda de m'en occuper.

Je pansais sa main une nouvelle fois en présence de mon père. Je ne levais pas les yeux sur lui, comme on m'avait appris.

une lassitude – grande fatigue

Cependant, le soir de ce jour, une lassitude particulière me vint de la guerre. Je le dis à mon père. Il ne me répondit pas.

éteindre – éteindre la lumiere

un volet – *Fensterladen*

adosser – appuyer le dos

Je jouai du piano. Puis nous avons éteint. Il m'a demandé de fermer les volets.

Sur la place, un jeune Allemand à la main pansée était adossé à un arbre. Je le reconnus dans le noir à cause de la tache blanche que faisait sa main dans l'ombre. Ce fut mon père qui referma la fenêtre. Je sus qu'un homme m'avait écoutée jouer du piano pour la première fois de ma vie.

écarter – mettre à distance (*beiseite schieben*)

Cet homme revint le lendemain. Alors je vis son visage. Comment m'en empêcher encore? Mon père vint vers nous. Il m'écarta et annonça à cet ennemi que sa main ne nécessitait plus aucun soin. [...]

un peuplier – *Pappel*

Le lendemain de ce jour était un dimanche. Il pleuvait. J'allais à la ferme de Ezy. Je m'arrêtai, comme d'habitude, sous un peuplier, le long de la rivière.

L'ennemi arriva peu après moi sous ce même peuplier. Il était également à bicyclette. Sa main était guérie.

dru,e – épais, serré

Il ne partait pas. La pluie tombait, drue. Puis le soleil arriva, dans la pluie. Il cessa de me regarder, il sourit, et il m'a demandé de remarquer comment parfois le soleil et la pluie pouvaient être ensemble, l'été.

Je n'ai rien dit. Quand même j'ai regardé la pluie.

Il m'a dit alors qu'il m'avait suivie jusque-là. Qu'il ne partirait pas.

Je suis repartie. Il m'a suivie.

Un mois durant, il m'a suivie. Je ne me suis plus arrêtée le long de la rivière. Jamais. Mais il y était posté là, chaque dimanche. Comment ignorer qu'il était là pour moi.

Je n'en dis rien à mon père. Je me mis à rêver à un ennemi, la nuit, le jour.

discernable – ce qui peut être aperçu, reconnu

Et dans mes rêves l'immoralité et la morale se mélangèrent de façon telle que l'une ne fut bientôt plus discernable de l'autre. J'eus vingt ans.

Un soir, faubourg St- ..., alors que je tournais une rue, quelqu'un me saisit par les épaules. Je ne l'avais pas vu arriver. C'était la nuit, huit heures et demie du soir, en juillet. C'était l'ennemi.

une grange – *Scheune*

On s'est rencontrés dans les bois. Dans les granges. Dans les ruines. Et puis, dans des chambres.

une débâcle – *Zusammenbruch*

nier – dire que ce n'est pas vrai

Un jour, une lettre anonyme arrivait à mon père. La débâcle commençait. Nous étions en juillet 1944. J'ai nié.

C'est encore sous les peupliers qui bordent la rivière qu'il m'a annoncé son départ. Il partait le lendemain matin pour Paris, en ca-

mion. Il était heureux parce que c'était la fin de la guerre. Il me parla de la Bavière où je devais le retrouver. Où nous devions nous marier. Déjà il y avait des coups de feu dans la ville. Les gens arrachaient les rideaux noirs. Les radios marchaient nuit et jour. A quatre-vingts kilomètres de là, déjà, des convois allemands gisaient dans des ravins.
J'exceptais cet ennemi-ci de tous les autres.
C'était mon premier amour.
Je ne pouvais plus entrevoir la moindre différence entre son corps et le mien. Je ne pouvais plus voir entre son corps et le mien qu'une similitude hurlante.
Son corps était devenu le mien, je n'arrivais plus à l'en discerner.
J'étais devenue la négation vivante de la raison. Et toutes les raisons qu'on aurait pu opposer à ce manque de raison, je les aurais balayées, et comment, comme châteaux de cartes, et comme, justement, des raisons purement imaginaires. Que ceux qui n'ont jamais connu d'être ainsi dépossédés d'eux-mêmes me jettent la première pierre. Je n'avais plus de patrie que l'amour même.
J'avais laissé un mot à mon père. Je lui disais que la lettre anonyme avait dit vrai: que j'aimais un soldat allemand depuis six mois. Que je voulais le suivre en Allemagne.
Déjà, à Nevers, la Résistance côtoyait l'ennemi. Il n'y avait plus de police. Ma mère revint.
Il partait le lendemain. Il était entendu qu'il me prendrait dans son camion, sous des bâches de camouflage. Nous nous imaginions que nous pourrions ne plus nous quitter jamais.
On est encore allés à l'hôtel, une fois. Il est parti à l'aube rejoindre son cantonnement, vers Saint-Lazare.
Nous devions nous retrouver à midi, sur le quai de la Loire. Lorsque je suis arrivée, à midi, sur le quai de la Loire, il n'était pas encore tout à fait mort. On avait tiré d'un jardin du quai.
Je suis restée couchée sur son corps tout le jour et toute la nuit suivante.
Le lendemain on est venu le ramasser et on l'a mis dans un camion. C'est pendant cette nuit-là que la ville fut libérée. Les cloches de Saint-Lazare emplirent la ville. Je crois bien, oui, avoir entendu.
On m'a mise dans un dépôt du Champ de Mars. Là, certains ont dit qu'il fallait me tondre. Je n'avais pas d'avis. Le bruit des ciseaux sur la tête me laissa dans une totale indifférence. Quand ce fut fait, un homme d'une trentaine d'années m'emmena dans les rues. Ils furent six à m'entourer. Ils chantaient. Je n'éprouvais rien. Mon père, derrière les volets, a dû me voir. La pharmacie était fermée pour cause de déshonneur.

(Extrait de: Marguerite Duras: *Hiroshima mon amour.* Scénario et dialogue, © Editions GALLIMARD, Paris 1960, Appendices pp. 144–149)

gésir (gît, gisait) – être étendu
un ravin – *kleine Schlucht*
hurler – crier très fort
discerner – *unterscheiden*
côtoyer – ici: être à côté de qn
une bâche de camouflage – ici: grosse toile sur un camion, mise pour cacher le matériel de guerre
l'aube (f) – première lueur du soleil levant
un cantonnement – lieu où les troupes sont logées (*Quartier*)
tondre – raser les cheveux
des ciseaux – instrument qui sert à couper qc (*Schere*)
éprouver – percevoir, ressentir

Compréhension et analyse

1. Résumez la situation dans laquelle se trouve Riva à l'âge de 17 ans (1–10).

2. a) Etudiez le développement de la relation entre Riva et le jeune soldat allemand.
   b) Expliquez l'attitude du père de Riva vis-à-vis du soldat allemand.
3. D'abord Riva nie son amour (57); plus tard elle l'avoue à son père (77/78). Pourquoi?
4. Résumez la fin (82–101). Comparez les sentiments de Riva, ceux de son père et ceux des jeunes dans la rue.

Travail d'écriture

Rédigez l'acte d'accusation écrit par les jeunes qui ont tondu Riva.

Langue et style

1. Analysez le style: structure des phrases, discours direct / indirect, actif / passif, choix des mots. Que constatez-vous? Pourquoi croyez-vous que l'auteur ait choisi ce style?
2. Traduisez ces phrases:
   - 2/3: Je n'arrivais à sortir, ni de la guerre, ni de ma jeunesse.
   - 28/29: Il annonça à cet ennemi que sa main ne nécessitait plus aucun soin.
   - 46: Je n'en dis rien à mon père.
   - 67/68: Je ne pouvais plus entrevoir la moindre différence entre son corps et le mien.
   - 68/69: Je ne pouvais plus voir entre son corps et le mien qu'une similitude hurlante.
   - 83/84: Nous nous imaginions que nous pourrions ne plus nous quitter jamais.
   - 88/89: Il n'était pas encore tout à fait mort.
3. Trouvez les adjectifs. Exemple: La guerre était **interminable**.
   Ce qu'on ne peut pas accepter est …
   croire
   dire
   expliquer
   guérir
   imaginer
   lire
   oublier
   remplacer
   voir

Allons plus loin

1. Cette histoire fait partie du matériel rassemblé pour le scénario du film «Hiroshima mon amour». Présentez le scénario à vos camarades ou regardez le film.
2. Regardez un autre film français dont l'action se déroule pendant la Seconde Guerre mondiale, par exemple:
   Lacombe Lucien (1974, Réalisateur: Louis Malle, Scénario: Louis Malle et Patrick Modiano)
   Le dernier métro (1980, Réalisateur: François Truffaut)
   Au revoir, les enfants (1987, Réalisateur: Louis Malle)

6 Jean-Paul Picaper: Enfants maudits

Avant de lire

Renseignez-vous sur l'occupation de la France par l'Allemagne pendant la Seconde Guerre mondiale.
Cherchez dans ce contexte la signification et l'origine du terme «Boche».

dérangeant – ici: désagréable
le devoir – *Pflicht*
persécuter – *verfolgen*
prohibé,e – interdit
le documentaire – *Dokumentarfilm*
diffuser – ici: montrer à la télévision
l'ampleur (f) – *Ausmaß*
avoisiner – être proche de
un cimetière – *Friedhof*
la Toussaint – *Allerheiligen*
innombrable – très nombreux
une tombe – *Grab*
alentour – dans les environs
le havre de paix – *Insel des Friedens*
un marin – *Matrose*
une fosse commune – *Massengrab*
péjoratif,ve – *abwertend, abfällig*

Aussi dérangeant que cela paraisse, il se trouve qu'en France, durant la Seconde Guerre mondiale des Françaises ont aimé des soldats ennemis alors que leur devoir patriotique était de les ignorer, sinon de les haïr. Elles furent des centaines de milliers à agir ainsi, beaucoup plus nombreuses que nos cours d'histoire à l'école nous l'ont enseigné. Pour la période 1940–1945, on ne s'est intéressé qu'aux femmes et aux mères dont un grand nombre furent persécutées et rejetées par leurs compatriotes. Mais aucune étude spécifique n'avait été publiée concernant les enfants nés de ces amours prohibés. En février 2003, un excellent documentaire était enfin diffusé sur ce sujet par France 3, sous le titre *Enfants de boches*. Il permit aux téléspectateurs de mesurer l'ampleur du problème. Un vrai phénomène de société, puisque ce documentaire nous apprenait que leur nombre avoisinait les 200 000. En France, on n'a que très rarement donné la parole à ces «enfants» aujourd'hui âgés de cinquante-sept à soixante-trois ans. Nous avons donc décidé d'aller à leur rencontre, de les écouter.

Else: «Je n'ai appris que j'étais la fille d'un Allemand qu'à dix-huit ans. Ma mère nous avait emmenés, mon frère Eric et moi, au cimetière allemand de Berneuil, en Charente-Maritime, où elle se rendait tous les ans à la Toussaint. Je ne savais pas pourquoi. Devant ces innombrables tombes, sans un bruit alentour, rien que le chant des oiseaux et le souffle du vent d'automne, dans ce havre de paix, elle nous a dit que nous n'étions que demi-frère et sœur et que j'étais la fille d'un marin allemand qu'elle avait connu au cours de la Seconde Guerre mondiale. En quelques secondes, je changeais d'identité, devant mon frère qui, lui, n'en changeait pas. Et quand on sait que certains Français parlaient encore à cette époque des «Boches»! Mon père en était un! Sans doute était-il enterré là, dans une fosse commune. Nous avons enfin compris pourquoi ma mère allait là tous les ans.»

Hélène: «Lors de ma première rentrée à l'école du village, dans une classe unique fréquentée par des enfants de quatre à quatorze ans, j'ai été traitée de «Boche» par mes petits camarades. J'avais cinq ans … Comment aurais-je pu comprendre ce que cela signifiait? J'ai seulement saisi que cette appellation était péjorative et j'ai réalisé que je n'étais pas une petite fille comme les autres. J'en ai gardé un profond complexe d'infériorité. Cela m'a marqué pour la vie.»

Daniel: «Je suis né à Paris le 2 avril 1943. Je suis un accident de guerre, je pense. Mon père était allemand, ma mère française.

une famille d'accueil – *Pflegefamilie*

durcir – rendre plus dur

le courrier – ici: des lettres

prouver – démontrer que qc est vrai

la dernière volonté – *letzter Wille*

Jusqu'à l'âge de quatre ans, j'ai été placé dans une famille d'accueil. Puis, on m'a ramené chez ma grand-mère dans un petit village de Bretagne. C'est elle qui m'a élevé jusqu'à mes douze ans. Les gens passaient devant la maison pour voir si j'étais un être humain comme les autres ... Les gamins me rappelaient souvent mon origine. Ils me lançaient: «Ton père est monté sur ta mère.» Ils voulaient dire comme les vaches ou les porcs qu'ils voyaient dans les fermes. Toutes ces méchancetés m'ont durci le caractère ...

Je ne voyais ma mère qu'une fois par an. Elle refusait toujours de me donner des détails sur sa relation avec mon père, de me parler «de ça», comme elle disait, tandis que moi, je fantasmais sur une photo de mon père que je possédais. Je lui ressemble énormément. On dirait des frères jumeaux. Naturellement, j'aurais eu envie de le connaître, savoir ce qu'il pensait de moi, si j'avais été pour lui une erreur de jeunesse ou s'il m'avait vraiment désiré, bref, s'il avait aimé ma mère. Je pense que oui, mais je n'ai jamais vu de courrier. Pourtant, je suis sûr qu'il lui a écrit quand la guerre les a séparés. Cela me fait plaisir de savoir qu'il a voulu me reconnaître, comme le prouve la lettre qu'il a envoyée à ma mère avant de mourir. Il a fait le nécessaire par écrit. Et sa sœur, ma tante, ainsi que son frère ont respecté sa dernière volonté. Ils ont fait tout ce qu'ils ont pu pour que je sois un des leurs.»

(Jean-Paul Picaper, Ludwig Norz: *Enfants maudits*, Editions J'ai lu, Paris 2005, pp. 20f., 31, 41f., 163f., 232; extraits)

Compréhension

1. Résumez pourquoi Jean-Paul Picaper et Ludwig Norz ont écrit ce livre.
2. a) Présentez l'attitude des Français face aux enfants nés de liaisons franco-allemandes.
   b) Comment cette attitude a-t-elle influencé leur personnalité?
3. Expliquez le titre *Enfants maudits*.

Analyse et commentaire

1. Jugez l'attitude de Daniel par rapport à son père.
2. A votre avis, pourquoi n'a-t-on que «rarement donné la parole à ces enfants aujourd'hui âgés de cinquante-sept à soixante-trois ans»? Discutez!

Travail d'écriture

1. Dans son témoignage, Daniel parle beaucoup de son père allemand (51–59). Rédigez la lettre que le fils aurait pu écrire à son père.
2. Rédigez la lettre que son père a écrit à sa mère avant de mourir (58).

Allons plus loin

Informez-vous sur le sort des femmes françaises qui ont eu des relations avec des soldats allemands pendant la Seconde Guerre mondiale.

7 L'Union européenne

Avant de lire

1. Informez-vous sur l'actualité de l'Union européenne:
   - Lequel des pays membres tient la présidence du Conseil en ce moment?
   - Quels sujets sont actuellement importants?
   - Quand les prochaines élections pour le parlement européen auront-elles lieu?
   - Qui est le député européen de votre région?
2. Etudiez la liste «L'UE en bref» et la carte et dites ce qui a changé depuis 2008.

L'UE en bref (2008)

Nombre d'Etats membres: 27
Superficie: 4 324 782 km^2
Population: 492 millions
Langues officielles: 23
Principales institutions:

- le Parlement européen, qui représente les populations des Etats membres
- le Conseil de l'UE, qui représente les gouvernements des Etats membres (rotation de la présidence: tous les six mois: janvier-juin / juillet-décembre)
- la Commission européenne, qui représente les intérêts communs de l'Union

Les symboles de l'Union européenne:

- le drapeau
- l'hymne: l'air est tiré de la Neuvième symphonie de Beethoven. Lorsqu'il est joué en tant qu'hymne européen, il est sans paroles.
- 9 mai: la journée de l'Europe
- la devise: unie dans la diversité

Les étapes de la construction de l´Union européenne

1957
Création de la CEE avec l'**Allemagne**, la **Belgique**, la France, l'Italie, le Luxembourg et les Pays-Bas.

1973
Entrée de l'**Irlande**, du **Danemark** et du **Royaume-Uni**.

1981
Entrée de la **Grèce**.

1986
Entrée de l'**Espagne** et du **Portugal**.

1995
Entrée de l'**Autriche**, de la **Finlande** et de la **Suède**.

2004
Entrée de **Chypre**, de l'**Estonie**, de la **Hongrie**, de la **Lettonie**, de la **Lituanie**, de **Malte**, de la **Pologne**, de la **République tchèque**, de la **Slovaquie** et de la **Slovénie**.

2007
Entrée de la **Bulgarie** et de la **Roumanie**.

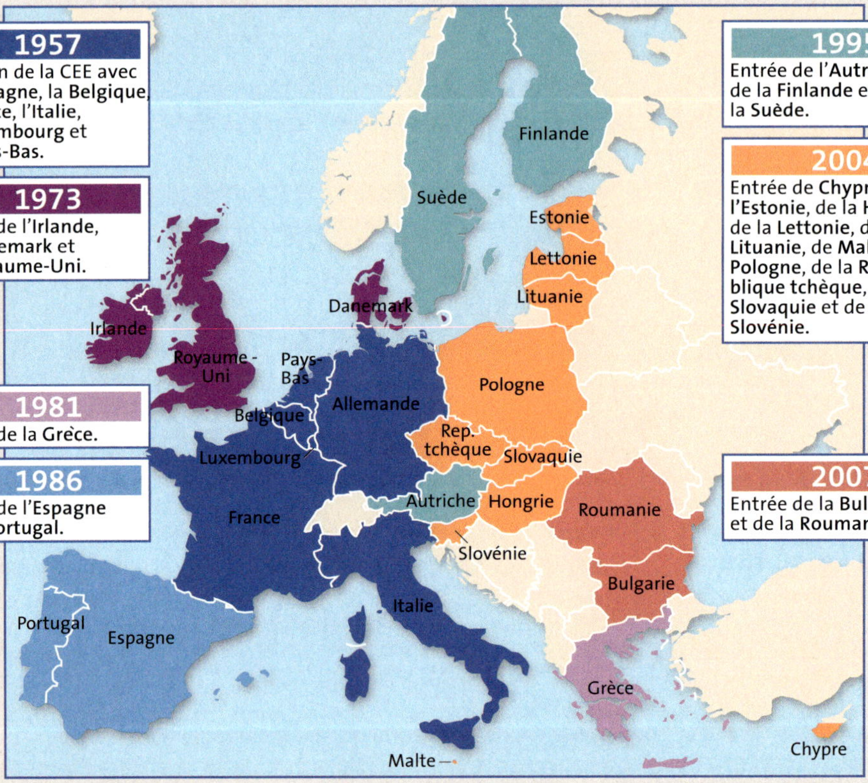

Quelques dates-clés:

Le traité de Paris 18 avril 1951

Robert Schuman, le ministre français des Affaires étrangères, propose le **9 mai 1950** que certains pays européens unissent leur production de charbon et d'acier.
Le charbon était à l'époque la principale source d'énergie, et l'acier, la base des industries d'armement.
La CECA, Communauté européenne du charbon et de l'acier, voit le jour le 18 avril 1951 avec **6 pays**.

Le traité de Rome 25 mars 1957

Il crée **la CEE, Communauté économique européenne**, composée des 6 pays membres de la CECA (*voir carte*). En 1995, il y avait **15 pays** membres.
Aujourd'hui, il y en a 27.

Le traité de Maastricht 7 février 1992

On passe de la CEE à l'**UE (Union européenne)** qui n'est pas seulement économique mais aussi politique.
Elle peut légiférer dans les domaines de l'éducation, de l'environnement, de la lutte contre la drogue ...

Les accords de Schengen 14 juin 1985

À l'intérieur de la CEE, **les contrôles aux frontières sont supprimés**: les marchandises et les hommes peuvent ainsi y circuler librement.

Le passage à l'euro 1er janvier 2002

Sur les 15 pays membres de l'UE à cette date, 12 participent à l'euro. Cette monnaie est en circulation depuis le 1er janvier 2002.

(Mon Quotidien, Spécial Europe n° 12/2007, **www.playbac.fr**)

Compréhension

1. Dites pourquoi il y a 27 pays mais seulement 23 langues officielles.
2. Décrivez le drapeau européen.
3. Pourquoi l'hymne européen est-il sans paroles?
4. Expliquez la devise de l'UE.
5. Dites pourquoi on a choisi le 9 mai comme journée de l'Europe.

Commentaire

Quelles sont, dans votre vie de tous les jours, les conséquences pratiques des accords de Schengen et de l'introduction de l'euro?

Langue et style

1. Lisez tous les chiffres et toutes les dates à haute voix.
2. Complétez la liste:
   la France – les Français
   l'Allemagne – les Allemands
   … Belgique – …:
   Luxembourg, Pays-Bas, Danemark, Suède, Finlande, Pologne, République tchèque, Hongrie, Roumanie, Bulgarie, Grèce, Chypre, Italie, Malte, Espagne, Portugal

Allons plus loin

1. Organisez une interview avec votre député européen.
2. Voterez-vous aux prochaines élections européennes? Dites pourquoi (pas).
3. Visitez le parlement européen à Strasbourg ou à Bruxelles.

Un peu de méthode

Ecrire une lettre

Une lettre se compose de différentes parties:
- le lieu et la date de l'envoi
- le titre donné au destinataire
- le texte même de la lettre avec ses différents paragraphes
- la formule finale

Exemples de formules d'appel à utiliser

lettre officielle .... lettre familière

Madame,
Monsieur,
Messieurs,
Mesdames,
Madame, Monsieur

Chère Madame,
Cher Monsieur,

Chers amis,
Chère Nadine,
Cher Yves,

Ma chère Béatrice,
Mon cher Etienne,

Salut (+ Prénom),

Exemples de formules de politesse (pour les lettres autres qu'amicales ou familières: toujours reprendre la formule d'appel)

Veuillez agréer, ..., l'assurance de mes sentiments les meilleurs
Je vous prie d'agréer, ... , mes salutations distinguées

Sincères salutations

Avec mon amical souvenir

Sincèrement à toi
(Avec) Toutes mes amitiés
Amicalement
Bien à vous

Je t'embrasse
Affectueuses pensées
Grosses bises

Chapitre 7

Littérature

DVD

1 Molière: Le malade imaginaire

Avant de lire Informez-vous sur la vie et l'œuvre de Molière.

Dans la scène précédente Angélique a parlé de son amant, Cléante, à Toinette. Les spectateurs y apprennent qu'Angélique et Cléante sont très amoureux l'un de l'autre et que Cléante a promis de demander sa main à son père Argan.

Acte I, Scène V
ARGAN, malade imaginaire
ANGÉLIQUE, fille d'Argan
TOINETTE, servante

ARGAN. – Oh ça, ma fille, je vais vous dire une nouvelle, où peut-être ne vous attendez-vous pas. On vous demande en mariage. Qu'est-ce que cela? Vous riez? Cela est plaisant, oui ce mot de mariage! Il n'y a rien de plus drôle pour les jeunes filles. Ah! nature, nature! A ce que je puis voir, ma fille, je n'ai que faire de vous demander si vous voulez bien vous marier.

ANGÉLIQUE. – Je dois faire, mon père, tout ce qu'il vous plaira de m'ordonner.

ARGAN. – Je suis bien aise d'avoir une fille si obéissante: la chose est donc conclue, et je vous ai promise.

ANGÉLIQUE. – C'est à moi, mon père, de suivre aveuglément toutes vos volontés.

ARGAN. – Ma femme, votre belle-mère, avait envie que je vous fisse religieuse, et votre petite sœur Louison aussi; et de tout temps elle a été aheurtée à cela.

TOINETTE, à part. – La bonne bête a ses raisons.

ARGAN. – Elle ne voulait point consentir à ce mariage; mais je l'ai emporté, et ma parole est donnée.

ANGÉLIQUE. – Ah! mon père, que je vous suis obligée de toutes vos bontés!

TOINETTE, à *Argan*. – En vérité, je vous sais bon gré de cela; et voilà l'action la plus sage que vous ayez faite de votre vie.

ARGAN. – Je n'ai point encore vu la personne; mais on m'a dit que j'en serais content, et toi aussi.

je suis bien aise de qc – je suis très content de qc

une belle-mère – *hier: Stiefmutter*

être aheurté à qc – *etwas unbedingt wollen*

consentir à qc – accepter que qc se fasse

je l'ai emporté – j'ai gagné, elle a accepté

je vous sais bon gré de cela – je vous suis très reconnaissante

je ne feindrai point (vx) – ici: je n'hésiterai pas
un hasard – *Zufall*
une inclination – *Zuneigung*
j'en suis bien aise – je suis très content
Monsieur Purgon – le médecin d'Argan
Monsieur Fleurant – le pharmacien d'Argan
un gendre – le mari de la fille
ébaubi,e (vx) – surpris, étonné
impudent,e – *unverschämt*

ANGÉLIQUE. – Assurément, mon père.

ARGAN. – Comment! l'as-tu vu?

ANGÉLIQUE. – Puisque votre consentement m'autorise à vous pouvoir ouvrir mon cœur, je ne feindrai point de vous dire que le hasard nous a fait connaître il y a six jours, et la demande qu'on vous a faite est un effet de l'inclination que, dès cette première vue, nous avons prise l'un pour l'autre.

ARGAN. – Ils ne m'ont pas dit cela; mais j'en suis bien aise, et c'est tant mieux que les choses soient de la sorte. Ils disent que c'est un grand jeune garçon bien fait.

ANGÉLIQUE. – Oui, mon père.

ARGAN. – De belle taille.

ANGÉLIQUE. – Sans doute.

ARGAN. – Agréable de sa personne.

ANGÉLIQUE. – Assurément.

ARGAN. – De bonne physionomie

ANGÉLIQUE. – Très bonne.

ARGAN. – Sage et bien né.

ANGÉLIQUE. – Tout à fait.

ARGAN. – Fort honnête.

ANGÉLIQUE. – Le plus honnête du monde.

ARGAN. – Qui parle bien latin et grec.

ANGÉLIQUE. – C'est ce que je ne sais pas.

ARGAN. – Et qui sera reçu médecin dans trois jours.

ANGÉLIQUE. – Lui, mon père?

ARGAN. – Oui. Est-ce qu'il ne te l'a pas dit?

ANGÉLIQUE. – Non, vraiment. Qui vous l'a dit, à vous?

ARGAN. – Monsieur Purgon.

ANGÉLIQUE. – Est-ce que monsieur Purgon le connaît?

ARGAN. – La belle demande! Il faut bien qu'il le connaisse, puisque c'est son neveu.

ANGÉLIQUE. – Cléante, neveu de monsieur Purgon?

ARGAN. – Quel Cléante? Nous parlons de celui pour qui l'on t'a demandée en mariage.

ANGÉLIQUE. – Hé! Oui.

ARGAN. – Hé bien! c'est le neveu de monsieur Purgon, qui est le fils de son beau-frère le médecin, monsieur Diafoirus; et ce fils s'appelle Thomas Diafoirus, et non pas Cléante; et nous avons conclu ce mariage-là ce matin, monsieur Purgon, monsieur Fleurant et moi; et demain, ce gendre prétendu doit m'être amené par son père. Qu'est-ce? Vous voilà tout ébaubie!

ANGÉLIQUE. – C'est, mon père, que je connais que vous avez parlé d'une personne, et que j'ai entendu une autre.

TOINETTE. – Quoi! monsieur, vous auriez fait ce dessein burlesque? Et, avec tout le bien que vous avez, vous voudriez marier votre fille avec un médecin?

ARGAN. – Oui. De quoi te mêles-tu, coquine, impudente que tu es?

tout doux – doucement, calmez-vous
une invective – *Beleidigung*
s'emporter – s'énerver, se laisser aller à la colère

TOINETTE. – Mon Dieu! tout doux. Vous allez d'abord aux invectives. Est-ce que nous ne pouvons pas raisonner ensemble, sans nous emporter? Là, parlons de sang-froid. Quelle est votre raison, s'il vous plaît, pour un tel mariage?

ARGAN. – Ma raison est que, me voyant infirme et malade comme je suis, je veux me faire un gendre et des alliés médecins, afin de m'appuyer de bons secours contre ma maladie, d'avoir dans ma famille les sources des remèdes qui me sont nécessaires, et d'être à même des consultations et des ordonnances.

un remède – médicament
être à même de – avoir toujours à sa disposition
une ordonnance – *Rezept (des Arztes)*

TOINETTE. – Hé bien! voilà dire une raison, et il y a plaisir à se répondre doucement les uns aux autres. Mais, monsieur, mettez la main à la conscience; est-ce que vous êtes malade?

ARGAN. – Comment, coquine! si je suis malade! Si je suis malade, impudente!

TOINETTE. – Hé bien! oui, monsieur, vous êtes malade; n'ayons point de querelle là-dessus. Oui, vous êtes fort malade; j'en demeure d'accord, et plus malade que vous ne pensez: voilà qui est fait. Mais votre fille doit épouser un mari pour elle; et, n'étant point malade, il n'est pas nécessaire de lui donner un médecin.

ARGAN. – C'est pour moi que je lui donne ce médecin; et une fille de bon naturel doit être ravie d'épouser ce qui est utile à la santé de son père.

TOINETTE. – Ma foi, monsieur, voulez-vous qu'en amie je vous donne un conseil?

ARGAN. – Quel est-il, ce conseil?

TOINETTE. – De ne point songer à ce mariage-là.

ARGAN. – Et la raison?

TOINETTE. – La raison, c'est que votre fille n'y consentira point.

ARGAN. – Elle n'y consentira point?

TOINETTE. – Non.

ARGAN. – Ma fille?

elle n'a que faire – elle n'a pas du tout besoin

TOINETTE. – Votre fille. Elle vous dira qu'elle n'a que faire de monsieur Diafoirus, ni de son fils Thomas Diafoirus, ni de tous les Diafoirus du monde.

j'en ai affaire – j'ai besoin d'eux

ARGAN. – J'en ai affaire, moi, outre que le parti est plus avantageux qu'on ne pense. Monsieur Diafoirus n'a que ce fils-là pour tout héritier; et, de plus, monsieur Purgon, qui n'a ni femme, ni enfants, lui donne tout son bien en faveur de ce mariage; et monsieur Purgon est un homme qui a huit mille bonnes livres de rente.

une livre – somme d'argent: *Pfund*

TOINETTE. – Il faut qu'il ait tué bien des gens, pour s'être fait si riche.

ARGAN. – Huit mille livres de rente sont quelque chose, sans compter le bien du père.

TOINETTE. – Monsieur, tout cela est bel et bon; mais j'en reviens toujours là: je vous conseille, entre nous, de lui choisir un autre mari; et elle n'est point faite pour être madame Diafoirus.

ARGAN. – Et je veux, moi, que cela soit.

TOINETTE. – Hé, fi! ne dites pas cela.

ARGAN. – Comment! que je ne dise pas cela?

TOINETTE. – Hé, non.

ARGAN. – Et pourquoi ne le dirais-je pas?

TOINETTE. – On dira que vous ne songez pas à ce que vous dites.

ARGAN. – On dira ce qu'on voudra; mais je vous dis que je veux qu'elle exécute la parole que j'ai donnée.

TOINETTE. – Non; je suis sûre qu'elle ne le fera pas.

ARGAN. – Je l'y forcerai bien.

TOINETTE. – Elle ne le fera pas, vous dis-je.

un couvent – *Kloster*

ARGAN. – Elle le fera, ou je la mettrai dans un couvent.

TOINETTE. – Vous?

ARGAN. – Moi.

TOINETTE. – Bon!

ARGAN. – Comment! bon?

TOINETTE. – Vous ne la mettrez point dans un couvent.

ARGAN. – Je ne la mettrai point dans un couvent?

TOINETTE. – Non.

ARGAN. – Non?

TOINETTE. – Non.

ARGAN. – Ouais! Voici qui est plaisant! Je ne mettrai pas ma fille dans un couvent, si je veux?

TOINETTE. – Non, vous dis-je.

ARGAN. – Qui m'en empêchera?

TOINETTE. – Vous-même.

ARGAN. – Moi?

TOINETTE. – Oui. Vous n'aurez pas ce cœur-là.

ARGAN. – Je l'aurai.

TOINETTE. – Vous vous moquez.

ARGAN. – Je ne me moque point.

TOINETTE. – La tendresse paternelle vous prendra.

ARGAN. – Elle ne me prendra point.

TOINETTE. – Une petite larme ou deux, des bras jetés au cou, un Mon petit papa mignon, prononcé tendrement, sera assez pour vous toucher.

ARGAN. – Tout cela ne fera rien.

TOINETTE. – Oui, oui.

je n'en démordrai point – *ich gehe nicht davon ab, ich bleibe dabei*

ARGAN. – Je vous dis que je n'en démordrai point.

TOINETTE. – Bagatelles.

ARGAN. – Il ne faut point dire, Bagatelles.

TOINETTE. – Mon Dieu! je vous connais, vous êtes bon naturellement.

ARGAN, avec emportement. – Je ne suis point bon, et je suis méchant quand je veux.

TOINETTE. – Doucement, monsieur. Vous ne songez pas que vous êtes malade.

[...]

(Molière: *Le malade imaginaire*, Scène V [extrait], Librairie Larousse, Paris 1970, pp. 43–49)

Compréhension, analyse et commentaire

1. a) Lisez et résumez la première partie de cette scène (1–67).
b) Caractérisez les deux personnages.

2. a) Lisez et résumez la deuxième partie (68–162).
b) Caractérisez Toinette.
c) Analysez les raisons pour lesquelles Argan a choisi Thomas Diafoirus comme gendre.

3. La belle-mère d'Angélique veut que les deux filles d'Argan soient envoyées au couvent (13–15). Imaginez quelles pourraient en être les raisons.

Langue et style

Dans ses comédies Molière utilise beaucoup d'effets comiques.
On y distingue
- le comique de gestes
- le comique de mots (et de noms)
- le comique de répétition
- le comique de situation
- le comique de mœurs
- et surtout le comique de caractère.

Trouvez dans cette scène des exemples des différents effets comiques.

Allons plus loin

Regardez la scène du DVD et discutez dans quelle mesure la mise en scène correspond aux intentions de Molière et à votre attente.

2 Jean de La Fontaine: Le Chêne et le Roseau

Avant de lire Informez-vous sur la vie et l'œuvre de Jean de La Fontaine.

un chêne – *Eiche*
un roseau – *Schilfrohr*
avoir sujet de – avoir de bonnes raisons
un roitelet – tout petit oiseau (*Zaunkönig*)
un fardeau – *Last*
d'aventure – par hasard
rider – *kräuseln*
cependant que – tandis que
le Caucase – chaîne de montagnes entre la mer Noire et la Caspienne
braver – résister
l'aquilon (poét.) – vent du nord, tempête
le zéphyr (poét.) – vent doux et agréable, brise légère
à l'abri de – *im Schutz von*

Le Chêne un jour dit au Roseau:
«Vous avez bien sujet d'accuser la nature,
Un roitelet pour vous est un pesant fardeau;
Le moindre vent qui d'aventure
Fait rider la face de l'eau
Vous oblige à baisser la tête
Cependant que mon front, au Caucase pareil,
Non content d'arrêter les rayons du soleil,
Brave l'effort de la tempête.
Tout vous est aquilon, tout me semble zéphyr.
Encor si vous naissiez à l'abri du feuillage
Dont je couvre le voisinage,
Vous n'auriez pas tant à souffrir:
Je vous défendrais de l'orage;
Mais vous naissez le plus souvent
Sur les humides bords des royaumes du vent.
La nature envers vous me semble bien injuste.»
«Votre compassion, lui répondit l'arbuste,
Part d'un bon naturel; mais quittez ce souci
Les vents me sont moins qu'à vous redoutables;
Je plie, et ne romps pas. Vous avez jusqu'ici
Contre leurs coups épouvantables
Résisté sans courber le dos;
Mais attendons la fin.» Comme il disait ces mots
Du bout de l'horizon accourt avec furie
Le plus terrible des enfants
Que le Nord eût porté jusque-là dans ses flancs.
L'arbre tient bon; le Roseau plie.
Le vent redouble ses efforts
Et fait si bien qu'il déracine
Celui de qui la tête au ciel était voisine,
Et dont les pieds touchaient à l'empire des morts.

(Dans: La Fontaine, *Fables*, livre 1, pp. 85/86, Fable 22; Univers des lettres, Bordas, Paris 1973)

une compassion – pitié
un arbuste – petit arbre (ici: le roseau)
redoutable – à craindre, dangereux, terrible
plier – *hier: sich beugen*
rompre – *hier: (zer)brechen*
épouvantable – terrible
courber le dos – *den Rücken beugen*
porter un enfant dans ses flancs (poét.) – *hier: mit sich bringen*
déraciner – *entwurzeln*

Compréhension, analyse et commentaire

1. Résumez le discours du Chêne (1–17). Caractérisez ce personnage en employant des adjectifs positifs et négatifs.
2. Résumez la réponse du Roseau (18–24). Caractérisez ce personnage en employant des adjectifs positifs et négatifs.

3. Résumez la fin de la fable (24–32).
Expliquez pourquoi La Fontaine consacre les deux derniers vers (31/32) au Chêne.
4. Quelle est, à votre avis, la morale de cette fable?

Langue et style Pour lire un poème français, il faut savoir que le vers français est un vers syllabique (contrairement au vers métrique allemand ou anglais). Dans cette fable, il y a des vers de 8, 10 ou 12 syllabes. Le vers le plus long (l'alexandrin) a 12 syllabes.
A l'intérieur du vers, d'une part, le «e» muet est prononcé (5: «face» a deux syllabes, 7: «Caucase» a trois syllabes); à la fin du vers, d'autre part, le «e» muet ne constitue pas de syllabe. Mais si le «e» muet est suivi d'une voyelle, il n'est pas prononcé (1: «Chêne» a une syllabe, 6: «oblige» a deux syllabes). Lisez la fable à haute voix.

Allons plus loin Etudiez une autre fable classique ou moderne et présentez-la.

3 Voltaire: Candide ou l'optimisme

Avant de lire Informez-vous sur les idées du Siècle des Lumières. Cherchez-en les principaux représentants français et présentez-les à vos camarades de classe.

Résumé
Candide, un jeune homme naïf et confiant, vit dans le château de son oncle, le baron de Thunder-ten-tronckh. Il aime la fille du baron, Cunégonde, et adore écouter les leçons du philosophe Pangloss qui considère ce monde comme «le meilleur des mondes possibles». Après avoir embrassé Cunégonde, Candide est chassé du château de son oncle. A la recherche de Cunégonde, il traverse le monde entier vivant des aventures dans lesquelles le mal est toujours plus fort que le bien. Finalement, il rassemble autour de lui les compagnons qu'il a connus pendant son voyage pour s'installer avec eux sur la Propontide. Ensemble, ils essaient d'oublier les malheurs du monde en fondant leur vie sur la sagesse simple de «cultiver leur jardin».

la Propontide – ancien nom grec de la mer de Marmara

CHAPITRE PREMIER

Comment Candide fut élevé dans un beau château, et comment il fut chassé d'icelui.

les mœurs – *hier: Umgangsformen*
doux,ce – ici: agréable
la physionomie – les traits du visage
annoncer qc – *auf etw. schließen lassen*

Il y avait en Vestphalie, dans le château de monsieur le baron de Thunder-ten-tronckh, un jeune garçon à qui la nature avait donné les mœurs les plus douces. Sa physionomie annonçait son âme. Il

le jugement – *Urteilsvermögen*
droit – *hier: rechtschaffen*
simple – ici: innocent, pur
le domestique – le serviteur
soupçonner – *vermuten*
un gentilhomme – un noble

le quartier – *adliger Vorfahr*
l'arbre généalogique – *Stammbaum*
l'injure (f) **du temps** – *der Zahn der Zeit*

la tapisserie – *Wandteppich*
la basse-cour – *Hühnerhof*
dans le besoin – si nécessaire
le palefrenier – *Stallbursche*
le piqueur – *Jagdtreiber*
l'aumônier (m) – *hoher Geistlicher*
faire des contes – dire des choses qui sont sans fondement
350 livres – 150 kg
la considération – *Ansehen*
faire les honneurs de la maison – bien recevoir les hôtes
être haut en couleur – avoir les joues rouges
être digne de qn – *jemandes würdig sein*
le précepteur – ici: professeur, éducateur privé
la bonne foi – *Gutgläubigkeit*
l'effet (m) – la conséquence

démontrer qc – prouver qc

aussi (mit Inversion) – *deshalb, also*
instituer – ici: faire
les chausses (vx) – *Beinkleider*
tailler qc – *behauen*

être logé – *hier: wohnen*

le porc – la viande du cochon

avancer qc – ici: dire, affirmer
la sottise – la bêtise, l'idiotie

attentif,ve – *aufmerksam*

la hardiesse – le courage

les broussailles – *Dickicht*

avait le jugement assez droit, avec l'esprit le plus simple; c'est, je crois, pour cette raison qu'on le nommait Candide. Les anciens domestiques de la maison soupçonnaient qu'il était fils de la sœur de monsieur le baron et d'un bon et honnête gentilhomme du voisinage, que cette demoiselle ne voulut jamais épouser parce qu'il n'avait pu prouver que soixante et onze quartiers, et que le reste de son arbre généalogique avait été perdu par l'injure du temps.

Monsieur le baron était un des plus puissants seigneurs de la Vestphalie, car son château avait une porte et des fenêtres. Sa grande salle même était ornée d'une tapisserie. Tous les chiens de ses basses-cours composaient une meute dans le besoin; ses palefreniers étaient ses piqueurs; le vicaire du village était son grand aumônier. Ils l'appelaient tous Monseigneur, et ils riaient quand il faisait des contes.

Madame la baronne, qui pesait environ trois cent cinquante livres, s'attirait par là une très grande considération, et faisait les honneurs de la maison avec une dignité qui la rendait encore plus respectable. Sa fille Cunégonde, âgée de dix-sept ans, était haute en couleur, fraîche, grasse, appétissante. Le fils du baron paraissait en tout digne de son père. Le précepteur Pangloss était l'oracle de la maison, et le petit Candide écoutait ses leçons avec toute la bonne foi de son âge et de son caractère.

Pangloss enseignait la métaphysico-théologo-cosmolonigologie. Il prouvait admirablement qu'il n'y a point d'effet sans cause, et que, dans ce meilleur des mondes possibles, le château de monseigneur le baron était le plus beau des châteaux et madame la meilleure des baronnes possibles.

«Il est démontré, disait-il, que les choses ne peuvent être autrement: car, tout étant fait pour une fin, tout est nécessairement pour la meilleure fin. Remarquez bien que les nez ont été faits pour porter des lunettes, aussi avons-nous des lunettes. Les jambes sont visiblement instituées pour être chaussées, et nous avons des chausses. Les pierres ont été formées pour être taillées, et pour en faire des châteaux, aussi monseigneur a un très beau château; le plus grand baron de la province doit être le mieux logé; et, les cochons étant faits pour être mangés, nous mangeons du porc toute l'année: par conséquent, ceux qui ont avancé que tout est bien ont dit une sottise; il fallait dire que tout est au mieux.»

Candide écoutait attentivement, et croyait innocemment; car il trouvait mademoiselle Cunégonde extrêmement belle, quoiqu'il ne prît jamais la hardiesse de le lui dire. Il concluait qu'après le bonheur d'être né baron de Thunder-ten-tronckh, le second degré de bonheur était d'être mademoiselle Cunégonde; le troisième, de la voir tous les jours; et le quatrième, d'entendre maître Pangloss, le plus grand philosophe de la province, et par conséquent de toute la terre.

Un jour, Cunégonde, en se promenant auprès du château, dans le petit bois qu'on appelait *parc*, vit entre des broussailles le docteur Pangloss qui donnait une leçon de physique expérimentale à la femme de chambre de sa mère, petite brune très jolie et très docile. Comme mademoiselle Cunégonde avait beaucoup de dispositions pour les sciences, elle observa, sans souffler, les expériences réitérées dont elle fut témoin; elle vit clairement la raison suffisante du docteur, les effets et les causes, et s'en retourna tout agitée, toute pensive, toute remplie du désir d'être savante, songeant qu'elle pourrait bien être la raison suffisante du jeune Candide, qui pouvait aussi être la sienne.

Elle rencontra Candide en revenant au château, et rougit; Candide rougit aussi; elle lui dit bonjour d'une voix entrecoupée, et Candide lui parla sans savoir ce qu'il disait. Le lendemain après le dîner, comme on sortait de table, Cunégonde et Candide se trouvèrent derrière un paravent; Cunégonde laissa tomber son mouchoir, Candide le ramassa, elle lui prit innocemment la main, le jeune homme baisa innocemment la main de la jeune demoiselle avec une vivacité, une sensibilité, une grâce toute particulière; leurs bouches se rencontrèrent, leurs yeux s'enflammèrent, leurs genoux tremblèrent, leurs mains s'égarèrent. Monsieur le baron de Thunder-ten-tronckh passa auprès du paravent, et, voyant cette cause et cet effet, chassa Candide du château à grands coups de pied dans le derrière; Cunégonde s'évanouit; elle fut souffletée par madame la baronne dès qu'elle fut revenue à elle-même; et tout fut consterné dans le plus beau et le plus agréable des châteaux possibles.

(Dans: Voltaire: *Romans et contes*, Bibliothèque de la Pléiade, nrf, © Editions GALLIMARD, Paris 1954, pp. 149–151)

docile – obéissant
avoir des dispositions (f) **pour qc** – *eine Begabung für etw. haben*
sans souffler – ici: sans rien dire, silencieusement
réitérer – répéter
le témoin – *Zeuge*
suffisant,e – *hin-, ausreichend*
savant,e – instruit, cultivé
entrecoupé,e – *stockend*
le paravent – *Trennwand*
le mouchoir – *Taschentuch*
la vivacité – *Lebhaftigkeit*
la grâce – le charme
s'enflammer – brûler d'amour ou de désir
s'égarer – *hier: vom rechten Weg abkommen*
chasser qn – mettre qn dehors
s'évanouir – perdre connaissance
souffleter (vx) – *zurechtweisen, rügen*
consterné,e – désolé

Compréhension

1. Présentez Candide et expliquez pourquoi l'auteur a choisi ce nom.
2. Résumez les traits caractéristiques des autres habitants du château de Thunder-ten-tronckh.
3. Indiquez la raison pour laquelle Candide est chassé du château.

Analyse et commentaire

1. La vie au château de Thunder-ten-tronckh – une vie comme au paradis? Relevez dans le texte des indices qui confirment ou réfutent cette théorie.

2. Montrez comment Voltaire ridiculise le monde des habitants de Thunder-ten-tronckh. Etudiez particulièrement
   a) la description du château et de ses habitants,
   b) la philosophie de Pangloss,
   c) la relation entre Candide et Cunégonde.

Langue et style

1. Etudiez la manière dont Voltaire emploie l'imparfait et le passé simple dans le premier chapitre de Candide.
2. Traduisez les phrases suivantes. Puis dressez une liste des propositions subordonnées qui peuvent être remplacées par un participe présent ou un gérondif.
   - Tout étant fait pour une fin, tout est nécessairement pour la meilleure fin.
   - Un jour, Cunégonde, en se promenant auprès du château, vit le docteur Pangloss.
   - Elle rencontra Candide en revenant.
   - Monsieur le baron, voyant cette cause et cet effet, chassa Candide du château.

Allons plus loin

Précisez pourquoi le lecteur peut se rendre compte que Voltaire est un des principaux représentants du siècle des Lumières.

4 Gustave Flaubert: Madame Bovary

Avant de lire

1. Rédigez une liste de tous les clichés romantiques que vous connaissez.
2. Une relation amoureuse sans romantisme – est-ce possible? Discutez!

Résumé

Le petit Charles Bovary entre au collège de Rouen. Elève et étudiant médiocre, il ne devient qu'officier de santé dans un petit village de Normandie. Après la mort de sa première femme, veuve laide et despotique, il se remarie avec Emma Rouault, romantique et sentimentale, fille d'un riche fermier et éduquée dans un couvent où elle s'est plongée dans la littérature romantique. La scène ci-dessous a lieu après le mariage de Charles et d'Emma et leur déménagement à Tostes, un petit village en Normandie. Souffrant de sa vie banale et déçue par la médiocrité de son mari, Emma se laisse séduire par Rodolphe Boulanger, propriétaire d'un château et vrai Don Juan. Quand celui-ci met fin à leur relation, Emma est désespérée et se jette dans une relation sensuelle et passionnée avec un autre homme, Léon Dupuis. Elle s'endette pour mener une vie luxueuse, mais n'arrivant plus à rembourser ses dettes, elle se suicide à l'arsenic. Après sa mort, Charles découvre l'adultère de sa femme et rencontre son rival. Le lendemain, il meurt.

la lune de miel – le premier temps du mariage
la saveur – *hier: Reiz, Würze*
suave – doux
la paresse – *Faulheit, Trägheit*

s'accouder – s'appuyer sur les coudes

la basque – *Rockschoß*
les bottes (f) – *Stiefel*
mou, molle – souple, flexible
faire la confidence de qc à qn – *jdm etwas anvertrauen*
insaisissable – pas visible ou discernable
le malaise – *Unwohlsein*
tourbillonner – tourner rapidement
la hardiesse – le courage
défiler – ici: apparaître successivement

faire des armes – *fechten*
l'équitation (f) – *Reitsport*

exceller en qc – savoir faire qc de façon excellente
initier qn à qc – *einweihen, einführen*
le raffinement – *Annehmlichkeit*
en vouloir à qn – *jdm etw. nachtragen*
assis – ici: solide, ferme
la pesanteur – *Schwerfälligkeit, Plumpheit*
serein,e – calme, paisible

soupirer – *seufzen*
un adagio – une pièce de musique jouée ou chantée lentement
auparavant – avant
remué,e – touché, ému

Elle songeait quelquefois que c'étaient là pourtant les plus beaux jours de sa vie, la lune de miel, comme on disait. Pour en goûter la saveur, il eût fallu, sans doute, s'en aller vers ces pays à noms sonores où les lendemains de mariage ont de plus suaves paresses! ... Il lui semblait que certains lieux sur la terre devaient produire du bonheur, comme une plante particulière au sol et qui pousse mal autre part. Que ne pouvait-elle s'accouder sur le balcon des chalets suisses ou enfermer sa tristesse dans un cottage écossais, avec un mari vêtu d'un habit de velours noir à longues basques, et qui porte des bottes molles, un chapeau pointu et des manchettes! ... Peut-être aurait-elle souhaité faire à quelqu'un la confidence de toutes ces choses. Mais comment dire un insaisissable malaise, qui change d'aspect comme les nuées, qui tourbillonne comme le vent? Les mots lui manquaient donc, l'occasion, la hardiesse ...

La conversation de Charles était plate comme un trottoir de rue, et les idées de tout le monde y défilaient, dans leur costume ordinaire, sans exciter d'émotion, de rire ou de rêverie. Il n'avait jamais été curieux, disait-il, pendant qu'il habitait Rouen, d'aller voir au théâtre les acteurs de Paris. Il ne savait ni nager, ni faire des armes, ni tirer le pistolet, et il ne put, un jour, lui expliquer un terme d'équitation qu'elle avait rencontré dans un roman. Un homme, au contraire, ne devait-il pas tout connaître, exceller en des activités multiples, vous initier aux énergies de la passion, aux raffinements de la vie, à tous les mystères? Mais il n'enseignait rien, celui-là, ne savait rien, ne souhaitait rien. Il la croyait heureuse; et elle lui en voulait de ce calme si bien assis, de cette pesanteur sereine, du bonheur même qu'elle lui donnait ...

Cependant, d'après les théories qu'elle croyait bonnes, elle voulut se donner de l'amour. Au clair de lune, dans le jardin, elle récitait tout ce qu'elle savait par cœur de rimes passionnées et lui chantait en soupirant des adagios mélancoliques; mais elle se trouvait ensuite aussi calme qu'auparavant, et Charles n'en paraissait ni plus amoureux, ni plus remué ...

«Pourquoi, mon Dieu, me suis-je mariée?»

(Gustave Flaubert: *Madame Bovary*, éd. Maurice Bardèche, Librairie Générale Française, Paris 1972 [Le Livre de Poche])

Compréhension et analyse

1. Décrivez comment Emma Bovary imagine les «plus beaux jours de sa vie».

2. Relevez les différences entre Charles Bovary et l'homme idéal, tel qu'Emma se le représente.

3. a) Caractérisez les idées qu'Emma se fait de l'amour et de la vie en couple.
b) Expliquez-en les conséquences pour sa vie réelle.

Travail d'écriture

«Pourquoi, mon Dieu, me suis-je mariée?» Imaginez les raisons pour lesquelles aujourd'hui une jeune femme pourrait se poser cette question.

Langue et style Flaubert a dit à propos de son rôle «L'auteur, dans son œuvre, doit être comme Dieu dans l'univers, présent partout et visible nulle part.» Analysez dans quelle mesure notre extrait illustre ce principe en donnant des exemples du texte.

Allons plus loin Faites le test: Etes-vous romantique?

Test: Etes-vous romantique?

Choisissez une des réponses.

1. Votre copain tombe à genoux devant vous et vous récite un poème d'amour … Votre réaction?
- ☐ Je commence à pleurer. ❒
- ☐ J'éclate de rire. ❍
- ☐ Je fais une remarque sur la qualité du poème. Δ

2. Une soirée romantique se termine par …
- ☐ un coucher de soleil que vous admirez ensemble. ❒
- ☐ le regard sur la montre car votre chef vous attend tôt le lendemain. ❍
- ☐ le petit déjeuner au lit. Δ

3. Lors de son anniversaire vous offrez à votre partenaire …
- ☐ un coffre à outils / un fer à repasser. ❍
- ☐ un voyage à Venise. ❒
- ☐ le DVD «Casablanca». Δ

4. La fête de la Saint-Valentin …
- ☐ c'est quand vous offrez des roses. ❒
- ☐ est une tradition sympathique mais superflue. Δ
- ☐ a été inventée par les fleuristes. ❍

5. Pensez-vous rester ensemble avec un partenaire pendant toute une vie?
- ☐ Oui. ❒
- ☐ Quelle idée! ❍
- ☐ Je ne sais pas. Δ

6. Où serez-vous le jour de votre mariage?
- ☐ Tout en blanc à l'église. ❒
- ☐ Dans une chapelle à Las Vegas. Δ
- ☐ A l'aéroport juste avant un voyage d'affaires. ❍

7. Que faites-vous le jour de l'anniversaire de votre mariage?
- ☐ Vous réservez une table au restaurant. Δ
- ☐ C'était quand? ❍
- ☐ Vous couvrez de roses le lit de votre partenaire. ❒

8. Vous organisez une sortie ensemble. Vous prévoyez …
- ☐ le stade de foot. ❍
- ☐ le cinéma. Δ
- ☐ un dîner aux chandelles au restaurant. ❒

Comptez le nombre de symboles à côté de vos réponses. Votre professeur peut vous donner les résultats.

5 Guy de Maupassant: Les bijoux

Avant de lire

1. Quelle attitude vous paraît plus apte à garantir le bon fonctionnement d'une relation entre homme et femme:
   Il faut toujours se dire toute la vérité. *Ou bien*: Il est normal de garder quelques secrets. Discutez en classe.
2. Qu'est-ce qui explique, selon vous, la fascination des bijoux?

M. Lantin ayant rencontré cette jeune fille, dans une soirée, chez son sous-chef de bureau, l'amour l'enveloppa comme un filet.

C'était la fille d'un percepteur de province, mort depuis plusieurs années. Elle était venue ensuite à Paris avec sa mère, qui fréquentait quelques familles bourgeoises de son quartier dans l'espoir de marier la jeune personne. Elles étaient pauvres et honorables, tranquilles et douces. La jeune fille semblait le type absolu de l'honnête femme à laquelle le jeune homme sage rêve de confier sa vie. Sa beauté modeste avait un charme de pudeur angélique, et l'imperceptible sourire qui ne quittait point ses lèvres semblait un reflet de son cœur.

Tout le monde chantait ses louanges; tous ceux qui la connaissaient répétaient sans fin: «Heureux celui qui la prendra. On ne pourrait trouver mieux.»

M. Lantin, alors commis principal au ministère de l'intérieur, aux appointements annuels de trois mille cinq cents francs, la demanda en mariage et l'épousa.

Il fut avec elle invraisemblablement heureux. Elle gouverna sa maison avec une économie si adroite qu'ils semblaient vivre dans le luxe. Il n'était point d'attentions, de délicatesses, de chatteries qu'elle n'eût pour son mari; et la séduction de sa personne était si grande que, six ans après leur rencontre, il l'aimait plus encore qu'aux premiers jours.

Il ne blâmait en elle que deux goûts, celui du théâtre et celui des bijouteries fausses.

Ses amies (elle connaissait quelques femmes de modestes fonctionnaires) lui procuraient à tous moments des loges pour les pièces en vogue, même pour les premières représentations; et elle traînait bon gré, mal gré, son mari à ces divertissements qui le fatiguaient affreusement après sa journée de travail. Alors il la supplia de consentir à aller au spectacle avec quelque dame de sa connaissance qui la ramènerait ensuite. Elle fut longtemps à céder, trouvant peu convenable cette manière d'agir. Elle s'y décida enfin par complaisance, et il lui en sut un gré infini.

Or, ce goût pour le théâtre fit bientôt naître en elle le besoin de se parer. Ses toilettes demeuraient toutes simples, il est vrai, de bon goût toujours, mais modestes; et sa grâce douce, sa grâce irrésistible, humble et souriante, semblait acquérir une saveur nouvelle de la

un percepteur – *Steuereinnehmer*
confier qc à qn – *anvertrauen*
la pudeur – ici: innocence
angélique – *engelsgleich*
imperceptible – presque pas visible
une louange – compliment, paroles qui disent du bien d'une personne
un commis – un employé
un appointement – salaire, les revenus
adroit,e – *geschickt*
une chatterie – *Liebkosung*
blâmer – critiquer
procurer qc à qn – *verschaffen*
bon gré, mal gré – *wohl oder übel*
céder – *nachgeben*
convenable – *angemessen*
la complaisance – le fait de vouloir faire plaisir à qn
savoir gré à qn – *jdm dankbar sein*
se parer – mettre des bijoux
une toilette – ici: une robe élégante
humble – pas arrogant

un caillou du Rhin – *Rheinkiesel*
le clinquant – faux bijoux
un joyau – un bijou
un vice – mauvaise habitude
miroiter – briller
la pacotille – *Klunker*
savourer – genießen
s'obstiner à – insister pour faire
éperdument – avec passion
frissonner – trembler
une fluxion de poitrine (vx) – *Lungenentzündung*
il faillit faire – il aurait presque fait
être hanté – être obsédé, poursuivi
sangloter – pleurer très fort
une stupeur – étonnement profond

simplicité de ses robes, mais elle prit l'habitude de pendre à ses oreilles deux gros cailloux du Rhin qui simulaient des diamants, et elle portait des colliers de perles fausses, des bracelets en similor, des peignes agrémentés de verroteries variées jouant les pierres fines.
Son mari, que choquait un peu cet amour du clinquant, répétait souvent: «Ma chère, quand on n'a pas le moyen de se payer des bijoux véritables, on ne se montre parée que de sa beauté et de sa grâce, voilà encore les plus rares joyaux».
Mais elle souriait doucement et répétait: «Que veux-tu? J'aime ça. C'est mon vice. Je sais bien que tu as raison; mais on ne se refait pas. J'aurais adoré les bijoux, moi!»
Et elle faisait rouler dans ses doigts les colliers de perles, miroiter les facettes des cristaux taillés, en répétant: «Mais regarde donc comme c'est bien fait. On jurerait du vrai.»
Il souriait en déclarant: «Tu as des goûts de Bohémienne.»
Quelquefois, le soir, quand ils demeuraient en tête à tête au coin du feu, elle apportait sur la table où ils prenaient le thé la boîte de maroquin où elle enfermait la «pacotille» selon le mot de M. Lantin; et elle se mettait à examiner ces bijoux imités avec une attention passionnée, comme si elle eût savouré quelque jouissance secrète et profonde; et elle s'obstinait à passer un collier au cou de son mari pour rire ensuite de tout son cœur en s'écriant: «Comme tu es drôle!» Puis elle se jetait dans ses bras et l'embrassait éperdument.
Comme elle avait été à l'Opéra, une nuit d'hiver, elle rentra toute frissonnante de froid. Le lendemain elle toussait. Huit jours plus tard elle mourait d'une fluxion de poitrine.
Lantin faillit la suivre dans la tombe. Son désespoir fut si terrible que ses cheveux devinrent blancs en un mois. Il pleurait du matin au soir, l'âme déchirée d'une souffrance intolérable, hanté par le souvenir, par le sourire, par la voix, par tout le charme de la morte.
Le temps n'apaisa point sa douleur. Souvent pendant les heures du bureau, alors que les collègues s'en venaient causer un peu des choses du jour, on voyait soudain ses joues se gonfler, son nez se plisser, ses yeux s'emplir d'eau; il faisait une grimace affreuse et se mettait à sangloter.
Il avait gardé intacte la chambre de sa compagne où il s'enfermait tous les jours pour penser à elle; et tous les meubles, ses vêtements mêmes demeuraient à leur place comme ils se trouvaient au dernier jour.
Mais la vie se faisait dure pour lui. Ses appointements, qui, entre les mains de sa femme, suffisaient à tous les besoins du ménage, devenaient, à présent, insuffisants pour lui tout seul. Et il se demandait avec stupeur comment elle avait su s'y prendre pour lui faire boire toujours des vins excellents et manger des nourritures délicates qu'il ne pouvait plus se procurer avec ses modestes ressources.
Il fit quelques dettes et courut après l'argent à la façon des gens réduits aux expédients. Un matin enfin, comme il se trouvait sans un

une rancune – *Groll*
un trompe-l'œil – illusion optique, ici: le faux bijou
gâter – *verderben*
obstinément – ici: encore et encore
étaler – montrer ouvertement
la provenance – *Herkunft*
un veuf – homme dont la femme est morte
béant,e – la bouche ouverte
balbutier – parler avec difficulté
se méprendre sur – se tromper
un orfèvre – fabricant de bijoux

sou, une semaine entière avant la fin du mois, il songea à vendre quelque chose; et tout de suite la pensée lui vint de se défaire de la «pacotille» de sa femme, car il avait gardé au fond du cœur une sorte de rancune contre ces «trompe-l'œil» qui l'irritaient autrefois. Leur vue même, chaque jour, lui gâtait un peu le souvenir de sa bien-aimée.

Il chercha longtemps dans le tas de clinquants qu'elle avait laissés, car jusqu'aux derniers jours de sa vie elle en avait acheté obstinément, rapportant presque chaque soir un objet nouveau, et il se décida pour le grand collier qu'elle semblait préférer, et qui pouvait bien valoir, pensait-il, six ou huit francs, car il était vraiment d'un travail très soigné pour du faux.

Il le mit en sa poche et s'en alla vers son ministère en suivant les boulevards, cherchant une boutique de bijoutier qui lui inspirât confiance.

Il en vit une enfin et entra, un peu honteux d'étaler ainsi sa misère et de chercher à vendre une chose de si peu de prix.

«Monsieur, dit-il au marchand, je voudrais bien savoir ce que vous estimez ce morceau.»

L'homme reçut l'objet, l'examina, le retourna, le soupesa, prit une loupe, appela son commis, lui fit tout bas des remarques, reposa le collier sur son comptoir et le regarda de loin pour mieux juger de l'effet.

M. Lantin, gêné par toutes ces cérémonies, ouvrait la bouche pour déclarer: «Oh! je sais bien que cela n'a aucune valeur» – quand le bijoutier prononça:

«Monsieur, cela vaut de douze à quinze mille francs; mais je ne pourrais l'acheter que si vous m'en faisiez connaître exactement la provenance.»

Le veuf ouvrit des yeux énormes et demeura béant, ne comprenant pas. Il balbutia enfin: «Vous dites? ... Vous êtes sûr.» L'autre se méprit sur son étonnement, et, d'un ton sec: «Vous pouvez chercher ailleurs si on vous en donne davantage. Pour moi cela vaut, au plus, quinze mille. Vous reviendrez me trouver si vous ne trouvez pas mieux.»

M. Lantin, tout à fait idiot, reprit son collier et s'en alla, obéissant à un confus besoin de se trouver seul et de réfléchir.

Mais, dès qu'il fut dans la rue, un besoin de rire le saisit, et il pensa: «L'imbécile! oh! l'imbécile! Si je l'avais pris au mot tout de même! En voilà un bijoutier qui ne sait pas distinguer le faux du vrai!»

Et il pénétra chez un autre marchand à l'entrée de la rue de la Paix. Dès qu'il eut aperçu le bijou, l'orfèvre s'écria:

«Ah! parbleu; je le connais bien, ce collier; il vient de chez moi.»

M. Lantin, fort troublé, demanda:

«Combien vaut-il?

– Monsieur, je l'ai vendu vingt-cinq mille. Je suis prêt à le reprendre pour dix-huit mille, quand vous m'aurez indiqué, pour obéir aux

un détenteur – propriétaire
perclus,e – incapable de bouger, paralysé
un joaillier – orfèvre
éperdu,e – bouleversé
flairer – ici: deviner
un reçu – *Quittung*
effleurer – toucher légèrement
remuer – bouger
s'abattre – s'effondrer
s'écrouler – tomber, s'effondrer
privé de – être sans
accablé,e – frappé
une secousse – un coup
empourprer – faire rougir
secouer – ici: se débarasser de qc
se distraire – s'amuser

prescriptions légales, comment vous en êtes détenteur.» Cette fois M. Lantin s'assit perclus d'étonnement. Il reprit: «Mais ... mais, examinez-le bien attentivement, monsieur, j'avais cru jusqu'ici qu'il était en ... faux.»

Le joaillier reprit: «Voulez-vous me dire votre nom, monsieur?

– Parfaitement. Je m'appelle Lantin, je suis employé au ministère de l'intérieur, je demeure 16, rue des Martyrs.»

Le marchand ouvrit ses registres, rechercha, et prononça: «Ce collier a été envoyé en effet à l'adresse de Mme Lantin, 16, rue des Martyrs, le 20 juillet 1876.»

Et les deux hommes se regardèrent dans les yeux, l'employé éperdu de surprise, l'orfèvre flairant un voleur.

Celui-ci reprit: «Voulez-vous me laisser cet objet pendant vingt-quatre heures seulement, je vais vous en donner un reçu?»

M. Lantin balbutia: «Mais oui, certainement.» Et il sortit en pliant le papier qu'il mit dans sa poche.

Puis il traversa la rue, la remonta, s'aperçut qu'il se trompait de route, redescendit aux Tuileries, passa la Seine, reconnut encore son erreur, revint aux Champs-Elysées sans une idée nette dans la tête.

Il s'efforçait de raisonner, de comprendre. Sa femme n'avait pu acheter un objet d'une pareille valeur. – Non, certes. – Mais alors, c'était un cadeau! Un cadeau! Un cadeau de qui?

Pourquoi?

Il s'était arrêté, et il demeurait debout au milieu de l'avenue. Le doute horrible l'effleura. – Elle? – Mais alors tous les autres bijoux étaient aussi des cadeaux! Il lui sembla que la terre remuait; qu'un arbre, devant lui, s'abattait; il étendit les bras et s'écroula, privé de sentiment.

Il reprit connaissance dans la boutique d'un pharmacien où les passants l'avaient porté. Il se fit reconduire chez lui, et s'enferma.

Jusqu'à la nuit il pleura éperdument, mordant un mouchoir pour ne pas crier. Puis il se mit au lit accablé de fatigue et de chagrin, et il dormit d'un pesant sommeil.

Un rayon de soleil le réveilla, et il se leva lentement pour aller à son ministère. C'était dur de travailler après de pareilles secousses.

Il réfléchit alors qu'il pouvait s'excuser auprès de son chef; et il lui écrivit. Puis il songea qu'il fallait retourner chez le bijoutier; et une honte l'empourpra. Il demeura longtemps à réfléchir. Il ne pouvait pourtant pas laisser le collier chez cet homme, il s'habilla et sortit.

Il faisait beau, le ciel bleu s'étendait sur la ville qui semblait sourire.

Des flâneurs allaient devant eux, les mains dans leurs poches.

Lantin se dit, en les regardant passer: «Comme on est heureux quand on a de la fortune! Avec de l'argent on peut secouer jusqu'aux chagrins, on va où l'on veut, on voyage, on se distrait! Oh! si j'étais riche!»

une succession – ici: un héritage

s'incliner – *sich verbeugen*

se moucher – *sich die Nase putzen*

impassible – sans montrer d'émotion

une émeraude – *Smaragd*

une bonhomie – bonté charmante

railleur,se – qui se moque, ironique

un acquéreur – celui qui achète qc

un mât de cocagne – *Klettermast mit daran aufgehängten kleinen Gewinnen*

Il s'aperçut qu'il avait faim, n'ayant pas mangé depuis l'avant-veille. Mais sa poche était vide, et il se ressouvint du collier. Dix-huit mille francs! Dix-huit mille francs! C'était une somme, cela!

Il gagna la rue de la Paix et commença à se promener de long en large sur le trottoir, en face de la boutique. Dix-huit mille francs! Vingt fois il faillit entrer; mais la honte l'arrêtait toujours.

Il avait faim pourtant, grand'faim, et pas un sou. Il se décida brusquement, traversa la rue en courant, pour ne pas se laisser le temps de réfléchir et il se précipita chez l'orfèvre.

Dès qu'il l'aperçut, le marchand s'empressa, offrit un siège avec une politesse souriante. Les commis eux-mêmes arrivèrent, qui regardaient de côté Lantin, avec des gaietés dans les yeux et sur les lèvres.

Le bijoutier déclara: «Je me suis renseigné, monsieur, et si vous êtes toujours dans les mêmes dispositions, je suis prêt à vous payer la somme que je vous ai proposée.»

L'employé balbutia: «Mais certainement.»

L'orfèvre tira d'un tiroir dix-huit grands billets, les compta, les tendit à Lantin, qui signa un petit reçu et mit d'une main frémissante l'argent dans sa poche.

Puis, comme il allait sortir, il se tourna vers le marchand qui souriait toujours, et, baissant les yeux: «J'ai ... j'ai d'autres bijoux ... qui me viennent ..., de la même succession. Vous conviendrait-il de me les acheter aussi?»

Le marchand s'inclina: »Mais certainement, monsieur.» Un des commis sortit pour rire à son aise; un autre se mouchait avec force.

Lantin impassible, rouge et grave, annonça: «Je vais vous les apporter.»

Et il prit un fiacre pour aller chercher les joyaux.

Quand il revint chez le marchand, une heure plus tard, il n'avait pas encore déjeuné. Ils se mirent à examiner les objets pièce à pièce, évaluant chacun. Presque tous venaient de la maison.

Lantin, maintenant, discutait les estimations, se fâchait, exigeait qu'on lui montrât les livres de vente, et parlait de plus en plus haut à mesure que s'élevait la somme.

Les gros brillants d'oreilles valent vingt mille francs, les bracelets trente-cinq mille, les broches, bagues et médaillons seize mille, une parure d'émeraudes et de saphirs quatorze mille; un solitaire suspendu à une chaîne d'or formant collier quarante mille; le tout atteignant le chiffre de cent quatre-vingt-seize mille francs.

Le marchand déclara avec une bonhomie railleuse: «Cela vient d'une personne qui mettait toutes ses économies en bijoux.»

Lantin prononça gravement «C'est une manière comme une autre de placer son argent.» Et il s'en alla après avoir décidé avec l'acquéreur qu'une contre-expertise aurait lieu le lendemain.

Quand il se trouva dans la rue, il regarda la colonne Vendôme avec l'envie d'y grimper, comme si ç'eût été un mât de cocagne. Il se sen-

le saute-mouton – *Bockspringen*
perché,e – assis
Voisin – nom d'un restaurant cher
le Bois – le Bois de Boulogne, un grand parc à Paris
les équipages (m) – *hier: Bedienstete*
le mépris – *Verachtung*
délibérément – ici: de manière décidée

tait léger à jouer à saute-mouton par-dessus la statue de l'Empereur perché là-haut dans le ciel.
Il alla déjeuner chez Voisin et but du vin à vingt francs la bouteille.
Puis il prit un fiacre et fit un tour au Bois. Il regardait les équipages avec un certain mépris, oppressé du désir de crier aux passants: «Je suis riche aussi, moi. J'ai deux cent mille francs!»
Le souvenir de son ministère lui revint. Il s'y fit conduire, entra délibérément chez son chef et annonça: «Je viens, monsieur, vous donner ma démission. J'ai fait un héritage de trois cent mille francs.» Il alla serrer la main de ses anciens collègues et leur confia ses projets d'existence nouvelle; puis il dîna au café Anglais.

distingué,e – *vornehm*
une démangeaison – ici: envie, désir

Se trouvant à coté d'un monsieur qui lui parut distingué, il ne put résister à la démangeaison de lui confier, avec une certaine coquetterie, qu'il venait d'hériter de quatre cent mille francs.
Pour la première fois de sa vie il ne s'ennuya pas au théâtre, et il passa sa nuit avec des filles.
Six mois plus tard il se remariait. Sa seconde femme était très honnête, mais d'un caractère difficile. Elle le fit beaucoup souffrir.

(http://un2sg4.unige.ch/athena/maupassant/maup_bij.html)

Compréhension et analyse

1. Décrivez la vie en couple de M. et Mme Lantin.
2. Comparez leur vie quotidienne à la vie que mène le veuf Lantin après la mort de sa femme.
3. 155–159: ‹... Le doute horrible l'effleura. – Elle? – ... privé de sentiment.›
   a) Situez le passage dans le contexte en exposant brièvement ce qui se passe juste avant et après ce passage.
   b) Analysez le passage en montrant l'importance du moment pour M. Lantin. Expliquez la provenance des bijoux.
4. Résumez la fin du conte à partir de la ligne 223.

Langue et style

L'adverbe sous toutes ses formes – écrivez la forme féminine des adjectifs et formez les adverbes:
bon, meilleur, invraisemblable, mauvais, affreux, doux, profond, éperdu, grave, insuffisant, vrai, excellent, exact, énorme, attentif, gentil, bref, poli, précis, absolu, bruyant, sec, fort, gai

6 Jean Anouilh: Antigone

Avant de lire

Décrivez un conflit que vous avez eu avec vos parents. Pourquoi pensez-vous qu'il y a de tels conflits entre adolescents et adultes?

Résumé

Antigone, fille d'Œdipe, revient à Thèbes après la mort de son père. Créon, son oncle, y est devenu roi suite au conflit mortel entre les successeurs au trône Polynice et Etéocle, les frères d'Antigone. D'après les ordres de Créon, Etéocle reçoit des funérailles solennelles alors que Polynice, soi-disant traître de son pays, est privé d'une sépulture. Malgré la menace d'une sentence de mort, Antigone ne veut pas se soumettre à la volonté royale car elle pense que chaque mort a droit au repos. Créon ne réussit pas à la convaincre de renoncer à ses convictions. Il se voit alors obligé de la condamner à mort et de l'enterrer vivante. Antigone se suicide, suivie dans son acte par son fiancé Hémon, le fils de Créon.

exigeant – qn qui est difficile à satisfaire
une usure – *Abnutzung*
une ride – un pli de la peau dû à l'âge
la sagesse – *Weisheit*
la graisse – *Fett*
avouer – reconnaître que qc est vrai
un os – *Knochen*
coûte que coûte – à tout prix
lécher – *lecken*
se contenter de qc – être satisfait de qc
sage – obéissant, gentil

ANTIGONE. Oui, j'aime Hémon. J'aime un Hémon dur et jeune; un Hémon exigeant et fidèle, comme moi. Mais si votre vie, votre bonheur doivent passer sur lui avec leur usure, si Hémon ne doit plus pâlir quand je pâlis, s'il ne doit plus me croire morte quand je suis en retard de cinq minutes, s'il ne doit plus se sentir seul au monde et me détester quand je ris sans qu'il sache pourquoi, s'il doit devenir près de moi le monsieur Hémon, s'il doit apprendre à dire «oui», lui aussi, alors je n'aime plus Hémon!

CRÉON. Tu ne sais plus ce que tu dis. Tais-toi.

ANTIGONE. Si, je sais ce que je dis, mais c'est vous qui ne m'entendez plus. Je vous parle de trop loin maintenant, d'un royaume où vous ne pouvez plus entrer avec vos rides, votre sagesse, votre ventre. (*Elle rit.*) Ah! je ris, Créon, je ris parce que je te vois à quinze ans, tout d'un coup! C'est le même air d'impuissance et de croire qu'on peut tout. La vie t'a seulement ajouté tous ces petits plis sur le visage et cette graisse autour de toi.

CRÉON, (*la secoue*). Te tairas-tu, enfin?

ANTIGONE. Pourquoi veux-tu me faire taire? Parce que tu sais que j'ai raison? Tu crois que je ne lis pas dans tes yeux que tu le sais? Tu sais que j'ai raison, mais tu ne l'avoueras jamais parce que tu es en train de défendre ton bonheur en ce moment comme un os.

CRÉON. Le tien et le mien, oui, imbécile!

ANTIGONE. Vous me dégoûtez tous avec votre bonheur! Avec votre vie qu'il faut aimer coûte que coûte. On dirait des chiens qui lèchent tout ce qu'ils trouvent. Et cette petite chance pour tous les jours, si on n'est pas trop exigeant. Moi, je veux tout, tout de suite, – et que ce soit entier – ou alors je refuse! Je ne veux pas être modeste, moi, et me contenter d'un petit morceau si j'ai été bien sage. Je veux être sûre de tout aujourd'hui et que cela soit aussi beau que quand j'étais petite – ou mourir.

Compréhension

1. Relevez sous quelles conditions Antigone peut aimer Hémon (1–8).
2. Exposez brièvement ce qu'Antigone attend de la vie (23–30).
3. Présentez les reproches qu'Antigone fait face à Créon et la réaction de celui-ci (9–22).

Analyse et commentaire

1. Expliquez la phrase «S'il doit apprendre à dire ‹oui› lui aussi, alors je n'aime plus Hémon.» (7/8)
2. Comparez les visions du bonheur et de la vie de Créon et d'Antigone. Quelles ressemblances trouvez-vous avec vos visions personnelles?
3. Caractérisez Antigone.

Travail d'écriture

Après avoir pris connaissance de sa sentence, Antigone écrit une lettre d'adieu à son fiancé Hémon. Rédigez la lettre.

Langue et style

1. Notez les différentes fonctions de *tout*.
2. Remplissez:
   – Vous me dégoûtez … avec votre bonheur!
   – On dirait des chiens qui lèchent … ce qu'ils trouvent.
   – Je veux …, … de suite.
   – […] cette petite chance pour … les jours.
   – Je veux être sûre de … aujourd'hui.

Allons plus loin

Lisez la scène comme si vous étiez des acteurs sur scène.

7 Pierre Boileau / Thomas Narcejac: Remords

un remords – *Schuldgefühl*

Avant de lire

A quoi faut-il penser pour commettre ‹le meurtre parfait›?

encombrant,e – *hier: lästig, störend*
d'emblée – aussitôt
n'importe qui – *irgendwer, jeder Beliebige*
abominable – affreux, horrible
pourrir – *verderben*
insensé,e – absurde, fou
d'autant que – *umso mehr, als*
gênant – *lästig, störend*

Des amants qui décident de se débarrasser d'un encombrant mari et qui, d'emblée, passent à l'action, on en rencontre tous les jours, dans les romans et dans les films. Enfin, dans certains romans, dans certains films. Mais, dans la réalité, n'importe qui ne se transforme pas aussi facilement en criminel. Thierry en faisait la douloureuse expérience. Et il était bien sûr qu'Yvonne, de son côté …

Mais non, justement, il n'en était pas aussi sûr. Les choses, autrement, eussent été toutes simples. Il lui aurait dit: ‹J'ai longuement réfléchi, ma chérie; nous ne pouvons commettre un acte aussi abominable. Jamais plus nous n'oserions nous regarder en face, et le remords pourrirait notre amour.› Et Yvonne aurait répondu: ‹Tu as raison. Moi aussi, j'ai beaucoup réfléchi. Notre projet était insensé. Continuons comme par le passé … D'autant que Philippe n'est pas tellement gênant! …›

Non. Il n'était nullement certain qu'Yvonne ne s'écrierait pas, au contraire, avec ces lèvres dures, ce petit air buté qu'il connaissait si bien: ‹Je l'avais prévu. Quand il s'agit de dresser des plans, tu es toujours le premier. Les paroles ne te font pas peur. Mais dès que tu es au pied du mur ... Tu ne te rends donc pas compte que si tu m'aimais vraiment. ...›

De telles paroles seraient injustes. Thierry aimait vraiment Yvonne. Mais, en pareil cas, ‹vraiment› a-t-il jamais signifié qu'un homme doit aller jusqu'au crime? ...

Alternative redoutable! Ainsi, Thierry n'avait le choix qu'entre le geste horrible et un refus que ressentirait comme un outrage une maîtresse à jamais déçue.

Il avait, depuis un moment, ralenti sa marche; ce fut d'un pas de convalescent qu'il atteignit la villa des Delaure. L'index sur la sonnette, il attendit longtemps avant d'appuyer. Yvonne s'effondra dans ses bras.

«Thierry! ... si tu savais ... Philippe ... Philippe ...

– Eh bien, quoi, Philippe? Tu me fais peur.»

L'émotion étranglait Yvonne.

«Mais réponds donc. Philippe n'est pas? ...»

Non. Philippe Delaure n'était pas mort. Mais il n'en valait guère mieux. Une crise cardiaque, alors qu'il prenait son bain. ...

«J'ai appelé Rodilleau ... Infarctus ... Il lui a fait deux piqûres ... Il repassera dans la journée ... Mais il n'a aucun espoir. .. Selon lui, c'est une question d'heures ... Philippe n'est même pas transportable ...»

Thierry dut s'appuyer au mur tant ses jambes tremblaient. Un infarctus ... une question d'heures ... La solution inespérée, miraculeuse! Il cherchait quelque chose à exprimer, ne trouvait rien. Toute parole de compassion n'eût-elle pas paru d'une monstrueuse hypocrisie? Toute parole de satisfaction, d'un écœurant cynisme? Il s'enferma dans un silence que la jeune femme pouvait interpréter à sa guise. Elle reprit d'ailleurs aussitôt:

«Tu veux ... le voir?

– Bien sûr», fit-il.

La respiration rauque et syncopée de Philippe emplissait la chambre. Le moribond avait les yeux clos, les mains curieusement nouées sur la poitrine; ses joues blêmes, creusées, étaient parcourues d'un frémissement incessant. Thierry s'avança, le front bas, comme un coupable, s'arrêta au pied du lit, posa les doigts sur le montant de bois; il sentait ses paupières se gonfler. Pauvre Philippe, si confiant, si discret, si crédule! Thierry devait se rendre à l'évidence. Jamais il n'aurait eu le courage ...

Et voici que Philippe allait disparaître, à l'instant le plus opportun. Thierry n'aurait à redouter ni le mépris d'Yvonne ni le remords déchirant de son crime.

Non, certes, pas le remords de son crime. Mais ... celui de sa trahison?

buté,e – *dickköpfig, eigensinnig*
être au pied du mur – *in die Enge getrieben sein*
redoutable – qui fait peur
un outrage – *Beleidigung, Kränkung*
un convalescent – qn qui est en train de guérir d'une maladie
un index – *Zeigefinger*
s'effondrer – *sich fallen lassen*
étrangler – *hier: die Kehle zuschnüren*
il n'en valait guère mieux – *er war nicht weit davon entfernt*
une crise cardiaque – *Herzinfarkt*
une piqûre – *hier: Spritze*
l'hypocrisie (f) – *Heuchelei*
écœurant – *widerwärtig, abstoßend*
à sa guise – *auf ihre Weise, wie es ihr passt*
rauque – *rau, heiser*
syncopé,e – ici: irrégulier
un moribond – personne en train de mourir
clos,e – fermé
nouée – *(ineinander-)verschlungen*
blême – pâle
creusé – *eingefallen*
un frémissement – *Zittern*
incessant – *dauernd, ständig*
un montant – *Bettpfosten*
une paupière – *(Augen-)Lid*
se rendre à l'évidence – *sich den Tatsachen beugen*
opportun,e – *günstig, passend*
le mépris – *Verachtung, Geringschätzung*
déchirant – *herzzerreißend*

la communale – *Volksschule*
insignifiant – sans personnalité
prédire qc – *vorhersagen*
une ruse – List
une précaution – *Vorsichtsmaßnahme*
un mensonge – *Lüge*
une angoisse – peur
inoffensif – *harmlos*
redouter – craindre
affolé,e – *aufgeregt, durcheinander*
brave – ici: gentil, bon
contempler – *anschauen, betrachten*
abuser de – *ausnützen, missbrauchen*
s'apprêter à faire qc – *sich anschicken, etwas zu tun*
un dégoût – *Abscheu, Ekel*
le repentir – *Reue*
un sillon – *Furche*
luisant – *glänzend*
une pente – *hier: Richtung*
ému – *ergriffen, bewegt*
trouble – *hier: glasig*
errer – *umherschweifen*
cireux,se – *wachsfarben*
contenir – ici: retenir
une moue – grimace
fichu,e (pop.) – ici: perdu
irréprochable – honnête, parfait
un coffret – *Kästchen, Schatulle*
épuisé,e – très fatigué

Thierry connaissait Philippe depuis trente ans, depuis la communale; il avait été témoin à son mariage. Curieux! Ce jour-là, Yvonne lui avait paru plutôt insignifiante. Jolie, sans doute, mais rien de plus. Si on lui avait alors prédit qu'elle deviendrait la femme de sa vie ... Thierry se rappelait toutes les ruses qu'ils avaient dû imaginer, leurs précautions, leurs mensonges. Leurs angoisses, aussi, les rares fois où quelque inoffensive question de Philippe leur avait, un moment, fait redouter le pire. Il revoyait cet affreux matin où Yvonne s'était précipitée chez lui, affolée. ‹Il sait ... Je suis certaine qu'il a découvert ...› Comme ils riaient, ensuite, de leurs folles alarmes! Brave Philippe! Ne suffisait-il pas, pour se rassurer, de contempler son bon, son doux visage d'honnête homme, so regard candide et comme constamment étonné. ‹Mon gros chien›, disait de lui Yvonne.

Thierry passa lentement la main sur son front. ‹Mon pauvre Philippe, je t'ai trahi; j'ai abusé de ta confiance, de ta générosité, et, maintenant, je m'apprête à prendre définitivement ta place.› Il se sentait plein de honte, de dégoût. Des mots de repentir lui venaient aux lèvres qu'il eût, peut-être, prononcés, s'il ne se fût tout à coup rappelé qu'Yvonne se trouvait, elle aussi, dans la chambre. Il se tourna à demi. Son regard rencontra celui de la jeune femme. Elle avait deux sillons luisants sur les joues, et il comprit que les pensées d'Yvonne avaient suivi exactement la même pente que les siennes. Ils eurent un sourire ému.

On sonna. Yvonne quitta la pièce. Ce fut peu après que Philippe ouvrit les yeux. Des yeux troubles, qui mirent longtemps à s'éclaircir, puis errèrent d'un meuble à l'autre, se fixèrent enfin sur Thierry. Quelque chose, qui était comme un peu de joie, passa alors sur le visage cireux.

«Oh! Thierry, tu es là!»

Thierry se pencha, posa la main sur les mains toujours unies du moribond. Il n'arrivait plus a contenir ses larmes.

«Philippe, mon vieux Philippe.»

Philippe eut une curieuse petite moue triste.

«Je crois ... que je suis fichu ... Non, ne m'interromps pas ... J'ai déjà si peu de forces ... Approche-toi ... Là ... Où est Yvonne?

– Elle reçoit quelqu'un. Veux-tu que je? ...

– Non ... Au contraire ... écoute-moi ... Vois-tu, Thierry, je n'ai pas toujours été le mari irréprochable ... que je paraissais ... Une aventure maintenant terminée.., une bêtise.., je n'ai pas le temps de te donner des détails. .. Bref, j'ai conservé des photos, des lettres ... des fleurs séchées ... tu sais combien je suis sensible ... tout cela est enfermé dans un petit coffret noir ...»

Épuisé, Philippe dut se taire. Ses traits étaient si totalement immobiles, sa respiration si faible, que Thierry crut un instant que tout était fini. Il entendait, dans la cuisine, la voix d'Yvonne, et il reconnut la voix d'une voisine.

«Un coffret noir, reprit Philippe. Dans le dernier tiroir de mon bureau … Tu le prendras … Si, par miracle, je m'en tire … tu me le rapporteras … Mais s'il m'arrive malheur … tu le brûleras … Il ne faut pas qu'Yvonne le découvre, tu comprends? … Il faut que jamais elle n'apprenne …»

Thierry suffoquait de tendresse, de pitié, de gratitude. La stupéfiante, l'incroyable révélation ne levait-elle pas, d'un coup, ses derniers regrets, ses derniers scrupules? Philippe avait trompé Yvonne, et sans doute avec une de ses plus proches amies. Autrement dit, la jeune femme n'avait fait que lui rendre la pareille. Peu importe lequel des deux époux avait commencé; Thierry ne se sentait plus coupable. La trahison de Philippe l'absolvait.

L'angoisse affermit brusquement la voix du mourant.

«Promets-moi, Thierry … Où es-tu?»

Thierry pressa les mains glacées.

«Je suis là, Philippe. Je te promets … Tout ce que tu m'as demandé … Mais je suis sûr que je te rapporterai ce coffret … Tu verras.»

Philippe remua légèrement la tête, l'air subitement apaisé, presque heureux.

«Merci, mon vieux … Maintenant, en ce qui concerne Yvonne, je voudrais que tu …»

Thierry ne devait jamais connaître la suite. Le pas d'Yvonne résonnait dans le vestibule, et la jeune femme ne quitta plus la chambre. Philippe mourut durant l'heure qui suivit.

Thierry n'eut aucun mal à trouver le coffret, une boîte d'ébène, avec de discrètes ciselures et une serrure ouvragée. Il réussit à le glisser dans la poche de son pardessus. Yvonne téléphonait à ses sœurs.

J'ai une terrible nouvelle à vous annoncer … La famille n'allait pas tarder. La prudence, la décence, exigeaient que Thierry se retirât. Il n'osa pas embrasser Yvonne dans la chambre. Il l'attira dans le vestibule, lui effleura les joues du bout des lèvres, comme un cousin timide.

Il gagna directement le modeste pavillon qu'il avait loué, dès le début de sa liaison, à moins d'un kilomètre de la villa des Delaure. Tout de suite, il descendit au sous-sol, retira non sans peine le coffret de sa poche. Oui, il respecterait les volontés dernières de son ami. Yvonne ignorerait toujours …

Il ouvrit la porte de la chaudière, regarda un instant le reflet roux des flammes danser sur l'ébène, lança la boîte. De sa vie, il ne s'était senti l'âme aussi légère. Avec les photos, les lettres, les fleurs séchées, s'évanouissait le souvenir de sa propre conduite, à lui, Thierry. Son geste effaçait le passé; l'avenir s'ouvrait, lavé de toute souillure.

L'explosion s'entendit à une lieue à la ronde et des vitres tombèrent, un peu partout. Il fallut deux jours aux pompiers pour dégager le corps de Thierry, enseveli sous plusieurs mètres cubes de décombres. Bien entendu, les enquêteurs établirent facilement la nature de

un tiroir – *Schublade*
s'en tirer – *davonkommen*
suffoquer – *den Atem verschlagen*
suffoquer de qc – ressentir une grande émotion
stupéfiant,e – extrêmement étonnant
une révélation – *Enthüllung*
rendre la pareille à qn – *mit gleicher Münze heimzahlen*
absoudre – *los-, freisprechen*
affermir – rendre plus fort
subitement – brusquement, tout d'un coup
apaiser – calmer
un vestibule – *Diele, Flur*
l'ébène – *Ebenholz*
une ciselure – *Ziselierung, Verzierung*
une serrure – *Schloss*
ouvragé – *kunstvoll, fein gearbeitet*
la prudence – *Vorsicht*
la décence – *Anstand*
effleurer – *flüchtig berühren*
timide – *schüchtern*
un sous-sol – *Keller*
ignorer – ne pas savoir
une chaudière – *Heizkessel*
s'évanouir – ici: disparaître
effacer – faire disparaître
une souillure – *Makel*
à la ronde – *im Umkreis*
enseveli,e – ici: couvert par
les décombres – *Trümmer, Schutt*
un enquêteur – *Ermittler*

un mobile – motif, une cause

l'attentat. Par contre, nul n'en comprit jamais les mobiles. Yvonne pas plus que les autres.

(Dans: Pierre Boileau / Thomas Narcejac: *Manigances*, Éditions Denoël, Paris 1971; cité d'aprés: Pierre Boileau/Thomas Narcejac: *Le Fusil à flèches – Contes policiers*, Philipp Reclam jun., Stuttgart 1991, pp. 3–12)

Compréhension

1. Caractérisez Yvonne Delaure.
2. Montrez que Thierry est le personnage principal du récit.

Analyse et commentaire

Philippe Delaure a commis un meurtre. Il a tué son meilleur ami. Commentez cet acte prémédité. Est-il justifié?

Travail d'écriture

1. Imaginez les enquêteurs faisant leur travail.
   Le commissaire et ses collègues mènent des interrogatoires avec
   a) Yvonne Delaure, la veuve,
   b) le frère de Thierry, M. Jean Figuet.
   Travaillez avec un partenaire. Choisissez un personnage et rédigez l'interrogatoire.
2. Dans une lettre très personnelle à une amie, Yvonne Delaure décrit son amant Thierry et elle raconte l'évolution de leur liaison amoureuse. Rédigez cette lettre.

Langue et style

1. 8–14: Il lui aurait dit … pas tellement gênant!
   17–20: ‹Je l'avais prévu … vraiment. …›
   109–113: «Un coffret noir, … elle n'apprenne …»
   Mettez les passages *au discours indirect.*
2. 19 / 20: ‹…si tu m'aimais vraiment …›
   31: ‹Thierry! … si tu savais … Philippe …›
   Continuez les deux phrases en gardant le contexte à l'esprit.
3. 110 / 111: Si, par miracle … tu le brûleras
   Mettez les deux propositions conditionnelles
   a) à l'imparfait et
   b) au plus-que-parfait et accordez les verbes selon les règles.

Allons plus loin

1. Trouvez les équivalents allemands des proverbes suivants:
   a) Qui rit vendredi, dimanche pleurera.
   b) Rira bien qui rira le dernier.
   c) Tel est pris qui croyait prendre.
   d) Ne fais pas à autrui ce que tu ne voudrais pas qu'on te fît à toi-même.
2. A votre avis, lequel des proverbes pourrait servir de leçon morale à ce récit?

Un peu de méthode

Préparer un exposé oral

1. Le choix du sujet

Choisissez, en accord avec votre professeur, un sujet bien défini.

2. La pêche aux informations

Rassemblez les informations dont vous avez besoin en vous servant des médias qui sont à votre disposition (livres, journaux, magazines, Internet). Gardez seulement les informations qui vous sont vraiment utiles. Prenez des notes tout de suite en français.

3. La préparation de l'exposé

- Organisez les informations trouvées dans un ordre logique: voilà le plan de votre exposé.
- Donnez à chaque partie un titre, qui peut aussi être une question.
- Notez les éléments à ne pas oublier, mais ne rédigez pas de phrases: il ne faut pas «lire ses papiers», au risque d'endormir tout le monde.
- Préparez des graphiques, des photos, des cartes etc. Prévoyez des transparents, des diapositives, des affiches ou des moyens auditifs ou visuels (CD, DVD).
- Notez sur votre aide-mémoire où vous voulez vous en servir.
- Préparez des questions ou des affirmations provocantes pour entamer une discussion.

4. La répétition générale

Répétez votre exposé d'abord tout seul, puis devant des copains. Tenez compte de leurs conseils. Vous pouvez aussi enregistrer votre exposé. Mesurez le temps qu'il vous faut. Si l'exposé prend trop de temps, supprimez ce qui vous paraît moins important.

5. Le jour «J»

- Vérifiez tous les appareils dont vous avez besoin.
- Vérifiez que vos notes et le matériel sont complets et classés dans le bon ordre.
- Annoncez clairement le sujet et le plan que vous avez choisi. Notez-le au tableau ou présentez-le sur transparent.
- Ne parlez pas trop vite. Vos camarades connaissent beaucoup moins bien le sujet que vous.
- Evitez les mots ou les expressions trop compliqués. Si certains sont absolument nécessaires, écrivez-les au tableau et expliquez-les.
- Regardez votre public (surtout les copains et copines qui vous aiment bien).

- Quand vous abordez une nouvelle partie de votre exposé, annoncez-le.
- Restez calme en vous servant des appareils éventuellement nécessaires.
- Résumez à la fin les idées principales de votre exposé.
- Demandez s'il y a des questions. Si vous voulez entamer une discussion, posez-en vous-même.

Un peu de méthode

Vocabulaire de l'explication de texte

I. Les genres littéraires

a) les textes narratifs

un roman d'aventure / de science fiction / d'amour / policier / historique etc.
un récit – Erzählung
un conte – Novelle, Kurzgeschichte
un conte de fées – Märchen
une fable
un journal – Tagebuch
écrire / rédiger / publier

b) la poésie – Lyrik

une œuvre *poétique*
le poète
le poème

c) le genre dramatique – le théâtre

une pièce de théâtre
une comédie
une tragédie en trois actes (m)
un acteur, une actrice fait du théâtre; joue / tient un rôle
une scène – Szene *und* Bühne
un metteur en scène – Regisseur
une représentation – Aufführung

d) le septième art – le cinéma

voir p. 111–113

e) la chanson

une chanson populaire – Schlager
une chanson d'expression ou chanson poétique – klassisches Chanson
une chanson d'amour
un tube – une chanson qui a un succès énorme pendant un certain temps
chanter une chanson ou interpréter une chanson
un chanteur, une chanteuse ou l'interprète (m) de la chanson
un compositeur – personne qui crée la musique
un producteur – Produzent
les paroles (f) – Text
le couplet, la strophe – Strophe
le refrain

II. Le sujet – Thema

le sujet

- c'est *l'idée centrale* du texte, de l'œuvre
- dans le texte, *il s'agit de …*

le texte

- *présente* un sujet
- *évoque* un problème – ein Problem aufwerfen
- *aborde* une question – … angehen

le titre

- une œuvre / un texte a *pour titre / s'intitule*

III. La structure

la structure / le plan / la composition d'un texte / d'une œuvre / d'un chapitre – Aufbau

on peut *découper* un texte / une œuvre en plusieurs *parties* (f)

l'exposition (f) – une sorte d'introduction avec *la présentation des personnages*

le développement de l'action

les *conflits* apparaissent

le développement de l'intrigue (f) – Verwicklung, Geschehen

l'intrigue se noue – der Konflikt baut sich auf, entsteht

la tension monte – die Spannung steigt

jusqu'au *point culminant* – Höhepunkt

le tournant ou la péripétie – Wendepunkt

la tension diminue jusqu'au *dénouement* – Auflösung

la fin – une fin heureuse / tragique / ouverte / inattendue / bouleversante etc.

IV. L'action

l'action (f) – Handlung

- se passe; se déroule à …
- démarre (pop.) – beginnt
- reprend – setzt wieder ein

l'intrigue (f) se noue – ein Konflikt entsteht

l'intrigue est dénouée – die Verwicklung löst sich auf

le lieu d'action

le cadre, p. ex. l'époque historique

le temps de l'action, p. ex. la durée

le retour en arrière – Rückblende

V. L'auteur et ses personnages

l'auteur (m) d'une œuvre – der Autor eines Werkes
l'écrivain (m) – Schriftsteller; un métier; la personne vit de *l'écriture* (f)
le narrateur – la personne qui raconte *les événements* (m)
la perspective du narrateur:

- le narrateur-témoin – der auktoriale Erzähler
- le narrateur omniscient – der allwissende Erzähler
- le narrateur à la première personne – der Ich-Erzähler

le personnage principal, le / la protagoniste
le personnage secondaire
le héros / l'héroïne

VI. Description et portrait (voir aussi p. 134)

On décrit: le physique / l'apparence (f) extérieure d'un personnage – äußeres Erscheinungsbild
le comportement / l'attitude (f) – Verhalten und Haltung, Einstellung
le caractère / les traits de caractère (m) – Charakterzüge
les émotions / l'état d'âme (m) – Gemütszustand
les mobiles (m) / les motifs (m) – les causes, les raisons d'un acte

On décrit: l'environnement (m), l'entourage (m) d'un personnage – Umfeld
le milieu social, les conditions de vie – gesellschaftliches Umfeld und Lebensbedingungen
les circonstances (f) – Umstände

On décrit: la nature, le paysage, …
l'atmosphère (f), l'ambiance (f)

une atmosphère *est évoquée / créée*
une atmosphère *règne / domine / marque …* – herrscht, herrscht vor, prägt …
une atmosphère peut être *gaie / agréable / amicale / triste / sombre / sinistre / effrayante* etc.
on ressent une atmosphère *de joie / de calme / de haine / de solitude / d'horreur* etc.

VII. Langue et style

langue:

le niveau de la langue:
- le français parlé, familier, populaire, vulgaire
- le français écrit, littéraire, soutenu, recherché

le langage = aussi la manière de parler

les paroles = ce qu'une personne dit

le choix des mots

le jeu de mots

le sens d'un mot
- sens propre
- sens figuré

un mot-clé

style:

l'auteur emploie des figures de style:
- une image
- une métaphore
- une comparaison

des moyens stylistiques ou de style:
- une répétition
- une énumération
- une personnification

un style est
- poétique, simple, sec, fleuri, expressif etc.

un auteur
- ironise..., se moque de ..., ridiculise ...,

un auteur ou un texte où le ton est
- ironique, sec, objectif, satirique, sarcastique, poétique etc.

Les départements et les régions de la France

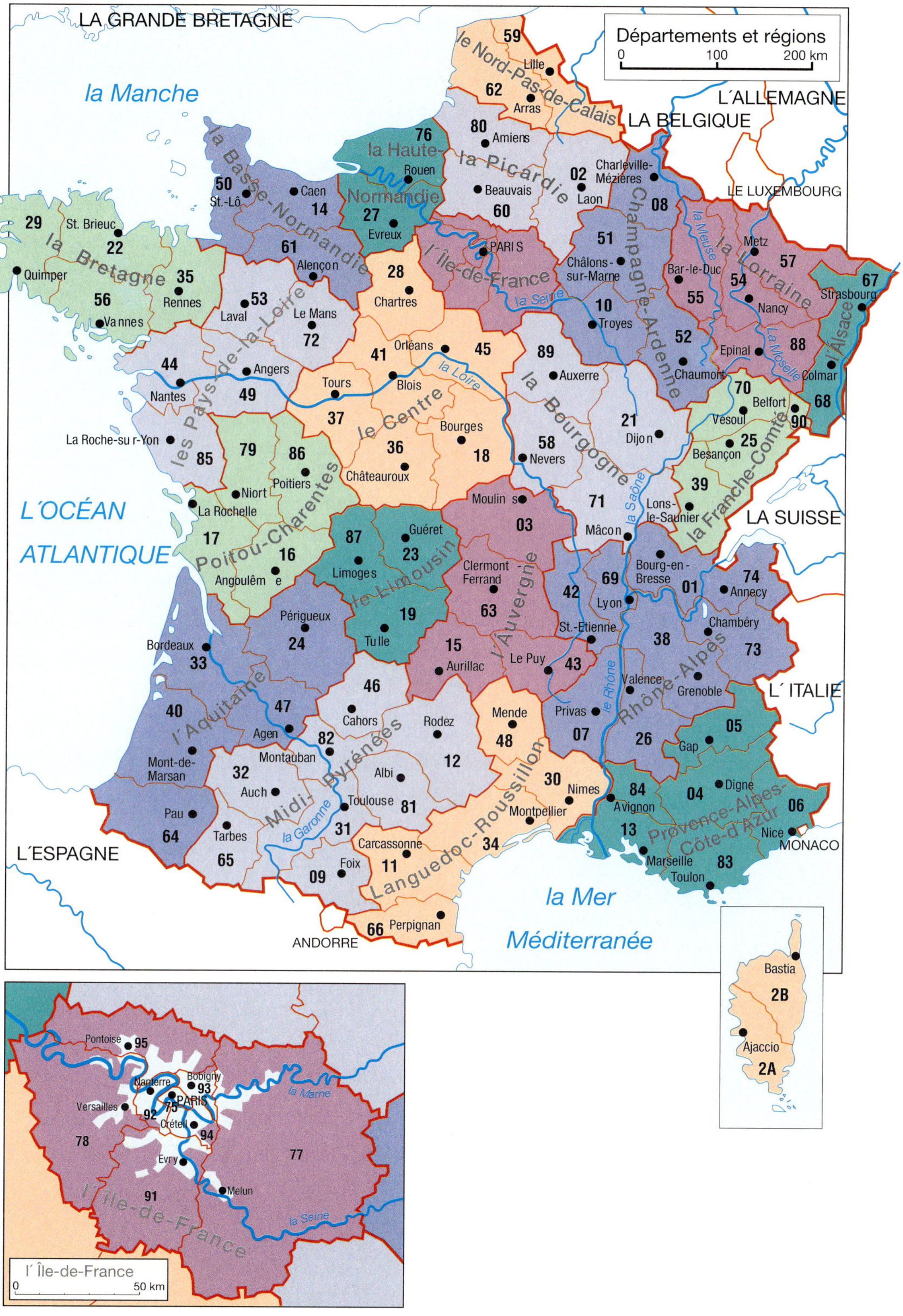

01 l'Ain
02 l'Aisne
03 l'Allier
04 les Alpes-de-Haute-Provence
05 les Hautes-Alpes
06 les Alpes-Maritimes
07 l'Ardèche
08 les Ardennes
09 l'Ariège
10 l'Aube
11 l'Aude
12 l'Aveyron
13 les Bouches-du-Rhône
14 le Calvados
15 le Cantal
16 la Charente
17 la Charente-Maritime
18 le Cher
19 la Corrèze
2A la Corse-du-Sud
2B la Haute-Corse
21 la Côte-d'Or
22 les Côtes-d'Armor
23 la Creuse
24 la Dordogne
25 le Doubs
26 la Drôme
27 l'Eure
28 l'Eure-et-Loire
29 le Finistère
30 le Gard
31 la Haute-Garonne
32 le Gers
33 la Gironde
34 l'Hérault
35 l'Ille-et-Vilaine
36 l'Indre
37 l'Indre-et-Loire
38 l'Isère
39 le Jura
40 les Landes
41 le Loir-et-Cher
42 la Loire
43 la Haute-Loire
44 la Loire-Atlantique
45 le Loiret
46 le Lot
47 le Lot-et-Garonne
48 la Lozère
49 le Maine-et-Loire
50 la Manche
51 la Marne
52 la Haute-Marne
53 la Mayenne
54 la Meurthe-et-Moselle
55 la Meuse
56 le Morbihan
57 la Moselle
58 la Nièvre
59 le Nord
60 l'Oise
61 l'Orne
62 le Pas-de-Calais
63 le Puy-de-Dôme
64 les Pyrénées-Atlantiques
65 les Hautes-Pyrénées
66 les Pyrénées-Orientales
67 le Bas-Rhin
68 le Haut-Rhin
69 le Rhône
70 la Haute-Saône
71 la Saône-et-Loire
72 la Sarthe
73 la Savoie
74 la Haute-Savoie
75 Paris
76 la Seine-Maritime
77 la Seine-et-Marne
78 les Yvelines
79 les Deux-Sèvres
80 la Somme
81 le Tarn
82 le Tarn-et-Garonne
83 le Var
84 le Vaucluse
85 la Vendée
86 la Vienne
87 la Haute-Vienne
88 les Vosges
89 l'Yonne
90 le Territoire-de-Belfort
91 l'Essonne
92 les Hauts-de-Seine
93 la Seine-Saint-Denis
94 le Val-de-Marne
95 le Val-d'Oise

Bildquellenverzeichnis

Umschlag: vorne: Uwe Schmid, hinten links: Stockbyte, hinten rechts: ImageShop; S. 8: REUTERS/Vincent Kessler; S. 13: Cinetext/Allstar; S. 23: Blume/www.blumebild.com; S. 24, 25, 26: © Illustrations: Jean-Marc Pau; S. 29: Dessin: Sergio Salma, dans: „Moi, raciste?", bande dessinée publiée par l'Office des Publications officielles des Communautés Européennes, Luxembourg 1998, p. 11; S. 31: Festival International de l'Affiche et des Arts Graphiques de Chaumont/ROMAN SEBAN; S. 32: Festival International de l'Affiche et des Arts Graphiques de Chaumont/CHRISTELLE TABUIS; S. 34: Festival International de l'Affiche et des Arts Graphiques de Chaumont/NICOLAS FILLOQUE; S. 42: Dessin: Sergio Salma, dans: „Moi, raciste?", bande dessinée publiée par l'Office des Publications officielles des Communautés Européennes, Luxembourg 1998, p. 18; S. 44: voilà © Universal/TempSport/Corbis; S. 45: Imago/HochZwei/GN; S. 47: picture-alliance/dpa © dpa-Report; S. 49: © UI - Union des Industries du var; S. 51: © Institut National du Cancer; S. 53: Pancho, dans: Le Monde, mardi 30 janvier 2007, p. 2; S. 54: Verlagsarchiv Schöningh; S. 55: (P) 2006 Ceci-Cela licence exclusive Virgin Music, une division de EMI Music France; S. 57: Télérama No. 2559, janvier 1999, p. 65; S. 61: Verlagsarchiv Schöningh; S. 63: Dessin: Bernard Monie; S. 64: Photo: D. Chauvet, dans: Madeleine Michaux, La politique, à quoi ca sert?, Editions Milan, Les Essentiels Milan Junior, Toulouse 2001, couverture; S. 65: oben: Madeleine Michaux, La politique, à quoi ca sert?, Editions Milan, Les Essentiels Milan Junior, Toulouse 2001, p. II, 13; S. 67 oben: Illustration: © Roger Blachon; S. 67 unten und S. 68 oben: De: Les institutions de la France, © NATHAN/VUEF 2001; S. 69: © picture-alliance/dpa; S. 71/72: Illustrations: Marc Boutavant, dans: François Michel, L'ecologie à petits pas, © Actes Sud Junior, Arles 2000, p. 56, 57; S. 73: o.l.: La Direction de la Voirie et des Déplacements de la Ville de Paris; o.: http://www.velib.paris.fr; Mitte l.: Getty Images, Mitte r.: AFP/Getty Images; S. 75: http://blog.velib.paris.fr.blog/?p=213; S. 79: Infographie: Olivier Duron, dans: Phosphore, Fiches culture septembre 2007, © Bayard Jeunesse; S. 80: © TOTAL; S. 81: L'événement du Jeudi no 12, du 3 au 9 février 2000, couverture; S. 82: L'écologie à petits pas, François Michel, Marc Boutavant © Actes Sud 2007; S. 83: l.: Illustration de Laurent Lacorre © Phosphore, Bayard Jeunesse 2000, r.: http://les-verts.org/erika/galerie.html; S. 84: Sergueï, dans: Le Monde, 26 avril 2007; S. 85: Verlagsarchiv Schöningh; S. 86: J. Greiner/Verlagsarchiv Schöningh; S. 91: l.o.: akg-images, l.u. und r.: akg-images/Erich Lessing; S. 92: l.o.: akg-images, l.u.: J. Greiner/Verlagsarchiv Schöningh, r.o.: akg-images/RIA Nowosti, r.M.: akg-images/© Succession Marcel Duchamp/VG Bild-Kunst, Bonn 2009, r.u.: akg-images © 2009 The Andy Warhol Foundation for the Visual Arts, Inc. / Artists Rights Society; S. 93: l.: CHRISTO AND JEANNE-CLAUDE/VOLZ/Laif, r.: J. Greiner/Verlagsarchiv Schöningh; S. 100: Roger Viollet/Getty Images; S. 101 u.: SWR; S. 102: o.: MedienKontor Movie GmbH, u.: ARTE France Copyright pyramides films; S. 103: o.: Dorothee Falke/Cinetext, u.: © Arndt/laenderpress; S. 105: Senator/Cinetext; S. 110: Cinetext Bildarchiv; S. 112/113: © Martine Mallet; S. 114: Verlagsarchiv Schöningh; S. 115: AFP/Getty Images; S. 117: © Princess H, dans: Planète Jeunes, n° 85/2007, p. 12, © Bayard Jeunesse; S. 118: photo: Pierre René Worms; © 2006 AZ, un label Universal Music; S. 130: Festival International de l'Affiche et des Arts Graphiques de Chaumont/JOHANNA SEBBAN; S. 131-133: Emmanuel Vaillant: Savoir faire face au racisme, Les essentiels Milan Junior, Editions Milan, Toulouse 2000, pp. 22-25; S. 136: o.l. und u.: akg-images, o.r.: Guide de l'exposition du Berliner Festspiele: Marianne et Germania 1789-1889, © Berliner Festspiele GmbH 1996 et Argon Verlag, Berlin, S. 44; S. 137: o.M.: Süddeutsche Zeitung Photo/Rue des Archives, o.r.: dpa, u.l.: © picture-alliance/dpa, u.r.: Jose Giribas; S. 143: Verlagsarchiv Schöningh; S. 145/146: aus: Tomi Ungerer Die Gedanken sind frei, Copyright © 1999 Diogenes Verlag AG Zürich; S. 152: ROBERT CAPA 2001 By Cornell Capa/Magnum Photos/Agentur Focus; S. 153: Verlagsarchiv Schöningh; S. 165: akg-images; S. 187: Verlagsarchiv Schöningh

Der Verlag hat sich in allen Fällen bemüht, die Rechteinhaber der Abbildungen und Texte ausfindig zu machen. Sollte trotz aller entsprechenden Bemühungen ein Irrtum unterlaufen sein, bitten wir darum, sich mit dem Verlag in Verbindung zu setzen, damit wir eventuell notwendige Korrekturen vornehmen können.